四库存目

管氏地理指蒙

青囊汇刊 ⑤

[三国] 管辂 ◎ 撰
郑同 ◎ 校

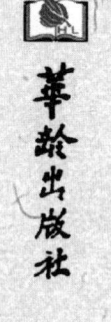

华龄出版社

责任编辑：薛　治
责任印制：李未圻

图书在版编目（CIP）数据

四库存目青囊汇刊. 5 /（三国）管辂著；郑同校. —北京：华龄出版社，2017.5
ISBN 978-7-5169-0972-0

Ⅰ. ①四…　Ⅱ. ①管…②郑…　Ⅲ. ①《四库全书》—图书目录
Ⅳ. ①Z833

中国版本图书馆 CIP 数据核字（2017）第 082087 号

声明：依据《中华人民共和国著作权法》及《中华人民共和国著作权法实施条例》，本书整理者依法享有本书的著作权。未经我社及整理者许可，不得以任何方式翻印本书。

书　　名	四库存目青囊汇刊（五）：管氏地理指蒙
作　　者	（三国）管辂著　郑同校

出 版 人	胡福君		
出版发行	华龄出版社		
地　　址	北京市东城区安定门外大街甲 57 号	邮　编	100011
电　　话	（010）58122246	传　真	（010）84049572
网　　址	http://www.hualingpress.com		

印　　刷	九洲财鑫印刷有限公司		
版　　次	2017 年 9 月第 1 版　2020 年 6 月第 2 次印刷		
开　　本	720×1020　1/16	印　张	16
字　　数	220 千字	印　数	6001～9000
定　　价	48.00 元		

版权所有　　翻印必究
本书如有破损、缺页、装订错误，请与本社联系调换

管氏本序

或问：立天之道曰阴与阳，立地之道曰柔与刚，立人之道曰仁与义。天地，阴阳之体。天者，刚之体，刚者，天之用；地者，柔之体，柔者，地之用。仁义者，天地之性。何三才之位分，而三才之道不同也？应之曰：其位分，其道一。分者分其势，一者一其元。圣人教人，由近达远，固当以人事为先。沿流探源，则人事辽于天地，故通天地人曰儒。谓其不然，则伏羲何以画八卦，黄帝何以造甲子？何谓尧考中星而正四时？何谓舜察璿玑以齐七政？何大禹继舜以执中而历数在躬？何有扈怠弃三正而启恭行天罚？何羲和俶扰天纪而仲康命徂征？何成汤克享天心而受天明命？文王何以重卦而为六十四？武王何以访箕子而作洪范？何周公作爻辞、孔子作十翼？噫！煌煌乎，具载六籍，通济三才。亘古一理，靡或偏戾。虑天下后世，流于福祸，以役[①]人事。是以谆谆乎三纲五常，而不敢屑屑乎五行三正。使人安之而无妄言，固圣人之本心也。虽然有所本，必有所流，彼蒙陋腐儒，不明圣人之本心。至使阴阳刚柔之道，茫然而不省；消长盈虚之数，懵然而不知。以谓五事无钟于五音，六律无感于六情。五福六极，不由于定数。猖狂冒昧，无所忌惮。反以左氏纪灾异为诬，太史公志天文为噫。纵横十五之数，散于方技。送死之大事，听于赃奴。而祸福之说益肆。理义乖舛，不可稽考。茫茫荡荡，始流于无涯矣。故扬子云设"或人浑天"之问，而应之曰："洛下闳营之，鲜于妄人度之，耿中丞（寿昌）象之，几乎？"谈天者，莫之能违也。而吾圣人之训，已不录矣。问者觉而进曰：人由五土而生，气之用也。气息而死，必归藏于五土，返本还元之道也。赞于五祀，格于五配。五配命之，五祀司之，此子孙祸福之所由也。愿著所闻，以堤其流。庶统三才于一元，以祛天下之惑。遗于后世，不亦博乎。复应之曰：唯然。著之成篇，则何以为一名？曰：以"指蒙"命之。于是为《指蒙序》云。魏管辂公明序。

---

① 作没。

李淳风表奏

　　臣闻五行衰旺，虽阴阳革命之时，七魄归藏，亦息气还元之理，因终以始，惟变乃通，故木火土金水之相生，实水木火木金土之迭运。至于商角宫羽征之交错，无非宫商角征羽之盈亏。是以土虽奠于黄钟，令或行于四季，何介百福而俾百祸，由五帝以属五神，于以虚中而建中，是用泰来而否极。虽建天正阴，建地亦然。天道甚微，而人道甚危，当任天心之得失，何从人事之从违，万物不逃于形化，坟茔唯至于神依，棺椁特羞其暴露，阴阳岂免于推迁。一气既同，五行昭察。顺消长盈虚之理，见吉凶祸福之原。原薄通风水，粗习阴阳，尝观地理之兴衰，每考天文之变运，欲穷真趣，未尽精微；及观管氏之指蒙，顿觉心眸之开豁。是书也，篇篇阐奥，字字申明，但历四百余年之久，颠倒混沦，讹舛朽蠹，无复至理。臣等竟校定篇章，芟镌注释，以成次序，使后之观者，或可览而知旨云。

唐太宗贞观十四年

目 录

管氏地理指蒙卷一 ………………………………………… 1
有无往来第一 ………………………………………… 1
山岳配天第二 ………………………………………… 3
配祀第三 ……………………………………………… 4
相土度地第四 ………………………………………… 7
三奇第五 ……………………………………………… 9
四镇十坐第六 ………………………………………… 11
辨正朔第七 …………………………………………… 13
释中第八 ……………………………………………… 16
乾流过脉第九 ………………………………………… 20
象物第十 ……………………………………………… 21

管氏地理指蒙卷二 ………………………………………… 23
开明堂第十一 ………………………………………… 23
支分谊合第十二 ……………………………………… 26
释子位第十三 ………………………………………… 28
离窠入路第十四 ……………………………………… 29
形势异相第十五 ……………………………………… 31
朝从异相第十六 ……………………………………… 32
三径释微第十七 ……………………………………… 34
四势三形第十八 ……………………………………… 36
远势近形第十九 ……………………………………… 38
应案第二十 …………………………………………… 42

管氏地理指蒙卷三 ………………………………………… 43
拟穴第二十一 ………………………………………… 43

得穴第二十二	47
择向第二十三	49
复向定穴第二十四	51
承祖宗光第二十五	54
五方旗第二十六	56
左右释名第二十七	58
五鬼克应第二十八	59
次舍祥沴第二十九	64
克人成天第三十	68

管氏地理指蒙卷四 …… 73

二道释微第三十一	73
易脉崇势第三十二	75
日者如流第三十三	76
五行五兽第三十四	78
方圆相胜第三十五	79
诡结第三十六	80
心目圆机第三十七	81
释名第三十八	84
山水会遇第三十九	86
盛衰改度第四十	87

管氏地理指蒙卷五 …… 89

择术第四十一	89
三五释微第四十二	92
山水释微第四十三	98
降势住形第四十四	102
离实亲伪第四十五	103
寻龙经序第四十六	104

管氏地理指蒙卷六 …… 109

望势寻形第四十七	109
水城第四十八	112

阳明造作第四十九	113
择日释微第五十	115
迷徒寡学第五十一	120
饰方售术第五十二	123

管氏地理指蒙卷七 127

亨绝动静第五十三	127
师聪师明第五十四	128
贪奇失险第五十五	130
通世之术第五十六	132
三停释微第五十七	137
企眎第五十八	140
凭伪丧真第五十九	141
过脉散气第六十	144
左右胜负第六十一	145
星辰释微第六十二	146
预定灾福第六十三	149
五行象德第六十四	151

管氏地理指蒙卷八 155

阴阳释微第六十五	155
差山认主第六十六	158
五行变动第六十七	160
逾宫越分第六十八	162
五行正要第六十九	164
夷天发越第七十	166
四穷四应第七十一	167
二气从违第七十二	168
积气归藏第七十三	169
天人交际第七十四	170
夷险同异第七十五	171
形势逆顺第七十六	172

盛衰证应第七十七 …… 173
孤奇谲诡第七十八 …… 175
五方应对第七十九 …… 178
气脉体用第八十 …… 179

管氏地理指蒙卷九 …… 181
贪峰失宜第八十一 …… 181
支亲谊合第八十二 …… 182
因形拟穴第八十三 …… 184
得法取穴第八十四 …… 186
四势三形第八十五 …… 189
三吉五凶第八十六 …… 192
会宿朝宗第八十七 …… 195

管氏地理指蒙卷十 …… 201
荣谢不同第八十八 …… 201
三家断例第八十九 …… 203
回龙顾祖第九十 …… 208
驱五鬼第九十一 …… 209
纯粹释微第九十二 …… 211
毫厘取穴第九十三 …… 213
阖辟循环第九十四 …… 216
释水势第九十五 …… 217
阴阳交感第九十六 …… 219
五气祥沴第九十七 …… 221
九龙三应第九十八 …… 224
形穴参差第九十九 …… 226
望气寻龙第一百 …… 228

管氏地理指蒙卷一

有无往来第一

五太之先，三才何有。

未见气曰太易，气之始曰太初，形之始曰太始，质之始曰太素，形质具曰混沌，具而未离曰太极。太初，气之始也，生于酉仲，清浊未分也。太始，形之始也，生于戌仲。八月酉仲为太初，属雄，九月戌仲号太始，属雌。清者为精，浊者为形也。太素，质之始也，生于亥仲，已有素朴而未散也。三气相接，至于子仲，剖判分离，轻清者上为天，重浊者下为地，中和为万物。《诗纬》曰：阳本为雄，阴本为雌，物本为魂。雄雌但行三节，而雄合物魂，号曰太素也。三未分别，号曰混沌。

一元已判，五气乘虚。虚变而运，五运交通。其气而神明已居。

元太初之中气，判谓始定其上下。盖乾坤未定之先，五气具在混沌之内。乾坤既判之后，五气遂各有其专墟。

一六为水居北，二七为火居南，三八为木居东，四九为金居西，五十为土居中，即位而变为运。甲本天三之木，化土而生乙金。乙本地八之木，化金而生丙水。丙本天七之火，化水而生丁木。丁本地二之火，化木而生戊火。戊本天五之土，化火而生己土。己本地十之土，不化而生庚金。庚本天九之金，不化而生辛水。己庚不化者，己十为阴之尽数，庚九为阳之尽数也。辛本地四之金，化水而生壬木。壬本天一之水，化木而生癸火。癸本地六之水，化火而生甲土。于是甲己土，乙庚金，丙辛水，丁壬木，戊癸火，是为五运。循环递生，无有终极。运与六气交感，而神明有以奠其位焉。

袁天纲曰：司木曰苍帝，灵，威仰之神。司火曰赤帝，赤，熛怒之神。司土曰黄帝，含，枢纽之神。司金曰白帝，白，招矩之神。司水曰黑帝，叶，光纪之神。皆五行之精，积有耀而不可掩者也。司犹居也。

《太始天元册文》曰：太虚寥廓，肇基化元。万物资始，五运终天。布气真灵，总统坤元。九星悬朗，七曜周旋。曰阴曰阳，曰柔曰刚。幽显既位，寒暑弛张。生生化化，品物咸章。

气著而神，神著而形。形而有者，皆始于无。无变而有，有穷而变。变之道，必复于其初，形复于神，神复于气。往来一气兮，理何殊于转车。

气可知，神不可测，形可见。可知者，二气之流行。可见者，人物之章著。然其所以为二气人物者，要皆不可测也。盖二气人物之可知可见者，得之于既有之后；而二气人物之不可知不可见者，默寓于未有之先。此无之为不可穷，而有之为有其尽也。

故曰：一气积而两仪分，一生三而五行具。吉凶悔吝，有机而可测；盛衰消长，有度而不渝。五祀命之奕奕，五宗之裔，五常性之昭昭，五秀之储。

"一气积"者，根上文"五太之先"。说"两仪分"者，根上文"一元已判"。说"一生三"者，根上文"气著而神，神著而形"。说"一"者气，"二"者阴阳，"三"者万物。人为万物之灵，人得五行之全，物得五行之偏。五行具于一元已判之时，实居于未有人物之最始。人赋五行之秀而成形，原其自即有其不测之五神，以命之吉凶，悔吝生乎动者也，故曰"机"。盛衰消长，有其时者也，故曰"度"。

古者有大宗，有小宗。宗其为始祖，后者为大宗，此百世不迁者也。宗其为高祖，后者五世而迁者也。宗其为曾祖，后者为曾祖宗。宗其为祖，后者为祖宗。宗其为父，后者为父宗。皆为小宗。别子者，自与其子孙为祖。继别者，各自为宗。小宗四，大宗一，所谓五宗也。

象吉凶以垂天，示其文之不拘。天聪明而自我，原其道以相须。况吾身参于天地，灵于万物，经纶五常，操持五正，俾五福六极，以惨而以舒。

凡日月五星二十八宿之躔次，其象虽悬于天，吉凶初无一定。《易》曰："天垂象，见吉凶，圣人则之。"其吉凶之故，要不能外垂象之候，而别有所见。吾则取法于天，以通其用于地。良田大块为天之根，即天之所自出。人处天地之中，合天地之神气以成形，最灵于万物。其能经纶五常，操持五正者，五福所由生也。其不能经纶五常，操持五正者，六极所由渐也。可不慎欤！

少皞氏有四叔，曰重，曰该，曰修，曰熙。实能金木及水，使重为勾芒木正，该为蓐收金正，修及熙为元冥水正。颛顼氏有子曰犁，为祝融火正。共工氏有子曰勾龙，为后土土正。是为五正。

洪范五福：一曰寿，二曰富，三曰康宁，四曰攸好德，五曰考终命。

六极：一曰凶短折，二曰疾，三曰忧，四曰贫，五曰恶，六曰弱。

挺然而生者，死之先。寂然而死者，生之息。理不终息，故息之之道，为生之枢。生者，有也；死者，无也；无者，往也。有者，来也，往来无穷者，其为道①乎？

此篇首揭"有无往来"，以"生死对待"之理终之，于以见道之无穷。

山岳配天第二

天尊地卑，其势甚悬。山岳乌乎而配天？盖日月星辰，光芒经纬之著，皆精积于黄壤，而象发于苍渊。

积气成天，积形成地。黄壤曰地，苍渊曰天。凡地之所载，皆天之所覆。其尊卑虽甚悬殊，脉络无不融贯。然后知，天者，地之精微；地者，天之渣滓；日者，地火之精；月者，地水之精；星者，地石之精；辰者，地土之精。合日月星辰而为天，犹合火水石土而为地也。

向日取火，向月取水，此水火之明验。星之陨为石，天雨土者为辰之变。天之无星处皆辰也，地之无石处皆壤也。石附于壤之内，星列于辰之中。石虽附于壤而实根于地，星虽附于辰而实根于天。

袁天纲曰：苍渊者，天鉴也。天色苍苍，而星辰之列象，澄彻昭映也。

荧荧煌煌，棋列躔度。

荧煌，七曜列星也。

---

① 一作气。

简简临临，井画分野。

简简，大也；临临，大而又大也。

五运相交，二仪清浊。

甲必与己交，乙必与庚交，丙必与辛交，丁必与壬交，戊必与癸交者，五运之自然也。二仪，阴阳之异名，阳清阴浊。浊为清之根，清为浊之华也。

旧萧吉注曰：山泽通于一气。天地交而为泰，不交则为否。天地交泰，万物咸亨。死葬于阜，地官主之，天宿照之，则子孙宅兆之卜，获福获戾之所系也。

是以上下必统于一元，彼卜兆乘黄钟之始，营室正阳明之方，于以分轻重之权。

此承上文而言，天地势位虽殊，要皆不能出于一元之外。夫所谓一元者，岁之运也。但生者南向，死者北首。卜兆乘黄钟之始，其用在山，而取天气。营室正阳明之方，其用在向，而取地气。干维得天气之轻，地支得地气之重，故曰分轻重之权。

卜兆、营室二事，一论山，一论向，为堪舆家第一关键。读者每易忽过，特为拈出。

配祀第三

或曰：有无往来之道，其说旧矣。敢问生育之先，胎腹之日，父母之志，子孙之性，已不能相沿而相同。有生之后，鞠养之情，疾痛之事，已不能相及而相通。岂腐化之久，之子之孙，始资荫庇，当锡之福，曷贻其咎？爱恶之私，其初不守。此《蒙》所未亮乎？

或者之一问，第举生者之情不知，既死之后，五事俱泯无知而有神，神不能自显，其神必藉山泽之气以成。[①] 其吉凶之应，由山泽主之，非亡者所得而私之。

袁天纲曰：在生之日，或爱长而薄少；死葬之后，却旺少而衰长。

---

① 其神。

卜兆曰：托土以生，故还元于五土。即神以死，必配祀于五神。昔者周公郊祀后稷以配天，宗祀文王以配帝。祷尼丘之山而污顶，以鉴其类。矧还元于五土，同体而相契。是故与元黄同体，欲享春秋之尝禘。事父孝，故事天明。事母孝，故事地察。天地明察，神明彰矣。此子孙小往大来之所系。

万物不能越土而生，人亦万物中一物，故既死而葬，曰还元。自无而有则气著而神，神著而形；自有而无则形复于神，神复于气。故死曰即神。盖人死葬之后，骨肉毙于下阴，为野土一体，于青山五神配而祀焉。冬至祀天南郊，夏至祀地北郊。阴不忘，阳亦即不忘。所自出周公，以后稷配天，以文王配帝。圣母祷于尼山，尚克肖其类，谓精诚所格。且然矧还元五土，有同体之契乎。夫亦谓人之身，即天地之身，故资事父以事天，而事天明资事母以事地，而事地察。天明地察，神明即在对越之中。小往者，阻也，子孙之心。大来者，阳也，祖宗父母之荫。

以十二律稽之，人鬼之乐，与天地神祇之叙礼义，何尝或戾？

周乐：十二律九变享人鬼，六变祀天神，八变祭地。示理义曾未有异，孰谓舍天地而可以言人哉！

子黄钟①，丑大吕②，寅太簇③，卯夹钟④，辰姑洗⑤，巳仲吕⑥，午蕤宾⑦，未林钟⑧，申夷则⑨，酉南吕⑩，戌亡射⑪，亥应钟⑫。

黄钟至仲吕皆属阳，蕤宾至应钟皆属阴，此是一个大阴阳。黄钟为阳，大吕为阴，太簇为阳，夹钟为阴，每一阳间一阴，又是一个小阴阳。

---

① 宫。
② 变宫。
③ 商。
④ 羽。
⑤ 角。
⑥ 徵。
⑦ 变徵。
⑧ 徵。
⑨ 角。
⑩ 羽。
⑪ 商。
⑫ 变宫。

阴阳五音皆始于宫，宫数八十一，商数七十二，负数六十四，徵数五十四，羽数四十八，以数之多少为尊卑。故曰：宫，商，角，徵，羽。

五声最浊者为宫，稍浊者为商，微浊微清者为角。稍清者为徵，最清者为羽。十二管长者声浊，短者声清。

隋萧吉曰：天之气始于子，故黄钟为宫。天工毕于三月，故以姑洗为羽。地之气见于正月，故以太簇为角。地工毕于八月，故以南吕为羽。人之终殁于鬼，必归于北方幽阴所钟之地，故以大吕为角，应钟为羽，此三乐之终始也。必尽十二律，然后得事亲追远之道。人鬼之乐，以宫商角徵羽为序；天地之乐，以金木水火土为序。今三乐不齐，岂先人之不祀耶？盖人和则天地之气和，应坟以祀之，则孝子心乐不能忘。李淳风曰：角者，万物之始生也。羽者，万物之终也。天之气始于十一月，至正月万物萌动，地功见而天功成，故天以太簇为徵，成也。地以太簇为角，至三月万物始达，天功毕而地功成。故天以姑洗为羽，地以姑洗为徵。至八月万物尽成，地功终焉。故南吕为羽，此天地相与之序也。人鬼始于正北，成于东北，终于西北，萃于幽阴之地，终于十一月，成于正月。则幽阴之魄，稍出于东方，而与人接。然人鬼之乐，非岁事之有卒者，必尽于十二月，律乃得孝子之心。

凡乐六者，一变而致羽物及川泽之示，再变而致裸物及山林之示，三变而致鳞物及丘陵之示，四变而致毛物及坟衍之示，五变而致介物以及土示，六变而致象物以及天神。凡乐圜钟为宫，黄钟为角，太簇为徵，姑洗为羽。雷鼓，雷鼗，孤竹之管，云和之琴瑟，云门之舞，冬日至于地上圜丘奏之，若乐六变，是天神皆降，可得而礼之矣。凡乐函钟为宫，太簇为角，姑洗为徵，南吕为羽。灵鼓，灵鼗，孙竹之管，空桑之琴瑟，咸池之舞，夏日至于泽中之方丘奏之，若乐八变，则地示皆出，可得而礼之矣。凡乐黄钟为宫，大吕为角，太簇为徵，应钟为羽。路鼓，路鼗，阴竹之管，龙门之琴瑟，九德之歌，九磬之舞，于宗庙之中奏之，若乐九变，则人鬼可得而礼之矣。

天神最尊黄钟，为律之首，大吕为之合。地示亚于天神，而太簇为律之次，应钟为之合。四望为岳渎，姑洗为阳声第三，而南吕为之合。蕤宾为阳声第四，而林钟为之合，以祭山川。夷则为阳声第五，而仲吕为之合，以享先妣。无射为阳声第六，而夹钟为之合，以享先祖。

封以树之，坟以识之，春秋享之，则孝子慈孙在心之乐，何时而或废。①

上古不封不树，殷周以来，墓而不坟，春禘秋尝，子孙之心与父母祖宗相接处。先儒谓有其诚则有其神，无其诚则无其神者也。

孔子既得合葬于防，曰：吾闻之古也，墓而不坟。今丘也，东西南北之人也，不可以弗识。于是封之，崇四尺。

问者觉而袂②曰：五土融结，有形而有势；五气运动，有祥而有沴。③此嗣续盛衰之所系。孔子曰：丘之祷久矣。则子孙之心，亦何时而不祭。

五土融结言地，五气运动言天，地当其天之时则祥，天非其地之候则沴。然而祭者，察也；察者，至也。言人事至于神也。孔子曰：吾不与祭。如不祭，则凡为人子者，不能致诚奉享于先人，虽曰能盗天地之和，而于孝思，犹有一间。故先王立祭统、祭义。

相土度地第四

相土之法。曰："周原膴膴，堇荼如饴。陟则在巘，复降在原。"《公刘》此章，实在相土度地之仪，相之度之于以复形势，而区别丰浅之凝。曰："原隰既平，泉流既清。"亦以著山水之奇，皆声《诗》之至训。与《地官·司徒》"体国经野"辨山林、川泽、丘陵、坟衍之名物者，其齐矩以同规。

周原，岐山之南。广平曰原。膴膴，土地腴美貌。堇，乌头。荼，苦菜。饴，饧也。谓土丰而苦，草亦甘也。巘，山顶也。上平曰原，下平曰隰。平者，山之不险；清者，水之不淫。先言土地之宜，次举相度之法，再论其泉流之利，而体国经野之法备矣。

陟则在巘，复降其原。何以舟之，维玉及瑶，鞞琫容刀。《诗》注：

① 封音砭，同窆。
② 一作谢。
③ 沴音戾，乖戾也，问计切，相伤也。

舟，带也。言公刘至豳，欲相土以居，而带此剑，佩以上下于山原也。愚谓非是。舟之者，是欲以舟而通之。玉瑶当是水口二山之名。鞞琫容刀，言水口之窄，如鞞琫之仅足容刀耳，即水口不容。舟之说，甚言之词也。故下文即接"逝彼百泉"，可想见水口之义。

以土会之法，辨五地之物生。一曰山林，其动物宜毛物，其植物宜皂物，其民毛而方。二曰川泽，其动物宜鳞物，其植物宜膏物，其民黑而津。三曰丘陵，其动物宜羽物，其植物宜核物，其民专而长。四曰坟衍，其动物宜介物，其植物宜荚物，其民晰而瘠。五曰原隰，其动物宜裸物，其植物宜丛物，其民丰肉而痹。本注曰：会，计也，计五土所宜动植之物也。动物，天产也；植物，地产也。毛物，狐貉之属。鳞，鱼鳖之属。羽物，翟雉之属。介，龟属。裸，蛙蟥之属。皆天产也。皂物，柞栗之属。膏物，桐漆之类。核物，李梅之类。荚物，荠荚之类。丛物，萑苇之类。皆地产也。山林之民，得木之气多，故毛而方。毛者，木之气；方者，曲直之义。川泽之民，得水之气多，故黑而津。黑者，水之色。津者，润下之义。丘陵之民，得火之气多，故专而长。专者，团聚也，火之象也。长者，炎上之义。得金之气者，为坟衍之民，故晰而瘠。晰，白也，金之色也；瘠者，坚瘦之义。得土之气者，为原隰之土，故丰肉而痹。丰者，土之体；痹者，下之义。盖五行运于天，而其气寓于上，人物皆禀是以生也。

是以晋人谋去故绛，①诸大夫皆曰："必居郇②瑕氏之地，沃饶而近盬，国利君乐，不可失也。"韩献子将新中军，且为仆大夫，公揖而入，献子从公立于寝庭，谓献子曰："何如？"对曰："不可，郇瑕氏土薄水浅，其恶易构，易构则民愁，民愁则垫隘。于是乎有沉溺重膇之疾。"③

郇瑕氏，古国名，今之河东解县有郇城是。盬，盐池也。煮海为鹹，煮池为盬。今猗氏县有盐池。恶，疾疢。构，成也，言疾易成也。垫，溺困水灾。隘，羸困也。沉溺，湿疾。重膇，足疾下肿病也。土薄则湿气

---

① 成公六年。
② 音旬。
③ 膇音坠。

胜，故有沉溺之疾。水浅则湿从下生，故有重膇之疾。

"不如新田土厚水深，居之不疾。有汾浍以流其恶。且民从教，十世之利也。夫山泽林盬，国之宝也。国饶，则民骄佚近宝，公室乃贫。不可谓乐。"公从之。夏四月丁丑，晋人迁于新田。至哉！韩献子之论，宣明土地之宜与不宜。

新田，今平阳绛邑县，是汾水出太原，经绛北，西南入河。浍水出平阳绛县南，西入汾。据二水合流西南为新田，一大水口。流其恶者，所以泄秽也。

邾文公卜迁于绎。史曰："利于民不利于君。"邾子曰："苟利于民，孤之利也。天生民而树之，君以利之也。民既利矣，孤必与焉。"左右曰："命可长也，君何弗为？"邾子曰："命在养民。死之长短时也，民苟利矣迁也，吉莫如之。"遂迁于绎。五月，邾文公卒。君子曰知命。

绎，邾邑。鲁国邹县，北有绎山。左右以一人之命为言，文公以百姓之命为主。一人之命各有短长，无可如何。百姓之命乃传世无穷。故君子曰知命。

皦皦乎左氏之传，以著从违之证，其鉴于斯。憒憒乎迁陋蠢腐，骋谲强以讥非。不几乎悖戾于观，流泉相阴阳之诗。

公明在当日，似亦与国家谋及都邑之故，无奈迁陋蠢腐一流，以是为非，以非为是，故其词未免有激切恺挚之意。

三奇第五

龙之元微，先式三奇：曰赴，曰卧，曰蟠。形势低昂，相其潜飞，以指其要，为寻龙之机。

三奇者，三者各自为式，非一体可得而概之。迢遥远到曰赴，横倒曰卧，首尾相顾曰蟠。

其赴者，正履端操，一起一伏，肢腕翼辅，如经丝摆练，直缕边幅，趋长江而垂垂。其卧者，横亘磅礴，迂徐偃息，不枝不挺，如长虹隐雾，连城接垒，枕溪渚而迟迟。其蟠者，蜿蜒蝹蟺，首尾交顾，周回关镇，如鏊带缠绕，旋根错节，临湖涧而规规。

龙之变化无穷，不能外赴、卧、蟠三式。而三式之结，一趋于长江，一枕于溪渚，一临于河涧。其远近正侧虽不侔，所以契于水者一也。

水之元微，亦式三奇：曰横，曰朝，曰绕。精神气概，相其委蛇，以乘其止，为跃渊之宜。

面前经过曰横，当面推来曰朝，抱于左右者曰绕。水无不去之水，乘其止者，是水之至静而不动处。横似龙之卧，朝似龙之赴，绕似龙之蟠。

其横者，悠扬宽闲，欲趋而澄，无反无侧。如横琴卧笏，限地脉之披离。

凡水之横者，皆竟过去。若悠扬，便有顾盼之意。宽闲，乃得停蓄之情。疾行则势急，恐其浊而有声。故欲静而澄，反则外气背，侧则堂气偏。如横琴者端正，如卧笏者内弓。余脉之不齐者，惟横水有以限之。

其朝者，委蛇萦迂，抑畏谦让，如之如元。如卷帘铺箔，无冲割而鸣悲。

凡水之朝者，最嫌直射委蛇曲折貌。萦迂乃曲折之大者，抑畏谦让，以见其穴之尊之元。水之曲而细者帘箔，阔水中具有屈荡之文。冲则震心，割则扫脚。若鸣悲者，神不能守其墓，均非朝之吉者。

其绕者，欲进而却，欲纳而临。如城郭之环卫，如鞶带之盘旋。

凡水之绕者，非在左即在右。若绕于左而不之右，则不见其进而却之情。却者，进之机也。若绕于右而不之左，则不见其纳而临之意。临者，纳之渐也。如城郭鞶带，尽乎绕之形矣。

故曰：赴卧蟠兮，三奇之山；横朝绕兮，三奇之水。养生沐冠官旺兮，表六相之潴泽。衰病死墓绝胎兮，象六替之所归。八干兮，钟天气之清。二气兮，分真纯驳杂之始。四隅四正兮，取八卦之变通。四墓四绝兮，择五气之指而不理。

长生五行，原以论山水之休旺。八干者，甲庚丙壬乙辛丁癸之天干，故曰天气。二气者，乾甲、坤乙、坎癸、申辰，离壬、寅戌属阳，艮丙、巽辛、震庚、亥未、兑丁、巳丑属阴。净阴净阳曰纯，阴阳交互曰杂。四隅者，乾坤艮巽。四正者，子午卯酉。四正虽属支，以其得坎离震兑四卦之气，亦偶之以立向，取变通也。四墓，辰戌丑未；四绝，寅申巳亥，为地浊之气，均在所摈。此一节论消纳各用。

在古之先，曰茅裹尸弃之中墅，而三奇六仪则未之闻。近代以还，易之以棺椁，而三奇六仪又蒙于谬诡。惟虢惟嬴，始为蒙而鉴指。

山水之三奇，以形势言。近代有以方位言者，虽其说根于奇门遁甲，然于地之道静，非若天之道，随时运动，未可牵合矣。

袁天纲曰：近代有天三奇、地六仪之说，全无理致。故虢嬴二公，实为明指之。虢有《极心论》，嬴有《樗里遗书》。

樗里子，秦惠王弟，名疾，与惠王异母，秦人号曰智囊。

四镇十坐第六

自粗而精，自简而详，此古人之心法，炼之而至刚。自精而拙，自详而荒，此后人之心术，玩之而不良。

古人由粗而精，得精之理；由简而详，得详之自。后人不能承袭前哲之精详，遂至于拙。至于荒矣，心术之不良，罪在贻误天下后世。

闻之曰：镇龙头，避龙尾，坐龙颡，坐龙耳，避龙角，避龙齿，避龙目，悬壁水。坐龙鼻，坳污里。坐龙鬣，亦可以。

镇者按其前，坐者居其上，避者违而弃之也。曰颡，曰耳，曰角，曰齿，曰目，曰鼻，曰鬣，皆属头部位，故递举而言。尾与头相反，头崇隆而尾尖削也。颡广而平，耳停以蓄，角欹危，齿琐屑。目露而湿流，鼻隆而污峰。鬣龙颔旁之小髻，其厚者可坐，薄者不可坐，故断以未定之辞。

镇龙鬐，避龙背。坐龙肩，堪负载。坐龙项，当曲会。避龙颈，如伸臂。

曰背，曰肩，曰项，曰颈，皆与鬐相近，故递举而言。鬐者，龙背之蠹。蠹，萧吉曰皋陶之背如植鬐，谓其丰隆而可镇也。若背则平荡无倚，否则壁立难容，故当避肩，有肩井可停。颈后曰项，项有去者，回头为卫，故皆可坐。颈直无收，若伸臂者然也。

镇龙腹，避龙腰。坐龙脐，自然坳。坐龙乳，如垂髻。避龙肋，不坚牢。

曰腰，曰脐，曰乳，曰肋，皆与腹相近，故递举而言。腹宽博而有容，腰孱弱而无气，脐坳小而圆净自然，乳面平而不饱。若垂髻者，有下敲之情也。肋居龙体一边，正气不至。

镇龙脚，坐龙腕。避龙肘，势反散。坐龙胯，聚内气。避龙爪，前尖利。

曰腕，曰肘，曰胯，曰爪，皆与脚相似，故递举而言。脚必远至，故当镇。腕，掌后节中也。以其可腕屈，故曰腕。肘，臂节也，虽曲而其势反背。散者，其面既已反，势不聚也。胯，两股间也。胯恐内寒而脱气，故须外气，以聚内气。爪者，尖利而犯，刑伤之象，故须避之。

是以四镇十坐，穴龙之法，备后达申之。则四镇改度而其坐十二，或取诸龙，或拟诸身，其归一揆。

四镇者，头髻腹脚也。十坐者，颡耳鼻鬣肩项脐乳腕胯也。其改度十二坐，见下。

来龙奔赴，宗其颐息，曰宗龙之咤。① 来龙横卧，攀其肩井，曰攀龙之胛。来龙蟠环，骑其源护，曰骑龙之洿。来龙磅礴，承其颐殢，曰承龙之势。

颐，顿也。咤，喷也。胛，背胛也。洿，窊下也。顾，眷也。殢，凝积也。奔赴，龙之踊跃而来。颐息，龙之静定而不越，是宗龙当中正受嘘之地，横卧之龙最怕脱气。曰攀者，寓贴脊之义也，然非有肩井可安，攀终不易。蟠环，首尾相顾，穴于源所护处。曰骑者，亦恐其脱气而骑之，乘其洿也。磅礴广被而充塞，顾殢眷注而凝积，凡龙之广被充塞者，气既宏肆，极难骤止，须求其眷注止积之，所为其势之所趣集，盖失其承即失其势也。古诀云，虚檐雨过声犹滴，古鼎烟销气尚浮者，即此。凡曰宗，曰攀，曰骑，曰承，皆穴龙之法；曰咤，曰胛，曰湾，曰势，皆穴龙之地。

后又云：宗龙之形，如花之的。骑龙之形，如宇之堂。的承跌萼之正，堂居门仞之防。攀龙之形，如人卧之肩井，如鱼奋之腮鬣，皆随其趣向，而横应偏旁。承龙之形，如心目之顾殢，如日月之精光，皆引其来历，而宽接窊藏。曹叔曰：绝顶骑龙而钳浏直悬，当头宗龙而鼻吹双穿，半腰攀龙而八字披泻，没脚承龙而失势单寒。

---

① 一作宅。

四龙已式，则四镇可择。曰镇龙头，曰镇龙项，曰镇龙背，曰镇龙腹。四镇已定，则十二坐可以当。其正镇头之坐曰颡顖，曰鼻崚，曰准的；镇项之坐曰肩井，曰耳停；镇背之坐曰植鬐，曰枕骰。至于镇腹，其势有二端：坐之腹，则曰坐乳房，坐脐窟，坐胯元，坐胯胜，坐翘踝；横卧之腹，则又未焉，曰坐龙头。于以长前人之式而造其优。

不能式四龙之趣向，不可以言镇。故宗龙则镇头，攀龙则镇项，骑龙则镇背，承龙则镇腹。不能定四镇之所在，不可以言坐，故颡顖坐眉目之间，崚坐鼻之左右，准坐鼻之正中，皆镇头之坐，所以宗龙也。肩井当项之偏耳。停当头之偏，而与项不甚相远，皆镇项之坐，所以攀龙也。植鬐，枕骰，皆喻其背之的，以背不可镇。得鬐与骰，而背可得坐，龙可得骑也。乳房居腹之上，脐窟居腹之中，胯元居腹之下，胯胜居腹之后，翘踝居腹之前，虽曰镇腹，其实居腹之上下前后，所以承龙之势也。横卧之腹曰坐龙头，一如镇背而坐，于植鬐、枕骰之义，皆前人之所未及也。

辨正朔第七

天元地元人元也，历穷天道；天正地正人正也，敬授人时。

天元起甲子，地元起甲寅，人元起甲辰。周用天正建子，商用地正建丑，夏用人正建寅。

天正阳气始至，地正万物始萌，人正万物始甲。

天道冬畅，人事春祈。① 冬，终也。阴终而阳始。春，蠢也，万物蠢动而熙熙。人而不天，则曷象以资始？时而不人，则攸作以愆期。

畅，充也，仲冬命之曰畅月，言万物皆充实于内也。命有司曰土事，毋作慎，毋发盖藏，毋发屋室，及起大众，以固而闭。地气沮泄，是谓发天地之房，诸蛰则死，民必疾疫，又随以丧。祈，祷也。天子乃以元日祈谷于上帝。元日，上辛也。郊祭天而配以后稷，为祈谷也。夏正之建，重在人事，人事之资始，不能不法象乎天。

果时方于行夏，徒景农祥，而仍背乎七月流火之诗。

---

① 一作始。

天驷房星，寅月辰中，见于南为，农祥之候，即三之日，于耜之时。农祥即房星也。火，大火心星也。房与心，并以六月之昏，加于地之南方，至七月之昏，则下而西流矣。

是安知绝笔书王之法，日南长至之传，皆一日栗冽，① 七日②来复之微。

僖公五年春，王正月，辛亥朔，日南至。七日来复，一阴生于午。自一阴数至建子之月，居第七月，一阳复生。谓月为日者，言其阳也。凡言三之日，四之日，皆阳微之候。

是以天官享三灵之乐，必六变、八变、九变，为之等衰。③

圜钟为宫，于以降天神。函钟为宫，于以降地祇。黄钟为宫，大吕为商，于以祇人鬼之依。

圜钟天，运夹钟，卯也。函钟地，运林钟，未也。黄钟，子也。大吕，丑也。

李淳风曰：神依人而行。

宣先王之制作，惟由义以通之。《周礼》止岁十二月令。斩冰者，虽冬官授人时之正，而正月之吉始和者，实由天道而推之。乃《泰誓》之一月戊午，武成之一月壬寅，皆中黄钟而不移。始三才之道，同一元而出。竟三才之用，析之而莫齐。或者块然而执，懵然而疑。曰：由尔之说，则《春秋》书元年王正月其已审矣，又何必加春之为徐徐然。释之曰：《春秋》因鲁史行夏之文，非周家天正之规，圣人笔削之所不及者，抑存其旧，以讥其非。是以七月壬午朔日有食之，而梓慎谓之相过之亏。

昭公二十一年秋七月朔日，有食之。公问于梓慎曰：是何物也？祸福何为？二至二分日，有食之，不为灾。日月之行也，分同道也，至相过也。其他月为灾，旧不克也。故常为水。于是叔辄哭日食。昭子曰：子叔将死，非所哭也。八月叔辄卒。注云：二分日夜等，故言同道。二至长短极，故言相过。

---

① 当作凓冽。
② 一作月。
③ 三灵，三才之精灵也。天神之乐六变，地祇八变，人鬼九变。

疑者晓而伏曰：容成造历，以甲配子。以仲先季，以季先孟者，其旨不在斯，何昧昧蒙蒙。固而亡变者，致天神之胥违。

应世衡曰：历家建正，必推月将。月将者，或谓之合神。以正月建寅，寅与亥合之类。或谓之太阳，过官于亥，以正月太阳月将䏶娵訾之类。二者皆援颛帝历言之。然太阳随黄道，岁差一辰。以《周髀家藏》之法考之，正月建寅，雨水后一日，太阳方䏶娵訾，以中气为用。若合神则用节气，逐年逐月逐日逐时，五星十二时次，舍二十八宿，皆不应天行。缘时王授正取三阳，俱兆农事于秬，以定历法，通而用之，贯乎一理。昧者即时王之正以释颛帝历，冬至日宿斗初，今至日宿斗六度，正月杓建寅，今斗杓建丑。《尧典》日短星昴，今日短东壁。以天道之差，证之四时十二辰次舍，但春为寅卯辰，夏为巳午未，秋为申酉戌，冬为亥子丑。不必言正月建寅，四月建巳，七月建申，十月建亥。东方青龙七宿，当亢氐房心尾箕斗。南方七宿，当鬼柳星张翼轸角。西方七宿，当娄胃昴毕觜参井。北方七宿，当牛女虚危室壁奎。此正朔之明辨也。

李淳风曰，阳声六律，顺以黄钟起子；阴声六吕，逆以大吕起丑，类可见矣。

又曰：自容成造历六十甲子，故有甲巳以丙为首，非甲遁也。

大桡作甲子，以寅申巳亥为孟，子午卯酉为仲，辰戌丑未为季。

以甲配子则仲先季，以乙配丑则季先孟，以丙配寅而建，正是以孟为孟也。

按：《尧典》冬至日在虚昏中昴，今冬至日在斗昏中壁。中星不同者，盖天有三百六十五度四分度之一，岁有三百六十五日四分日之一，天度四分之一而有余，岁日四分之一而不足。故天度常平运而舒，日道常内转而缩，天渐差而西，岁渐差而东。唐一行所谓"岁差者"是也。古历简易，未立差法，但随时占候修改，以与天合。至东晋始以天为天，以岁为岁，乃立差以追其变，约以五十年退一度。何承天以为太过，乃倍其年，而反不及。至隋刘焯取二家中数七十五年为近之，然亦未为精密也。元郭守敬差法颇近。

释中第八

星纪四时次舍，观章于尧典；墟分五帝分野，申法于麟笺。

日中星鸟，以殷仲春。日永星火，以正仲夏。宵中星虚。以殷仲秋。日短星昴，以正仲冬。殷，正也。此《尧典》中星也。降娄为少皞氏之墟，营室为颛顼氏之墟，亢角为太昊氏之墟，鹑尾为烈山氏之墟，鹑火为有熊氏之墟。

仲春之月，星火在东，星鸟在南，星昴在西，星虚在北。至仲夏，则鸟转而西，火转而南，虚转而东，昴转而北。仲秋，则火转而西，虚转而南，昴转而东，鸟转而北。至仲冬，则虚转而西，昴转而南，鸟转而东，火转而北。来岁仲春，鸟复转而南矣。

附今时中星

冬至	日在箕昏室中旦轸中	小寒	日在斗昏奎中旦角中
大寒	日在牛昏娄中旦亢中	立春	日在女昏胃中旦氐中
雨水	日在危昏毕中旦房中	惊蛰	日在室昏参中旦尾中
春分	日在室昏井中旦尾中	清明	日在奎昏井中旦箕中
谷雨	日在娄昏柳中旦斗中	立夏	日在胃昏张中旦斗中
小满	日在昴昏翼中旦牛中	芒种	日在毕昏轸中旦虚中
夏至	日在参昏角中旦危中	小暑	日在井昏氐中旦室中
大暑	日在井昏氐中旦壁中	立秋	日在柳昏心中旦娄中
处暑	日在张昏尾中旦胃中	白露	日在翼昏箕中旦昴中
秋分	日在翼昏斗中旦毕中	寒露	日在轸昏斗中旦井中
霜降	日在角昏斗中旦井中	立冬	日在氐昏女中旦柳中
小雪	日在房昏虚中旦张中	大雪	日在尾昏危中旦翼中

八卦兆形于八节，二十四气。分布而成一年。

八卦，后天之八卦。八节，分至启闭也。立春艮，春分震，立夏巽，夏至离，立秋坤，秋分兑，立冬乾，冬至坎，此八卦之所兆形也。八卦既兆，二十四气即由八卦而生。则立春艮，雨水寅，惊蛰甲，春分卯，清明乙，谷雨辰；立夏巽，小满巳，芒种丙，夏至午，小暑丁，大暑未；立秋坤，处暑申，白露庚，秋分酉，寒露辛，霜降戌；立秋乾，小雪亥，大雪壬，冬至子，小寒癸，大寒丑。此二十四气之所分布也。克择家之时令五行，皆准诸此。一本三百六旬，酌八卦而兆，形于八节。二十四气，分八方而成，务于一年。

　　四维张而枝干错列，四正奠而分至推迁。

　　中列而四维支干，皆错列有序。分至启闭，乃因得而推测之。

　　积闰余于二道，故二十八宿分纬而经周天。

　　张子曰：闰生于朔，不尽周天之气。朱子曰：合气盈朔虚而闰生。盖一岁有二十四气。假如一月约计三十日，则宜十五日交一节矣。然期三百六十五日零二十五刻，分配二十四气，则不止于三百六十日，故必十五日零二时五刻为一节，三十日五时二刻为两节，所谓气盈也。月之合朔二十九日半，则月不能满三十日之数，积十二月三百六十日计之，内虚五日零六时三刻，是为朔虚。故每岁常六个月小，止得三百五十四日。气盈于三百六十日之外，有五日零三时。朔虚于三百六十日之内，有五日零六时三刻。则一岁之间，大约多出十日零八时。三岁则多出三十二日有奇，所以置闰也。三岁而一闰，即以闰月计之，亦不须三十二日有奇。故置闰之法，其先则三年一闰者三，继以两年一闰者一。续又三年一闰者二，继以两年一闰者一，如是经七闰，然后气朔分齐，是为一章。所谓两年一闰，即五岁再闰之说也。二道，赤黄二道。天形，北高而南下。赤道分南北极之中。黄道半在赤道内，半在赤道外。半在赤道内，自奎娄至翼轸是也。半在赤道外，自角亢至室壁是也。日行黄道，月五星循黄道左右而行。冬至之日，背道去北极最远者，一百一十五度半弱。夏至之日，黄道去北极最近，六十七度半弱。春秋二分日，在黄赤道之交分天之半，去北极九十一度半弱。此自然之数也。苟中之不分，则黄赤二道无从而考。二十八宿之为经，亦莫可得而识矣。

　　知夫历者之法乎？闰无特气，节必加双，而分中始焉。盖始气胚腪而

· 17 ·

未成兆，中气著象而有常躔。阳生于子，而起日于子半。阴生于午，而起夜于三刻之未。全闰无中气之正位，而斗杓斜指于两辰之间。是则八干四维之至正，乃寂然未动、微然未著之前。惟壬与丙，未形未观。天地之中，必于危张之度。阴阳所生之元，无非干辰初刻之所。推十二支辰，是乃各辰正刻之所移。

二十四气之有节气、有中气者，何也？气常盈而朔，每不及，必置闰以为之补，非两气以限之。亦乌知其气之盈而朔，每不及也。然气一也，有天气焉，有地气焉。天气恒先至，所谓胚腪之气也。地气恒后至，所谓著象之气也。阳生于子，必当于子之中。阴生于午，必极于午之正。闰无中气者，何也？岁止有十二月，以应十二支，因气盈朔虚，不得不置闰，以完其二十四宫之全气。故上半月作前月用，下半月作后月用。斗杓斜指于两辰之间，是闰之不得当十二支之位也明矣。王赵卿曰：虚危之间针路明，南方张度上三乘。坎离正位人难识，差却毫厘断不灵。则危张之度属子午之正宫，从可识矣。元，始也。每一时分八刻，初二刻属干维，正四刻属支辰，则胚腪之始在于维，而著象则在于支辰也。

惟壬与丙，阴始终而阳始穷；惟子与午，阳始肇而阴始生。探阴阳自始自终之蕴，察天地南离北坎之原。

阴尽阳生，阴尽于壬之中。阳尽则阴复生，阳尽于丙之内。阳虽生于壬，而必形于子；阴虽生于丙，而必肇于午。子午者，阴阳之交界，姤复之往来。《易》曰："复，其见天地之心乎？"

磁者，母之道。针者，铁之戕。母子之性，以是感，以是通。受戕之性，以是复，以是完。体轻而径，所指必，端应一。气之所召，土曷中而方曷偏。较轩辕之纪，尚在星虚丁癸之躔。惟岁差之法，随黄道而占之，见成象之昭然。

磁石受太阳之气而成，磁石孕二百年而成铁。铁虽成于磁，然非太阳之气不生，则火实为石之母。南离属太阳真火，针之指南北，顾母而恋其子也。《土宿本草》云："铁受太阳之气，始生之初，卤石产焉，一百五十年而成磁石，二百年孕而成铁。"又云："铁禀太阳之气而阴气不交，故燥而不洁。"日有中道。中道者，黄道也。非天之有是道，乃因日行而名之。其道北至东井，去极近；南至牵牛，去极远；东至角，西至娄，去极中。

此二至二分之所在也。

阳生子中，阴生午中。金水为天地之始气，金得火而阴阳始分。故阴从南而阳从北，天定不移。磁石为铁之母，亦有阴阳之向背。以阴而置南，则北阳从之；以阳而置北，则南阴从之。此颠倒阴阳之妙，感应必然之机。

历之有岁差者，何也？曰：天行之度有余，日月所行之度不足，故天运常外平而舒，日道常内转而缩，由是天渐差而西，岁渐差而东，而岁差之法立焉。晋虞喜以五十年日退一度，失之太过。何承天、刘焯、一行辈互有损益，而又失之不及。惟郭守敬以周天周岁强弱相减，差一分五十秒，积六十六年八个月而差一度。算已往减一算，算将来加一算，而岁差始为精密。

岁差者，岁岁有差。假令今岁冬至日在箕三度，至明年冬至日仍在箕三度，其间已差秒忽矣。所以然者，天体三百六十五度二十五分七十五秒，太阳每日又躔一度，一岁积三百六十五日二时七刻有奇。太阳与天会于原次，而太阳不及天一分五十秒，积六十六年二百四十三日六时而差一度，积二千三十余年而差一宫，积二万四千五百年弱而太阳与天复会于子宫之虚宿，是之谓一大周天。①

大哉，中之道也。天地以立极，寒暑以顺时。阴阳以致和，日月以重辉。范之以矩，模之以规。节之而声不淫，表之而影不欹。以南以北，以东以西。以横以植，以简以夷。权之以平，量之以齐。赏之以劝，罚之以威。居之莫不安，用之莫不宜。亶乎，中之不可不及也！亦不可过而失之臆。不及者可以进，过者不可追。是以磁针之所指者，其旨在斯。何京房之臆凿，舍四正之深悲。

极言得中之道。天地得中而四极以立，四时得中而寒暑以顺，阴阳得中而无愆伏之灾，日月得中而当交会之候，矩得中为天下之至正，规得中为天下之至圆，声得中而不乱，影得中而不斜。南北以经，东西以纬。横者以直，易者以平。轻重得之以为衡，长短得之以为准。赏不偏而下斯劝，罚不过而上乃威。居中则有一定之宁，用中则无两端之失。不肖者，不及贤者，又恐其过之，唯勉其不及以抑其过，斯针指之谓乎？京房以臬影较偏于丙壬，谬矣。

---

① 凡一度百分，一分百秒。

乾流过脉第九

山曷为龙，得水有跃渊之义。城何以水限，龙无走脚之踪，山或行而未住，气亦随而未钟。

乾流过脉，虽属二义，其实是一串。因跌断处可以过流而水退，即乾脉从此过。故曰乾流过脉，所谓跃渊者是也。城者，以上而筑成，故曰城。水以城名，是取其限龙之义，盖水不界脚气过前行也。

乔山界大江而衍，苍梧间大河而殇。是知河以聚山脉，而江以断山脉。疆域地理，而应乎穹苍。①

黄帝葬于乔山，在大河之南脉，自积石逾河，衍者丰饶而广被也。舜葬于苍梧，在大江之南脉，自荆汉逾江，殇者短折而不成也。河浊而江清，浊者能聚，而清者能断，水能界列国之疆宇，而即觚为分野之躔次，故曰"应乎穹苍"。

乔山，史作桥山，在陕西延安府四部县北。苍梧，周南越之地，今为郡。②

惟流地面而不源，泛平洋而不潢。

源，水之本也；潢，水之积也。不源不潢者，雨过即干，龙之过脉处也。

蜂腰鹤膝，结咽过关之要害。蛙背鸡胸，偏锵瓵溜之分锵。③

蜂腰极细，鹤膝至圆，言过脉之精妙。蛙背脊直而两削，鸡胸腹饱而臃肿，言过脉之顽拙。蛙背与偏锵同意，鸡胸与缶溜同形。

故曰：虽涉田濠，尚是乾流之水。未淘沙石，当知过脉之冈。

田濠虽有水流，若无沙石界断，终是穿田之峡。

以天下之大势论之，自昆仑发而为三危、为积石，逾河而为终南、为太华、为底柱，复逾河而为雷首、为王屋、为太行，北抵常山塞垣，循东而尽于辽海。自终南而南为上洛，逾汉而结夔州为荆山，复逾江而结长沙

---

① 大江当作大河，大河当作大江。
② 四部即中部。
③ 锵同枪，瓵音缶。

宝庆为衡山，徽岭循东而尽于闽浙，是可以会跃渊之义矣。①

象物第十

　　指山为龙兮，象形势之腾伏。犹易之乾兮，比刚健之阳德。虽潜见之有常，亦飞跃之可测。有脐有腹兮，以蟠以旋；有首有尾兮，以顺以逆。顺兮指其所钟，逆兮原其发迹，蟠兮指其回环，旋兮指其污蹟。耸肩伸项兮，有结咽过关之想。布爪扬鬣兮，有夹辅维持之力。左抱右偃兮，若其角之卫腾。峰挺秀兮，若其髻之植。三形就兮，若饮颔之含。含四势集兮，若敷鳞之翼。翼神而隐迹兮，不易于露脉。潜以保身兮，不容于风刺。嘘为雨兮，②所以欲界于横流。蜕乃骨兮，所以不利于顽石。势延而螾兮，断独为悲形。蟠而媪兮，镜直为戚威。彩光晰兮，忌其秃童真。天③化毓兮，忌其变易。是皆模造化以权言，非有可经之成式。

　　此一节借龙之全体，以喻夫山之形。真龙落脉多在低藏处所，即或有高处落，亦必在帐幕潜护之中，此神而隐迹，潜以保身之谓也。凡祖龙发迹，直至结穴之所，不知几经曲折，而其化毓之真者，断然不异。祖气所谓生子生孙巧相似也。若到头一有变易，即非造化之真。

　　至于定穴法之难真，不若取象于身而可得。例虽贵于镇头，义亦求其住蹟。颡广平兮，以角为防。角倾危兮，以额为的。准隆兮，鼻崦污藏。目露兮，泪流倾滴。耳停兮，取势稍宽。唇浅兮，成形太逼。卧而腰环兮，蕴乎其腹。乳坐而膝踞兮，怀乎其股趣。④脐抱于臂兮，足无与于倒雇。胯附于股兮，手何烦于凭轼。腰边背偃兮，气之散行。尾掉背后兮，山之陇脊。肠附于尻兮，泄之必伤。足绝于下兮，因之已寂。肩井膊翼兮，堪负载之劳。握口掌心兮，任操持之力。

　　此一节借人身以喻穴，穴法俱在包藏之中。头无住蹟则露颡，额无角则露准。无崦则露，唇浅则露。环卧则以腹乳为藏，踞坐则以股趣为藏。

---

① 东北为塞垣，西南曰徽岭。
② 一作气。
③ 一作元。
④ 字典不载。

以臂为抱者曰脐,足在脐之下无益也。以股为护者曰胯,手在胯之上无益也。斡尻则侵肠,喻上则伤龙。针足侧犯脱,喻下则伤穴。肩井虽上,而有负载之劳。握口虽下,而有操持之力。

唯能参之禽兽虫鱼,斯可备之于奇形怪格。凤翔兮,背崦乃安。驼载兮,肉鞍尤特。蟹伏螯强兮,眼目非露。龟圆头伸兮,肩足难易。蜈蚣钳抱兮,口乃分明。驯象准长兮,鼻乃端的。鱼额脱兮,尾鬣扬波。马耳峭兮,唇口受勒。项舒嘴锐兮,鹤何拘于耳顶。腹满①准露兮,牛不堪于鼻息。

此一节借物类喻穴之情,穴皆在物类所顾处。凤背以首翼为顾,驼鞍以前后肉为顾,蟹眼以螯为顾,龟肩足以头为顾,蜈蚣以钳为顾,②象鼻以准为顾,鱼以尾鬣为顾,马以唇口为顾,鹤左右顾则在耳,不顾则在顶,牛以角为顾。腹饱鼻露,无顾之者,不可穴也。

或伦类之未分,观堂宇而作则。有帘陛兮,以等级其前。有寝奥兮,以深邃其北。有廊庑兮,以周回其左右。有门屏兮,以趋进其宾客。有障扆兮,以限其窥觎。有墙仞兮,以闲其奸宄。有明堂兮,以祀以祭。有园井兮,以饮以食。潜形兮,贵其缩藏。隐势兮,忌其露迹。有栋梁兮,广天盖之功。有趾柱兮,全地载之德。

此一节借宫室喻穴之理,帘陛穴下之毡唇,寝奥穴上之窝口,廊庑左右之盘旋,门屏拦堂之案应。障扆墙仞,外卫之严密。明堂园井内,蓄之澄凝。栋梁所以昭龙体之崇,趾柱所以形土水之厚。

故曰:利欲翳心,则如目之于睫。唯正心圜机,则眼力洞察乎隐赜。前后巍巍,左右翼翼,彻志之悖,祛心之惑,去俗之累,通道之塞,观山之法,于是乎可得。

此一节伤世术之迷。《象物》一篇,全在引伸触类,以尽物之精微。若五鬼惟为利欲所翳,山水尚不能了了,安能触物比类,以洞察夫隐赜之情?贻误天下后世,匪浅鲜也。故管公特举以警之。

曹叔曰:藏珠之颔,拿云之爪,奔水之肩坳,卷水之尾节,皆有力之处,狞活之冈也。

---

① 一本作薄。
② 有下山蜈蚣穴其脑者。

管氏地理指蒙卷二

开明堂第十一

夫冢宅，所谓明堂者，固非王者迎五帝聚祭之重屋。

重屋，明堂之异名。夏曰世室，商曰重屋，周曰明堂。

抑还元于五土，配祀于五神，随性应运，积气应星，当归格帝之元，冢宅照临之象，居中处正之名。

卜兆曰：托土以生，必还元于五土。即神以死，必配祀于五神。是五土以言其地，五神以言其天。性者，明堂所生之性。随则随其官位，以为运气者。明堂所有之气，积则积其外气以应星。明堂为祭祀之所，感通于上而应乎其下也。明则取义于照临忌塞，堂则取义于中正忌偏。

发日月之精华，虚而聚气。限江山之支脉，积以施生。

上二句说内堂，下二句说外堂。面前无虚厂之气，则外朝不集。脚下无拦截之水，则内气不凝。

其形欲舒，其势欲迎。寂尔五事，炳然五行。黄帝作历，乾鹊推灵。巢开八干，太岁必局。惟王建国，重离向明。窀①穸②之择，亦无出朱鹑之横。

朱鹑，午也。南北曰横。形指内堂，势指外堂，舒则不逼，迎则逆水。五事，貌、言、视、听、思。以貌为水，以言为火，以视为木，以听为金，以思为土。人始生而形色具，既生而声音发，既义而后能视，而后能听，而后能思，皆五行之所为也。人还元于五土，则五事俱无，然五行

---

① 朱伦切，厚也。
② 音夕，长夜也。《左传》"窀穸之事"。

有不可泯灭者。黄帝作历，命大桡占斗柄初昏，所指月建，而以甲乙丙丁戊己庚辛壬癸十干，配子丑寅卯辰巳午未申酉戌亥十二支，成六十甲子，于是乎有岁。岁有其干，有其支。乾鹊得气之先知，天气主生，地气主杀。故巢开八干，趋天气也。岁支必扃，避地气也。王者向明而治，重明以丽乎政。窀穸之择，亦无如南向之为善也。

庚辛白虎，甲乙青龙。宣乎壬癸，重阴之元默。悖乎丙丁，阳宅之朗清。六相六替，或潴或萦。息道漏道，出入斯凭。流地重浊，流天轻清。驳杂则愈，真纯则荣。

此承上文南向而言，故庚辛为白虎，甲乙为青龙也。宣乎壬癸，是以壬癸为山，而葬则以山为重。悖乎丙丁，是不向于丙，亦不向于丁。是以午为向阳明，造作以支为用。故云"阳宅之朗清"。六相贵潴，六替宜去。息道内口，漏道外口，出入贵乎顺相替之理。葬以山论其相替，造作以向论其生旺，故皆以为凭也。地支重浊有杀，天干轻清有神，去驳杂而择真纯，得净阴净阳者，为理气之大纲。

乘金相水，木之所废。用木精金，土以雕弊。托土荫木，水之壅滞。导水沃土，火罹其害。得火雠金，水其既济。

金水到堂曰乘金，水龙得之以为相，而木龙废矣。木水到堂曰用木，金龙得之以为才，而土龙弊矣。土水到堂曰托土，木藉土生，木龙得之以为荫，而水龙滞矣。水水到堂曰导水，土龙得之以为沃，而火龙灭矣。火水到堂曰得火，木龙得之以为济，而金龙坏矣。

樗里遗书，虢公著议。阳明黄钟，二用稍异。少阳少阴，黄钟始气。老阳老阴，阳明始著。区别阴阳，参错天地。二十四宫，以何为二十四气之所莅？坎离为阴阳之母，震兑为阴阳之至。二道流之，亦为权贵。元女之法，精积纯粹。不淫不妒，不蛊不渗。

阳明谓造作，黄钟谓茔域，阴阳之始萌曰少阴少阳，阴阳之既著曰老阴老阳。萌于八干四维，著于一十二支八干四维，黄钟之用也，一十二支，阳明之用也。黄钟用干，是阴以阳为德。阳明用支，是阳以阴为昌。故云区别，云参错，不专向论。壬宫为大雪之气，子宫为冬至之气。冬至一阳初生，故为阳之母。丙宫为芒种之气，午宫为夏至之气。夏至一阴初生，故为阴之母。甲宫为惊蛰之气，卯宫为春分之气。春分四阳方长，故为阳之至。庚宫为白露之气，酉宫为秋分之气。秋分四阴方长，故为阴之至。息漏二道，若流于四正之官内，有旗枪雷门二神，亦主有威权之贵。然在阳明得之，为更奇耳。在元女，惟取净阴净阳，无淫妒蛊渗者斯已耳。

故曰：二气五行，明堂无弊。三阳六建，分守四势。主束披裾，不割衿袂。应防冲突，肃其顾诣。左限奔歕，右防镶锐。前级唇蚪，旁拦肘掣。潴泄依因，消长祥渗。生旺库墓，无伤无滞。其广如槃，其环如带。其横如舟，其圆如锅。轮乎其弓，急乎其弦。此所以分向背也。摆练之元，交牙石礈。不倾不露，二宅不二。

三阳，巽、丙，丁也。六建，艮、丙、巽、辛、兑，丁之六秀。《天玉经》曰："六建分明号六龙，名姓达天聪。"六龙即六建。二气得阴阳之纯，五行合生旺之吉。又得三阳六建来朝，为明堂之贵。

主山非明堂限之，则有披裾之嫌。应山非明堂限之，则有冲突之患。左右前三面俱欲圆净低回，流于囚谢。生旺不可有伤，库墓不可有滞。滞者，水积而不流，终是有流之迹。杨公云"库方来去，定非祥"也。如槃如带，如舟如锅，如弓如弦，皆欲其内弓而防其反背。至于屈曲交牙、不倾不露者，漏道之严密，冢宅无二致也。

是以五行兆，造合五土，以应五星，五祀至灵，降五福以及五世。盖明堂者，居龙之荡，应家之仪。二道者，阴阳之门户，祸福之根基。沃六相以反六替，破六相以反不利。虽然目观心觉，明白理仪，八干八卦，澄象作瑞，福善祸淫，各分司隶。如人之生，调摄荣卫，吐故纳新，饱甘泄秽。泄秽不秽，此节宜方药之备。表里清畅，曷常有阴厥、阳厥之憔悴。

五行具在五土之内，五福寓于五祀之中。而五土之荫，上应列星。五祀之灵君子之泽也。盖明堂水口，实家道祸福之枢机，要不外六相朝堂，六替出口，固心目可得而知焉者。然于八干八卦，湛然澄清，非无作瑞之象。第人之善者福之，不善者祸之。天又各有其司，人不得而私也。然则人之为善去恶，如调摄荣卫者。然吐故泄秽，所以去恶也。纳新饱甘，所以从善也。水法之得，宜亦犹是也。又安有所谓不顺者耶！

噫！驻远势以环形，聚巧形而展势，藏苍墅以凋零，葬桥山而昌炽。浔阳之兴，兴于铺湖。江夏之败，败于倾逝。族党俱戮，破旺相之双宫。

身名俱荣，转轻清之六替。是特概举纲维，时调经卫。漏道天成，成龙所系。息道任术，尚在明堂之内。生旺涵养，轻清协利。横弯曲折，率由愚智。碛道泉行，远观心视。善其可昭，福不可恃。惟天惟善，萌于吾心，具于吾身。完于冥漠之表，著于先人之坟。

曰驻、曰环、曰聚、曰展，皆指明堂之妙。大舜南巡，崩于苍梧之野，葬于江南九疑，是为零陵。子商均封于虞，至陈而国除。黄帝葬于桥山，唐虞夏商皆其后裔。浔阳水分九派，水势铺江夏。江汉合流，水势急生旺。重在内口，为生旺，为轻清，为曲折，存乎人之智愚而为之。碛道即漏道，非人力可为，切不宜凭福恃势，漫加斧凿。而要为积善，足以补造化于不逮也。

支分谊合第十二

大块流行，明五行而性五常；元天尽变，藏六魄以示六宗。永没骨肉有情之徇，惟由春秋配祀而通。是以支分谊合之冢，乃不毈不羞之神。无所归宿，归五土以配五祀，认五正而通五神。五帝秉运，应五星或沴或祥。五福用威，转六极以舒以惨。送终追远，圣人之教化，与造化亦一理之中。

地维五气，天维六宗。人禀五行之气而生，死则魂气归天，体魄降地，无知而有徇。《钩命诀》曰："情生阴，欲以时念也。"故人鬼之接，亦惟春雨秋霜之祀而通。支分者，谓非其子孙。谊合者，昭穆之次序。其无子孙者，为不渍不羞之神，然其骨肉亦既归于五土，通于五神矣。则五方之秉运，莫不有其星而运之，或沴或祥，为舒为惨。论昭穆之序，必依其人而应之也。

舜禋于六宗。《祭法》曰：埋少牢。泰昭，祭时也。相近于坎坛，祭寒暑也。王宫，祭日也。夜明，祭月也。幽宗，祭星也。雩宗，祭水旱也。

是以支党兮，有三昭三穆亲疏之属。义合兮，无不传不嗣之宗。胶漆异产兮，且相因以济接。木异本兮，亦同脉理而荣春风。矧阳明九宫，尚缘黑白而证，螟蛉祝子，犹因类我而通。

· 26 ·

三昭三穆，《礼记·王制》可考。九宫者：一白坎，二黑坤，三碧震，四绿巽，五黄中，六白乾，七赤兑，八白艮，九紫离，一定之位也。若上元甲子，则一白入中宫，二黑在乾六。中元甲子，则四绿入中宫，五黄在乾六。下元甲子，则七赤入中宫，八白在乾六。此在阳明造化而论，谓黑者可以使之白，白者可以使之黑也。螟蛉，桑上小青虫。《小雅》云："螟蛉有子，果蠃负之。"此一节申明不渎不羞之神，必有其归宿。

　　呜呼！黄钟真宅，孝敬不忘。如伯有、良霄之魂魄，强死而精爽，至于神明。矧奄芧配五土以应五星，所以洞鉴于五星两曜者，抑象其衰旺朏朒而致吉凶，其六物，岂不及于六亲。故曰：造化者教化之本，教化者造化之因。

　　黄钟真宅，茔兆也。茔兆必乘黄钟之始气，故以名宅。朏，月三日明生之名。朒，朔而月见东方之称。六物，岁、时、日、月、星、辰也。六亲，父、母、兄、弟、妻、子也。五星，中镇星、东岁星、南荧惑、西太白、北辰星也。谓五土既应五星，则六物自及六亲。

　　圣人法天地阴阳以制礼乐，故造化为教化之本。天地阴阳不能越圣人尽性之中，故教化为造化之因。

　　《昭公七年·传》曰：郑人相惊以伯有，曰伯有至矣，则皆走不知所往。① 铸刑书之岁二月，或梦伯有介而行，曰：壬子，余将杀带也。明年壬寅，余又将杀段也。及壬子，驷带卒，国人益惧。齐燕平之月，壬寅，公孙段卒，国人愈惧。其明月，子产立公孙泄及良止以抚之，乃止。② 子太叔问其故，子产曰："鬼有所归，乃不为厉，吾为之归也。"太叔曰："公孙泄何为？"子产曰："说也。为身无义而图说，从政有所反之，以取媚也。不媚不信。不信，民不从也。"及子产适晋，赵景子问焉，曰："伯有犹能为鬼乎？"子产曰："能。人生始化曰魄，既生魄，阳曰魂，用物精多，则魂魄强，是以有精爽，至于神明。匹夫匹妇强死，其魂魄犹能冯依于人，以为淫厉，况良霄，我先君穆之胄，子良之孙，子耳之子，敝邑之卿，从政三世矣。郑虽无腆，抑谚曰'蕞尔国'，而三世执其政柄，其用

---

① 郑人杀伯有，言其鬼至。
② 良止，伯有之子也。

物也弘矣。其取精也多矣。其族又大，所冯厚矣，而强死，能为鬼，不亦宜乎！"

释子位第十三

历在舜躬，尚不荣于再叶；妄加杨子，遽启争于三支。

大舜一子名商均，封于虞，东汉清杨子，始分子位。乾坤六子，三男三女，清杨子只论三男位，而三女何依。

商衢九男，而六男无位；黄帝五子，而二子何之。

二义申杨子之妄。

是以覆箕左而长庆偕老，倾斗右而少喜齐眉。未有阳倡而阴不和，男行而女不随。四体不能以相济，三形不足以相资。发将住，将不必论其根本。息道漏，道不复辨其兴衰。又岂知赫赫金乌，朔不忘于朒会；娟娟玉兔，望必照于扬辉。

覆箕倾斗，其形皆极圆净。左属长，右属少，偕老齐眉，皆根妇说。四体不全，三形不备，根本既亏，其他概可勿论。金乌合朔在一宫，玉兔相望在对宫，谓男女同在于一路也。

孔子居次而生东岳，文王在长而出西夷。连山渤海之先，乾水破生之长。紫微诸葛之祖，震流入庙之奇。

以天下之大势计之，东岳在左，属长，孔子居次。西岐在右，属小，文王居长。谓左右宫位之不足凭也。连山，艮也。渤海，吴也。紫微，亥也。诸葛之祖，武侯之祖也。连山属木，长生于亥。水流出乾，冲破生方，长子不利。三国吴长孙战蜀而死。亥，山震。水，木局。谓之入庙。武侯相蜀，称王佐之才。

历历考之而可验，一一稽之而不违。坎瘗乙行而并戮，辛毫丙注以咸禧，坤山坎水而中季皆夭，壬山丙水而长少皆夔。曾无左右之区别，惟推相替之依稀。

坎山以乙为墓，行者言其来。辛山以丙为绝，注者言其去。坤以子为旺，坎为中男旺，又属季，故主中季皆夭。壬以丙为旺，丙属长男旺，又属季，丙在女宫，故主长少皆夔。二山皆言其去，是专以相替论其菀枯，未尝以左右占其荣谢也。

彼有日角珠亭，四葬而满堂金玉。龙吟虎啸，双宫而夹道旌旗。鼠兔寒酸，虽艮丁而何益。日时孤寡，纵辛丙以奚为。

李淳风曰：八分相，八分命，八分坟宅，共凑二十四分乃为全吉。

余以为相者，人也；命者，天也；坟宅者，地也。二十四分之说，实兼三才。

《果老五星》曰：命好星亦好，不发官者风水。果老则以命为人，星为天，风水为地。

日角者，左右日角为华阳，头为六阳魁首，此其一也。亭分天人地，三停珠亭者，圆亮光明也。声音在人为雷霆，宜清而长，响而润，和而韵。凡富贵之人，声出自丹田，故清长而响。小人之声，出自喉，故低而破。龙吟者，声清而长。虎啸者，声响而越。扶桑国有四葬法，投水流之曰水葬，投火焚之曰火葬，埋之窀穸曰土葬，弃之山野曰鸟葬。双宫谓癸丑艮寅甲卯辰巽丙午，午丁未坤申庚辛戌乾亥。亥，壬也。孤神寡宿，亥子丑命以寅戌为孤寡，寅卯辰命以巳丑为孤寡，巳午未命以申辰为孤寡，申酉戌命以亥未为孤寡。管氏重在人与命上。然相之与命皆由地生，其后日之富贵贫贱，不得于此而占之。

余尝论三才之道，地道为独重。盖凡在天之丽，莫不由于地。而人则有以相论者。有以心论者，有以命论者。然相生于心，心复生于命。命虽在天，其本则根于地。

此篇释子位而忽及于相，忽及于命者，何也？管氏之意，谓富贵贫贱尚有得之于天人者，未可以官位拘之也。

离窠入路第十四

待哺之雏，伏栖何鸣？起微之吠，党巷何声？发将之巅，块然何圜？结喉之关，混然何平？廪然何高，堵然何横？二气何仪，五兆何行？奇幻倏忽，易步分程。联镳附辔，并足争衡。向背无常，竞媚取荣。枝干相错，主客不明。降高就卑，怀私诡情。交横杂逯，似群羊之狠躅。纷纭退赴，若惊鸟之翻翎。丑不堪于罗绮，暴不容于典刑。石刃飍飍，潦浏瓴瓴。列冈成川，围谭如图。势偾形僵，原隰瓠嵤。目选心观，勇退啬登。

此一节序其未离窠、未入路之状。待哺之雏，喻未离窠也；起微之犬，喻未入路也。山之起祖处，大都纵横奔放，若野马之不可控。盖其赋质粗暴，禀气刚烈。一任其颠蹶狂荡之性，大者奔数百里，小者亦或百里，然后得渐收其驰骤，观者难焉。

及其过将入路，则绦然远到，颖然自成。如绅如练，不伍不朋。一伏斯关，一起斯京。来绵亘而若委去，将降而复腾。天虽浑之已凿水，犹撼而未凭。

此一节序离窠之状。颖，百谷硕而垂末也。撼，舒也。过将，言其断而复起也。绦然则有欲敛之意，颖然则有欲聚之形。如绅如练，言其摆荡不迫。不伍不朋，言其主从分明。一起一伏，降而复腾，亦有似乎落矣。但去水未交，其脉不止，须俟之结咽之后耳。

至于住将结咽，后欲绝而复连。乘宗继体，前若去而不扬。鬵①忌内损，荡防外伤。八屯峨峨，一弦洋洋。禽飞轩轩，兽走趚趚。辚②韶③耳鼻以为象，蜿蜒蝹蟃以为龙。尸其不走，洿其有容。夹左右以拱辅，固门户以关防。宾端崇而特立，仪至止以深藏。

此一节序其入路结作之状。咽之细极处，似乎欲绝；体之欲止处，去而不扬。鬵内损则气库漏泄，荡外伤则客气侵凌。八屯言八方，若有屯兵立垒之势。水城既限，则有若一弦之平也。禽飞轩轩，羽翼之轻举。兽走趚趚，爪牙之威布。敦庞环顾，有似象之形。曲折委蛇，纯乎龙之体，不走脉之息也，有容穴之场也。左右门户关防，宾主威仪顿肃矣。

阴造流清于西隅，④阳灵经曜于东方。⑤辨宫位而五精斯允，涓时序而十日孔藏。故曰：隐隐一丝，而崇冈远到；堂堂临幅，而星拱辰居。重关袭固，冲刺是虞。应成象于上元，校五运而害除。是则住将过将之昭昭，

---

① 音俨。从阜，大陆山无石也。从兼者，有叠阜之义，故曰：山形如重甑。曰鬵者，言犹两釜之覆于前也。
② 众车也。
③ 小车也。
④ 西属阴方。
⑤ 东属阳方。

吾思得而忽诸。

阴造，龙之右旋，结者水必西流。阳灵，龙之左旋，结者水必东去。五精，五行之精，无驳杂而纯粹者。十日，十干也。龙要合其时序，时序要在十日之内为最吉。盖宫位二十四字，一宫恒占三候。五日为一候，三候得一十五日，则十日在十五日之中，乃得其气之至正，故曰"孔藏"。

隐隐一丝，非崇冈远到者不可得，盖必由发将而后有过将，有过将而后有住将，有住将而后有隐隐之一丝，有隐隐之一丝然后有堂堂然之临幅，而星拱辰居不特此也。外必欲其层叠以为固，尤必防其冲刺以为虞。五气无不应于苍穹，更以五运较其生克，而表里之法始备。此住将之必由于过将也。可忽乎哉！

形势异相第十五

至哉！形势之异相也。远近行止之不同，心目之大观也。瞻明元妙之潜通，虽流于方者之术，必求乎儒者之宗。相形势之融结，致星辰于渺茫。

通世但占形势，不识星辰。抑知星辰，即潜在形势之内。故通天地人曰儒，庶于理兼有贯焉。

势必欲行，行则远远而腾踪。形不欲行，行则或西而或东。势不欲止，止则来无所从。形必欲止，止则洿而有容。形不欲露，露则气散于飘风。势必欲露，露则气寂而不钟。形必欲洿，洿则气聚而有融。盖形者势之积，势者形之崇。彼有左右之势，以从中而卫穴；面前之势，以朝穴而应龙。

势言其大者，形言其小者。势欲其来，形欲其止。势不畏其露，形惟贵于洿。盖左右前后皆势也，而形居势之中。故曰"势之积"。犹积气成天，积形成势也。

外势欲圆，内形欲方。

外圆则无不顺，内方则无不正。

宗龙之形，如花之的。骑龙之形，如宇之堂。的承跌萼之正，堂居门仞之防。攀龙之形，如人卧之肩井，如鱼奋之囟鬣，皆随其趋向，而横应偏旁。承龙之形，如心目之顾睞，如日月之精光，皆引其来历，而宽接窊藏。

凡穴惟宗龙者为最正，故以花萼之的为喻。骑龙有三十六座，如宇之堂，概言其藏蓄之深，均以去者为案，故取其门仞为防。攀龙即横龙，贴脊穴，其砂水在于两旁。承龙一穴，非潜心远到，往往易于忽过。盖其势落平洋，无踪可寻。到穴场上，惟有一段不可移易之意。但来历易于走失，须循根引去，接于浡荡之间，乃不失真气所在。宽字对承龙说，大有理会。

如世族之居兮，门仞之高者，莫睹其堂奥。如大席之设兮，宾主之交际，以尽其温恭。如荒园败圃兮，藩篱圮坏者，来往之冲蒙。如巨翁权勋兮，必森翼卫而环左右。如藏宝积粟兮，必厚蕴藉而峻敖仓。故曰：蟠根固本者，枝必茂乎乔木。夹辅磙流者，形必就于真龙。惟知形势之异相，然后可以辨形势之吉凶。

极言形穴之妙，门仞喻其内案之深邃，宾主喻其应对之尊严。如荒园败圃，喻其窝窟之有弦棱。如巨翁权勋，喻其拥护之成行成队。如藏宝积粟，断不居空虚广漠之场也。凡此者，皆由于根本远大，故其枝叶蕃茂而具。此结构之形外有龙，无枝脚而众水夹辅，独就于一龙者，又不可谓其根本非厚。此形势之各异，其相有如此。

朝从异相第十六

《易》曰："安其身而后动，易其心而后语，定其交而后求。"此宾主交情之道也。绵其势而后形，真其气而后乘，得其应而后迎，此山冈应气之说也。山冈以宾主为相应，气取交情之合仪，则朝龙之义，已无违矣。

此一节言朝山与主山，原是共祖同宗。故未作穴，先作朝。大都朝山左旋，主山必右转。主山左转，朝山必右旋。为阴阳相见之义。而此以宾主为相应，谓非其主即不得有是宾也。

《易》曰："云从龙，风从虎，圣人作而万物睹。"夫教化之行，如云之敷，龙从而升；如风之动，虎从而鼓。四势三形，必应其主。故曰：主山降势，众山必辅。相从之义，莫之能御。

此一节论朝从山，即如云龙风虎，皆是不期然而然。故王者之兴，其间名世之臣，亦是一气生成，非可强致而后知。众山之辅，原自主山分布，将来其孰能御之也。

山必欲特，特则不群。出类拔萃，稠众难伦。山不欲独，独则必孤。流落踦旅，宗党无徒。山不欲多，多则无凭。乱臣贼子，朋伍纵横。山必欲众，众中有尊。罗列左右，扈从元勋。山不欲交，交则必斗。山必欲锁，锁则不漏。斗漏之辨，相击相须之候。山不欲垂，垂则尖利。山必欲降，降则势止。垂降之辨，得气脱气之谓。

此一节论主山特与独异。特者，众大以小为特，众小以大为特之类。独则四面一无伴侣，徒受风吹。多与众异，多者山在未分之时，众则其间已有。独尊者，存交锁垂降，言主山左右之二臂。交者相为抗拒，锁者相为纽会，垂者峻削而直硬，降者坦夷而有容也。

穴必欲正，正则当峰。穴不欲偏，偏则半空。正偏之辨，旁肩宗的之功。辨其巧拙，审其轻重。在心目之自得，非口耳之所能。

此一节论穴法正者，其脉方贯。偏者，其气不注。此云当峰，曰半空，则又论其势之正与不正也。盖峰有与的相应者，有与的不相应者，必以的之正为至正，若旁肩则非的之谓矣。故巧拙轻重之辨，存乎其人之心目耳。

故曰：日者目，主者福。主当坏，凶术会。主当候，吉术投。主祸生，日者盲。惟家积善，寻龙龙显。不善之家，得龙穴差。

此一节承上文而言之。穴法巧拙轻重之妙，不可以言传，则日者之有其吉者，必有其凶者，谓人不能并臻精妙也。惟在我以安其身，易其心，定其交，而天下之吉术至矣。天下之凶术远矣，又安有寻龙而龙不显，得龙而复穴差也耶。

精神端秀，乃朱扉画栋之阡。气概雍容，必金马玉堂之兆。烟云聚散，而一水盘澄。日月升沉，而列冈城绕。

此一节统言其主从穴法之气象。精神端秀，谓地之小者。气概雍容，谓地之大者。烟云聚散，不言在山。日月升沉，不言在水。见天地之相，为弥纶也。

吉凶虽系于神持，善恶必由于人造。固无克应之方①期，亦或相符于微渺。况慎终之大事，何惮择理义之术，以全天巧。

此一节归结于人之为善。言人果能积德累行，自然有吉无凶，神亦不得而持之也，盲术能会之乎？天巧，穴也，与上文巧拙字相应。则知理义之术，心目自是双清，非庸人得窥其涯岸矣。

三径释微第十七

世之寻龙，惟知辨形，不知原势。辨形则万端而不足，原势则三径而可殚。辨之则易，原之则难。矧三径之出乎三奇之原，有全躯之统，有分支之应，有隐伏气脉于连臂之间。

前三奇曰赴、曰卧、曰蟠，此三径曰全躯，曰分支、曰隐伏。三奇言其来，三径言其止。

故，远奋天边，踪迹已形于过脉；近藏道左，户门不暴于行人。此全统之势，必住形于结咽之悭。群羊入牧，顾狼逸于败群；一马鞁②鞍，审阽③危于切辔。此断续之势，必住形于结咽之宽。舟逐晨潮，目注来迎之楫；鱼游春水，钓连不断之丝。此晦迹微踪之势，则不待于结咽之完。

远奋天边，言其来历之崇峻；近藏道左，言其结作之深邃。踪迹之见于过脉者，即中过穴结于中，左过穴结于左，右过穴结于右，回过穴结于顾祖也。户门不暴于行人者，以内则有堂，左右有垣，前有屏，后有障也。顾狼之羊，其首皆顾于狼，而狼为受成之地。切辔之马，首左回者，穴必居右；首右回者，穴必居左。情注一旁，当头不可下也。舟逐晨潮，则舟为潮之特，楫为来历之迹；鱼游春水，则水为鱼之地，丝为接引之踪也。三者一结于咽之悭，一结于咽之宽，一不待于咽之完，盖全躯之统，其势既磅礴奔放，非极细之咽不能括尽其气之大。至于分支之应，其正者出为全躯之统。因其气为极盛，故又分出一队为梅花，为串珠，为走马金

---

① 方者，定也。
② 皮彼切。鞍上被。
③ 壁，危也。

星之类，结于咽之宽者，其极细之咽已统于全躯也。至于隐伏之脉，其气收敛潜伏，若龙蛇蛰藏，气无他泄，则不待于咽之完，而气自全也。

如飘云出洞，如驱鹿下山。其翩翩片叶，必趣于一阵。群队千百，必随于一奔。如蚓沿壤陌，如蛛丝画檐。如帛之纹，如水之痕。若起而伏，若断而连。惟心天晓辨，目力瞻明，势不累形，形不累茔，是以日者得其法程。

此一节统言三势之来。累，累也，增也，叠也。如飘云出洞，言全统之势，其将落处，悠扬不迫，惟见一片阳气冲和。如驱鹿下山，言断续之势，即分支之应也。如蚓陌、蛛丝、帛纹、水痕，言晦迹微踪之势，即隐伏之脉也。势降处成形，形止处成穴。势不降则形不成，而势累形。形不止则穴不成，而形累穴。势累形者，不见其脱落。形累茔者，窟突之无分也。

然住形之相，惟贵容穴之安。如珠之贯，如璧之联，如龟伸颈，如鳖伏圜。或傍于足，或安于肩。是以崇雄之冈，其住欲巧。稠众之冈，其住欲专。隐隐微微，其降既弱，其住欲端。蜿蜿蜒蜒，其势既横，其住必旋。

此一节统言三势之止，安字有自然之妙。珠璧皆圆物。龟鳖，圆而扁者。如珠贯璧联，则安于足。如龟如鳖，则安于肩。崇雄者，其势拙，故欲巧。稠众者，其势乱，故欲专。质既隐微而弱偏，则有注不注。体既蜿蜒而抱住，必其势周旋。崇雄之冈，言全躯之统。稠众之冈，言分支之应。隐隐微微，言隐伏之脉。蜿蜿蜒蜒，言伏其气于连臂之间。

故曰：祖强宗强，立己善良，子孙其昌。

此全躯之统。

宗虽分派，祖德未艾，子孙必大。

此分支之应。

发迹虽凉，承世延长，声闻远扬。

此隐伏之脉。

祖没宗茂，一代之富。祖荣宗煜，富贵奕叶。子孙迎迎，宗祖绳绳。宗派降势，祖本山渗。一代小康，宗派降势。祖本山顾，光大之葬。亡祖失宗，望人门户。背祖弃宗，南北西东。

此一节合三势以言其异。山行益后，穴为己身。穴之后为宗，宗之后为祖。故宗主一代，祖主两代。穴之前为子孙，应案明堂是也。子孙迎迎，由于宗祖之绳绳也。其亡祖失宗者，大约与山不甚相远，特祖宗不与之相应耳。若平原不见有山，不可以亡失其祖宗论。其背祖弃宗者，皆处于山水之违。

四势三形第十八

左数奇兮右数耦，前属牝兮后属牡。奇牡兮男子之象，牝耦兮女子之道。胜于一偏兮，鳏寡之所由。完其四面兮，男女之偕老。不集不应兮，五气散于八风。或逼或沉兮，三光困于五造。惟三方稠密，以舒以容；一水平蓄，以关以防。发越精神，融结气概。故能居尊于后龙，吉凶尽属于前对。

天定男女，以乾坎艮震属男，巽离坤兑属女。此云左奇右耦，前牝后牡，惟南面者为然。盖南面则左震右兑，前离后坎也。若面北者则左兑右震，前坎后离矣。而男女皆非其位。此云左胜则伤妇，右胜则伤男，前倾则为鳏，后脱则为寡者，惟在人以消息之耳。四面喜其集应，然忌沉逼。以舒以容，见其不因。以关以防，见其不散。

是以蚁蚁绳绳，以属其的，低结盘窝。蜂蜂[①]旅旅，以罗其旁，高藏壶荡。进前势以若斗，退却立以惟恭。集左右以为辅，峻门户以藏风。故曰：三形卫其元室，四势卫其明堂。如展屏，如列城，如覆釜，如悬钟。惟驻立顾中，而无驰逐离去之意，则为佳城之藏。又何必如旗如纛，如笋如锵？

蚁蚁绳绳，言似蚁之相续，不断以来。蜂蜂旅旅，言似蜂之行列，成陈于外。盘窝结得浅，壶荡结得深。进退指朝龙欲进而却之意，左右为门户之根，水口严风无从入之理。元室，穴也。元室在三形之中，明堂在四势之内。方者如屏如城，圆者如釜如钟，皆列于三形之外者。情贵顾中，不必定求其如旗纛笋锵之尖锐也。

---

① 一作津，一作洋。

又况四势不同于远势,在明堂四势之间。三形岂具于成形?系元室三方之内。内而三形,应水以精神;外而四势,得水以气概。

千尺为势,非数里以外之势。百尺为形,非昆虫草木之形。精神气概,以见其远近大小之不同。然非得水,未易臻于妙也。

日者之目,不可以色。主者之心,拘而致害。主者之心,拘于利害之中,而目已自蔽。日者之目,则习熟达观,而利害之不系。即文钱以贯之,则吾之方寸晓然而开,释然而快。贯之之方,则安之而不摇。文之之圆,则流之而不碍。是四势三形,与文钱而义契。

文钱孔方而外圆。内方喻我之方寸,不可以利摇;外圆喻我之涉世,不因以物滞。四势欲其外圆,三形欲其内方,是又与文钱之义无二致也。

相之曰周,其圆外巡。浮鳖以如盘,即之方中审,弹虾而拱笏。

鼓爪曰弹,此释外圆内方之象。

旧注曰:肘之外曰浮鳖,腕之内曰弹虾。

又曰:外如龟,内如月;外如壁,内如窟;外如墙,内如室;外如趋,内如列;此内外之辨,寻龙之大率。

户内之方者为房。内外之辨,当是外环而内房也。

后如至,前如趋;左如勒马,右如游鱼。后如蜈蚣,前如凤龙。左如虹,右如弓。此四势之城,三形之堉。

先言其后者,以来龙为主,次论其朝,又次论其抱也。

后来前斗,左右宽揍。此四势三形,发力之候。

宽揍见其内之有堂。

后卧前耸,左回右拱。此三形四势,居龙之荡。

来龙平伏,而四面环耸拱揖,亦即正龙,身上不生蜂也,非常贵格。

已上四势三形之吉。

后来前去,后住前渡;左屈右伸,左集右分。此三形四势,脱水之因。

众山止,则水无不止。有一山之不止,水便因之去矣。

后瘦如丁,前乱如星;肘反如弓,腕直如筒。此三形四势,脱源之穷。

上言脱水,此言脱源,源在山谷之穷。

背后分枝，面前分蹊；左如梳脑，右如筐眉。此三形四势，失水而脚不齐。

水能限山脚之披离。水一失，便莫得而禁山之往矣。

背后如伞裥，面前如脈①板；左去如出军，右去如奔群。此三形四势，逐水而脚分。②

伞裥脈板，其水路分析丛杂，如出军者不止也，如奔群者不顾也。上言失水，此云逐水。失者自不能守，逐者自为之驱。已上言三形四势之凶。

故曰：丫叉双胖，目迷争主之乾流。曲尽交头，心著抱身之澄绿。

此一节归结于穴上说丫叉者，脚直而不交。曲尽交头，左右得阴阳之会。一是争主，一是抱身。争主者砂，抱身者水。然水非砂之曲尽，亦无从著其抱身之澄绿也。

盖，前凶已秽，后吉难濯；前吉已薄，后凶易剥。故曰：襟江带湖而意不投，町③瞳④鹿场而意自乐。

前面砂水既凶，后龙虽吉，亦难以洗涤其污秽。前面砂水虽吉，而吉者不能敌后龙之凶，其凶更为易致。故襟江带湖者，非不吉也。设后龙之意有不投，反不若町瞳鹿场为可乐也。盖町瞳鹿场虽不能若襟江带湖之美，而后龙之根本则吉，又不当以鹿场之乾流而弃之。

远势近形第十九

近相住形，虽百端而未已；远求来势，得九条而可殚。必限发源之水，始匡入路之山枝节一寻，取八尺则侵本干。阴阳五运，穷六气以及黄泉。参五行二气之法，何九宫八卦之翻。将格五灾之鬼，当明一理之元。

近者言穴，远者言龙，九条详见下文。发源之水，由祖宗处分来，至结穴之所为之一限，而四山始得，皆正一寻八尺也。穴在枝节，八尺以下

---

① 普伯切。脈，破物也。
② 裥，音简，拆也。
③ 音汀。
④ 町瞳，禽所践处，他本作鹿迹。

扞，八尺之上则伤。龙侵干五运，阳年太过，阴年不及。葬必论五运之盛衰，更推其司天在泉之气，而生者得勿杀，长者得勿罚，化者得勿制，收者得勿害，藏者得勿抑，而五气以平。行灾五鬼，不知五行二气之法，惟以九宫八卦为翻，今欲起而正之，当溯源于其理之最始。犹之论近形者，必先之远势，庶乎得其要焉。

指之曰：来势为本，住形为末。知本知末者，则可以知龙之发将。发将如飞潜之队，如奔走之群；如水通脉，如火得薪；如织之幅，如植之根。植不根则枯，织不幅则棼；火不薪则灭，水不脉则干。禽不队则散而不续，兽不群则乱而不驯。

此示五鬼以一理之元，势为形之元，形为势之理。理虽散于万殊，元则统于一致，而后知发将为龙之元。龙非发将，无以见其来。发将非形，无以会其止。则凡形之止也，非形之自为止也。而元实先得乎止之理焉。

通显一邦，延衺一邦之仰止；丰饶一邑，彰扬一邑之观瞻。

一邦有一邦之仰止，一邑有一邑之观瞻。此即一万之发将，而即为一邑一邦之元也。又谓之镇星。

势强宗祖，形繁子孙。潇湘断九疑之脉，而苍梧末代。涧瀍漈①中岳之源，而洛阳少年。势如云叶随风，翩翩尽至。形如浪花触石，折折俱还。

子孙者，应案明堂也。应案明堂不能自生。由形而生，形又不能自生，由祖宗而生。则潇湘断九疑之脉，祖宗之力至此绝矣。安得如中岳之渊源，有自出为成周之都会乎。云叶、浪花二义，言理所必至。潇者，水清深也。《湘中记》曰："湘川清照五六丈，下见底石如樗蒱。"

苍梧之野，峰秀数郡之间。罗宕九举，各导一溪。岫壑负岨，异岭同势，游者疑焉。故曰九疑山。大舜窆其阳，商均葬其阴，山南有舜庙，前有碑文，字缺落不可复识。自庙仰山极高，直上可百余里，古老相传，未有登其峰者。

涧水出新安县白石山。《山海经》曰：白石之山，惠水出于其阳，东南注于洛。涧水出于其阴，北流注于谷。《地理志》曰：涧水出新安县东

---

① 音际，水涯也。

南，东入洛，是为密矣。《周书》所谓"卜涧水东"者，此也。

瀍水出河南谷城县北山，东与千金渠合。《周书》曰"我卜瀍水西"，谓斯水也。又东过洛阳县南，又东过偃师县，又东入于洛。

中岳嵩山，居洛阳东南巽地，秀气相望。

是特探索其迢迢来历，熟习乎清浊盛衰之端，固不及乎混沌初起之鳌屋，亦不论其成花著实之甘酸。即一龙如生之，想而证之。镇头坐穴者，必无斩颈之坟。①

已上不过言其势之所自来，以观其阴阳强弱之自始，不言其势之至远者，亦不言其形之至近者。大概即如一龙之卧，断不至于斩颈之坟。其取八尺而侵本干者，可以悟矣。

曰降龙者来迢迢兮，垂云际而襟沧海。

降龙穴在云际，以沧海为襟，期高处无水，自必以远者为应。赖氏曰"穴高朝流要长远，富贵易致人安康"者，此也。

曰腾龙者来迢迢兮，耸端秀而起江干。

腾者自下而升，故曰耸。

曰蟠龙者来迢迢兮，环首尾而枕澄渚。

首尾交顾曰蟠。

曰出洋龙者来迢迢兮，脱云雾而奔清渊。

出洋者，离山既远，如过海之船，出林之兽。

曰卧龙者来迢迢兮，面环净而绕长湾。

形卧者，攀其肩井，一曰攀龙。

曰生龙者来迢迢兮，奋鬐鬣而跃横川。

鬐、鬣，龙身之墩阜也。

曰飞龙者来迢迢兮，展羽翼而鼓波澜。

开胮展翅曰飞。

曰领群龙者来迢迢兮，统行队而饮清泉。

群龙，众支中之一龙。

曰隐龙者来迢迢兮，伸臂掌而仰金盘。

---

① 颈一作陉，音刑，山绝也。

隐龙穴在水分水聚之中。金盘仰掌，其水聚之中也。然须辨阳会阴流。

已上九龙，均不能无水以为止。

小水夹左右，大水横其前。是以山者龙之骨肉，水者龙之气血。气血调宁而荣卫敷畅，骨肉强壮而精神发越。寻龙至此，而能事已毕。

骨肉非血气则枯，龙非水则精神无以发越。

三形已具，而四势未列。盖明堂之水，横而间截。或发东而归西，或西源而东没。水内三形，水外四势。此应案元室，有宾主之别。

上言远势皆自后至者，此言其势之在前者。

或蟠龙顾尾，则内壶井而外海府。明堂大小，而分两节。

壶井言内堂之小，海府言外堂之大。

或案外隔绝，水之朝宾，气已前脱。是则气血不通于龙骨，而寻龙之所不悦。

案外隔绝，是内水不能与外水相通，发源之水不能与龙骨相呼吸，在所不顾也。

又况华盖之顶，谓之盖穴。虞其气散，欲其咽结。结咽过关，[①] 系道不绝。何五行辨其相替，何二气忌其悖逆。

前言四势之见于远者，中言三形之见于近者，复言四势之见于后者，恐人徒贪明堂案应可观，而不明后龙盖穴之旨，故复提华盖之顶。后欲其咽结以为真龙止穴之要害，夫而后可以辨五行之生旺，分二气之纯驳矣。盖龙穴不真则五行二气皆所不论。此一理之元，又在五行二气之先，非五鬼所得知也。

盖葬者脉黄钟之妙造，故防其淫防其蠹，于血气未定，而阴厥阳厥。行灾五鬼，急先营主之赃。诞立九宫，创立变宫之诀。

黄钟不生于子，而生于壬之中，则阴阳之始气，在八干四维之内，取黄钟以概其余也。阳明论向，黄钟论山，防其淫蠹，在结咽过关一节。盖结咽过关，穴之受胎处也，胎纯则无不纯，胎驳则无不驳，而黄钟之阴阳，又随结咽过关之阴阳以定，而五行之生旺亦于此得之矣。

① 骑过迳。

应案第二十

应案之势，其实则一；应案之形，其说有二。如主客逢迎，情意酬酢，一降一趋，以周以致。如男女配耦，阴阳倡和。一刚一柔，以伉以俪。方诸日月，水火既济。

一本作"珠璣明鉴，应日月而水火交孚。璞玉丹砂，出岩石而红霞既济。"

此应案之势，其实一致。如主客设席，对席敌礼，情意欢洽，既醉且饱。如男女威仪，巾栉内外，合卺齐眉，以淑以懿。案外之应，应内之案，小大之水皆和应。案而至此，应案之情，其何以异。

应者，外应也。案者，内案也。穴之与应，如主之与客。穴之与案，如男之与女。其外内远近虽二，其于情意欲欢洽则一也。盖真应真案，必有两水夹送。将来特水，有小大之辨。故《古诀》云：若是真时特来也。特来，则两水相夹之义自可见矣。

又况东南险隘，西北夷易。在险隘则应案端巧，在夷易则应案真贵。故目之曰应龙者，客气欲宗于主气，客势亦宗于主势。贵应则不常，而应在案外。然大地无形，小地无势。大势之地，如万乘之尊，向明而治，执圭秉璧以论道。经邦者，则不异其设筵之意。惟正履端操，死节守义，朝拱主心，无他心异意也。故樗里目之曰朝龙者，不无所谓。

险隘中不难于案应，而难于端巧。夷易中不易有案应，有案应者便为真贵之应。盖大地无形，在夷易处多，其夷易中得连城倚廓者，尚且贵不可言，况夫执圭秉璧者之无他心异意乎？故樗里命之曰朝龙者，与应龙当又有进应，取呼应而集之朝，则有束带立于朝之义，不易遘也。

李淳风曰：古人以向首为斗龙，至樗里子，谓斗字虽取相对之义，然有斗敌相拒不和之意，故易之曰朝。

管氏地理指蒙卷三

拟穴第二十一

藏穴配神，返始五行之造；封坟积气，发挥列宿之临。乘其势之至止，拟其穴之浅深。浅不浅于太阳，深不深于太阴。浅不浅于露，深不深于沉。惟观其至止而搜寻。

方葬之期，为五行始立之日。既坟之后，即列星昭应之年。李淳风曰：太阳，顶也。太阴，足也。高为太阳，低为太阴。太阳气浮故宜浅，太阴气沉故宜深。郭氏曰：藏于涸燥者，宜浅；藏于坦夷者，宜深。涸燥，高处也，即太阳。坦夷，平处也，即太阴。郭氏又曰：地有吉气，土随而起，其起处即露处，宜浅。平原龙伏地中，其伏处即沉处，宜深。管氏恐人徒究浅深，不明穴法，特揭出"至止搜寻"，庶于穴法既真，而浅深不致无据。

窊洿之止，止于握口。降伏之止，止于掌心。掌心之深，深于捧璧。握口之浅，浅于攫金。金藏木，舌含无浅唇之露；玉蕴龟，纹洿无伸臂之侵。浅于跗武，深于肩坳者，形必指于走兽。浅于膊翼，深于背崦者，形必指于飞禽。浅于股者，钗脑之不的。浅于钥者，柜角之不擒。[1] 深于柂者，船首之不载。深于弛者，[2] 弓臂之不禁。吾方举一隅以示古，子期反三隅以通今。

握口较掌心稍高，窊洿而扦于掌心，便脱真气。握口之义，缩杖类

---

[1] 一作钳。
[2] 音霸，弓弣中手执处也。《考工记》作把。

也。掌心较握口稍卑，降伏而扦于握口，便犯真气，掌心之义，缀杖类也。掌心属阳，宜深，捧璧得四尺以上。握口属阴，宜浅，攫金得二尺以上。金玉皆指骨言，藏蕴犹言葬也。木舌龟纹，一言其属阴，一言其属阳。兼言其含者不得有唇之露，洿者不得有臂之侵。跗，足背也，跗武，为足所蹈之迹，迹之浅者。肩坳则深于跗矣。膊翼处薄，背崦处厚。薄者宜浅，厚者宜深。钗股当深于钗脑，今浅于股则深于脑，而脑反觉其不的。柜钥当深于柜锁，今浅于钥则深于锁，而柜反为之不擒。柁与船首适得其平，弝与弓臂，其力有定。触类而长之，存乎其人耳。

是知既有浅而有深，必有正而有辅。曰颡曰鼻，则镇头而正坐；曰耳曰颐，则辅穴①而宽取。如驼则镇肉鞍而坐肩顶，如人则坐脐腹而案膝股。然万变不足以尽其形，一窍岂可以窥其髓，难乎！穴法之不可以执一也。

辅者，旁穴也。颡鼻，处人之至中耳。颐皆在一旁，故曰辅。宽，缓也。穴法有宽有紧，曰宽取者，不欲其急受也。辅穴当紧，取此云宽取者，误。肉鞍曰镇，在坐之后；膝股曰案，在坐之前。

端巧之精神，容受之气概，求之不得，不习于目，目之不得，不灼于心。目熟其形，心研其极，目会于心，心顺于目。相通不间于一丝，相应不留于一息。故曰：拟穴之道，心目之巧。拟穴之要，心穴之妙。

精神气概能会于心者，穴自不逃于目。其不得于目者，由于不得乎心，然心不自阅历中来，心无由得明，目无由得清也。

是以或结于阜，②或结于洿。形接于目，而浅深之法已灼于心。或结于冲。或结于闪。形接于目，而逊避之法已灼于心。或结于纵，或结于衡。形接于目，而乘倚之法已灼于心。或结于正，或结于辅。形接于目，而宽紧之法已灼于心。或结于枝梢，或结于丫蒂。丫蒂以枝梢为左右，枝梢以蒂丫为的额。③或结于盘胯，或结于胸乳。胸乳以盘胯为应案，盘胯以胸乳为庨④盖。故凡隐显之形而著于目，则元妙之法已灼于心。心目著灼，利欲不淫，则一区之穴，活龙之针，或心逃于目，目昧于心，心目俱

---

① 一作月。
② 山无石曰阜，又厚也。
③ 一作实。
④ 屏也。

丧，利欲相淫，则一区之穴，屠龙之针。

阜不宜深，洿不宜浅。不结于冲而结于闪，则冲处宜逊。不结于闪而结于冲，则闪处宜避。南北曰纵，纵者宜乘。东西曰衡，衡者宜倚。正宜缓受，辅宜急取。正如鼻颡来气无偏，故欲缓。《寸金赋》曰：直送直，奔有气。要安无，气辅如。耳颔来，气旁注。故欲紧。《寸金赋》曰：横担横，落无龙。要葬有，龙冲闪。与正辅相似，但冲则气猛，正则停蓄，闪乃侧落，辅乃边收。穴结众多处，始有枝梢丫蒂之类，盘胯胸乳之形。见于上下者，彼以此为用，此以彼为主也。凡形皆隐者多而显者少。显者，即中人皆得见。隐者，非上智不能知。况天下之庸术多而吉术少，显者尚不能察，矧隐者乎？龙之不为，其所屠者寡矣。

吉术规模，想英门之丰采；赃奴举止，伤败叶以呻吟。又况一龙成形，故多穴法。一穴得气，余脉不穿。故曰：住势成形，结穴难探于一脉。乘宗得气，孕和忌脱于八元。拆字详贫于分贝，屯兵失律于争权。惟忌兔唇之直裂，不关蟹眼之横联。

吉术能活龙者，赃奴能屠龙者，穴法虽多，正穴止一。一穴得气，余脉不穿。杨公以一瓶为喻，一瓶分众小口喷水，而水从众小口出，若放一大口出水，而众小口皆不出，余脉不穿之谓也。一脉者，即八元之一脉，而八元又各有其一脉，是元出其脉而脉统于元。但脉则甚微，而元为最著。分贝为贫，屯兵失律者，是分散其一元之气，然惟兔唇之争主者为然，若蟹眼内顾，而左右、脚横联绕抱，虽曰分劈，实为我卫，不得谓分贝争权也。

李淳风曰，元者，头也。百骸四体，气血所会，有元首之义。凡住形结穴，必取来历，远到落头端的。若分派，如钗股，如材杠，① 如丫叉，如脉板，皆气之散处，不可穴。

又曰：东南峭秀，龙成一穴，而气脉无余。西北宽平，穴在比肩，而风水皆集。经常之说，虽口口之能夸；机变之微，岂蠢蠢之可及。

峭秀故多文章誉髦，宽平故产圣贤豪杰。惟峭秀则气单，遂无余穴可袝，惟宽平则气博，其比肩皆得有气。机变之微，穴法之变幻靡常也。

---

① 一作船舫。

博如俞公，而不免坤①突。智如石氏，而不免淹湿。

萧吉曰：昔白马寺俞公卜基为水所坏，石涓卜陈留仓基为水所没。然二人者，皆博学，世代之术，而俱不免有此。

伤于妊者，未明于腹乳。迁于项者，尚辨于咽喉。穴不结者，如当檐之堵。情不住者，如出港之舟。案外见洋，高既危于激脚。②钳前逼案，低又蔽于埋头。

妊居腹之中，腹之刚饱处是妊，乳则柔软如垂髻。乳可安，腹不可剖。项当曲会，以首为顾。咽喉如杵握无情。当檐之堵，脚下一无兜收。出港之舟，全身尚在游动。案外见洋，尸同暴露。钳进逼案，坐若井中。

李淳风曰：内案低伏，穴场高露，隔沙见外洋流水。故曰"激脚"。案外通透，冲心散气，风吹不融结。

然势分则形不住，形分则穴不居。并头之住谓之争主，岐头之住谓之分途。形既不住，穴不可寻。左不结于拓弓，右不结于刺枪。③左不结于断蛇，右不结于劈鲎。④前不结于直胖，后不结于横琴。结不结，鹅头牛鼻；结不结，鱼尾鸡心。

并头岐头，皆谓其形之分。拓弓左手必直，刺枪两手一顺。情或在左，而左如断蛇者，委靡而死缩。情或在右，而右如劈鲎者，懒坦无兜收。前之直胖，穴不可容。后似横琴，脉无从至。鹅头细饱高危，牛鼻风吹水劫，鱼尾两宫砂反，鸡心突小难藏。

穴之不结，形之不才，窟不可造，的不可培。骑龙分水，祇因势而并；钳口吐舌，祇因形而裁。

穴生于形之中，形不成穴，自不可得，后世遂有造其窟培其的者。然骑龙分水，去山掉转为案，窟居于势之中。钳口吐舌，重复结顶成形，的出乎钳之外，不可谓其不才而弃之。

山岳配天，高下已基或开辟。精光应象，星辰常发于昭回。清浊先著，吉凶有媒。惟记坟而列树。按小往而大来。势就形全，寓躔宫于执

---

① 他盆切，水冲岸坏也。
② 一作缴脚。
③ 一作穿针。
④ 曹叔忌四不结。

福。穴逃水脱，得分野于司灾。然则坟不必封，坎不必掩，安安恬恬，以基六极之胎。盖古有寻龙之伎术，而无造龙之匠工。功高大禹，导洪水必因山川。罪重蒙恬，筑长城而断地脉。夷险可篸，法何取于寻龙。真积自天，气徒伤于凭力。嗟丧家之荒冢，役何限于论千。仰昌族之先茔，工尚悭于计百。

山岳之高下，原自天成，故其精光，上应列星，得于清者吉，得于浊者凶，所固然也。既坟之后为，阴往阳来之候，而执其福，司其灾者，即寓于某龙某水之中。若以为灾福无关于宅兆，则坟亦可不修而任其六极之遭矣。第古有寻龙者，而无造龙者，惟因其自然之性，损者益之。如禹之治水，行其所无事，若生生培的造窟，亦何异蒙恬之筑长城，断地脉也。盖高下既可以篸而成，则不必有寻龙之术，而抑知其基于开辟者，天不可得而为之也。往往见丧家之冢，侈役客土，奚啻千万。而昌族之茔，小有未全者，百工曾不及焉。

得穴第二十二

善恶之机兆于明，祥渗之应由于默。在昔五帝配于五行，以成天地之功，以齐天地之德。分之五行，帝之五墟，以享天地之祀，以配天地之职。是以五行攸属，司福司灾，在冥冥之中，常啬于授而严于择。虽龙蟠虎踞，冲阳和阴，不可得而推，不可得而识。巧术由之而目眩，妙算由之而智塞。冀其吉者，固凶之所闭，① 相其吉者，何凶之所白。② 求其故而不洞则颓然，而委分定而任赃厮。

福善祸淫，是冥冥中一事，而不知得穴与不得穴之故，权默寓于善恶之间。啬于授者，五神之攸惜。严于择者，人事之当先。至巧术之目眩，妙算之智塞，则又视其人之为善去恶为何如，昧者不知也。以为当日所望而吉者，何今日反见其凶，谓祸福之不足凭也。于是听赃厮所为，而莫可

---

① 一作蔽。
② 一作不。

解耳。

指三股以为钗，诳横棒而作笏；势一端而难尽，形万变而易惑。惟知七星之建十二辰，不知六运之调帝侧。

此以下皆赃厮所诳，钗二股，笏侧立内朝。三股为钗，是浐有其伸者。横棒作笏，是两头瘦直无情。七星，斗也。斗杓正月，指寅一岁，历十二辰，是为月建，通世所共知者。

旧注曰：帝侧六星，均调六运，况无形而言之乎？

经常之三形四势，虽在目而不见。隐伏之精神气概，徒闭心而不得。厮口仰夸而主适投，衢目俯指而遭遏塱。势若是而形非，形若全而势阙，势若住而形奔，形若到而势绝，势若顺而形背，形若连而势泄，势若续而形孤，形若居而势越，势若聚而形分，形若安而势兀，势若蕴而形暴，形若潜而势突，形势僭差而不相得者，皆山水之背。

塱①冶土为砖，四周于棺也。三形四势，一举目可得见者，精神气概在隐伏之中，非潜心体认，未易明也。赃厮一流在显明者，尚不能察，又何能索之隐伏之内耶？所以形势似是而非，一类皆出其指顾之中。

山若薄而水因，水若临而山竭，山若驻而水倾，水若潴而山发，山若顺而水冲，水若绕而山割。阳若正而阴淫，阴若粹而阳厥。金若阜而庚巽潺潺，木若巘而乾甲汨汨，火若秀而艮丙湍流，水土冈而坤壬流没。双宫散气，固非一祖行龙；漏腋分尸，徒有三阳元室。

薄，终止也。因，幽暗而不流也。山虽似止水，幽暗而不流者，在源之穷。水虽似朝山，一往而无余者，在水之尾。山虽若驻，而外气不停。水虽若潴，而后龙尚去。山顺则水缠，水冲者，其情皆伪。水绕则山圆，山割者，其意非是。阳正阴淫者，阳山而得阴水。阴粹阳厥者，阴山而遇阳流。金之庚巽，木之乾甲，火之艮丙，水土之坤壬，皆生旺也。两宫俱破，谓非其正派行龙。盖有从生趋旺之龙，必有自旺朝生之水，理势之自然者。若漏腋之水，谓之分尸，与双宫散气无以异也。虽有三阳元室，亦何益耶！

洪溜笕流于夹胁，肢体未成；直槽杓覆于崩唇，本元俱脱；猪涸孤遗

---

① 音即。

漫蚓陌，失祖亡宗；姜芽侪杂飞①蜂房，有钳无的。

洪溜，大水从上溜下之谓。以竹通水曰笕流。凡龙成形者，必分牙布爪，若胁为洪溜笕流，以限之肢体，无自而成直槽水之冲处杓覆气之蛊者，见于崩唇之上，则龙与水俱脱也。袁天纲曰：如猪遗秽，独山也；如姜丛芽，乱山也。

夷兮旷荡而无垠，险兮偏倾而不蹴。裙披肘外，犹若踞蹲。刃透拳头，无非仇敌。众方虩虩而不安，尔独扬扬而自得。

夷取其突，险取其窟。今夷者茫无涯际，险者兀侧难安。裙披肘外，虽云不顾，尚有蹲踞之意。刃透拳头，尖杀当前，宁非仇敌之情。凡此者众，无不惊悸难安，而五鬼乃视为自得，何耶？

是以目乱心盲，祟迷聪塞。水嘈精杀，不闻滩濑之惊天；腕绕林衽，岂觉坳风之刺腋。

目之乱由于心无定见，心之盲由于目无定识，祟之迷由于其神不守，聪之塞由于其智不逮。故嘈嘈之水，则精为杀矣，而五鬼如不闻。腕外风穿，则腋为刺矣，而五鬼若不见。衽，蔽也。林衽，是腕徒得林绕以为蔽，而风实有所不能遏。

故葬龟者，肩曷延龄，蛰始惊于依岸；背何伤寿，曳已离于藏沙。凡此元微，曾未之得；每为之兴，嗟而叹息。

龟肩藏蓄，故延龄；龟背孤露，故夭折。

得穴一篇，先言得穴之故，在乎积善；中言不得穴之理，任乎赃厮；末言龟肩，以示其穴之地。

择向第二十三

择向之法，乘其应也。取日月照临之象，得方渚致感之神，虽形势之不续，亦表里之相因。后来兮为主，前来兮为宾。取宾主之喻者，欲如宾主之情亲。主降元室，若虚怀而有待。宾进阶庑，类却立而前陈。情意相

---

① 一作乱。

投而无间，形势相驻而不竣。如尚义之烈女，如死节之忠臣。奇峰特发，固可直中而取的。耦峦联秀，则当坳里以平分。内奇外耦，犹茵蓐之藉足。外奇内耦，忌笕溜以冲身。

《择向》一篇，与前《案应篇》相似。形势不续，形止于内。势来曲折，不能一向。其形既止外之朝案，自必与形应。内之立向，不能舍朝应，而别有所之，即表里之相因也。然后篇有云"直圹正钳，山与水纯。正钳横圹，山水之淫"者，① 单峰取其中，两峰取其坳。内案奇，外应耦，是两层案，应有藉足之势。外应奇，内案耦，耦峰中必有水，故忌笕溜冲身。若朝阳者，则为善矣。然正龙真穴与应案相合者，十之七八，其不相合者，二三而已。盖真龙正穴，未作穴先作朝，宁有不合者。

旧注曰：内重单案，要知茵蓐，或双山并立，忌笕溜之冲穴内。

如顿纛植圭，如禅坛神岛，如联珠列岳，如九鼎七星，夹辅不论其驳杂。如华表双旌，如驷马高车，如六驭鸣銮，如十臣八佾，并肩以辨其真纯。庶免乎乘偏相胜，孤遗失伦。

如顿纛植圭等，皆端方特异之峰，其左右之相辅者，不必论其阴阳之驳杂。如华表双旌等，皆和同比类之峰，众山之中，又在择其阴阳之纯粹。乘偏言不能得中，孤遗言不获其队。乘偏而得其纯粹者，不得谓之相胜。孤遗而得其纯粹者，不得谓之失伦。

纛，军中大皂旗名。上圆下方曰圭，封土曰坛，海中有山可依者曰岛，三足两耳曰鼎。禹收九牧之金，铸之荆山之下，故曰"九鼎"。旗者，析鸟羽为之，其竿头缀以旄牛之尾。驷者，一乘四马，两服两骖也。马在车中为服，在车外为骖。佾，舞列也。人数行数纵横皆同，故曰佾。

惟阳朝阳而粹，阴朝阴而纯。诜诜兮，振振兮，骈英叠萼以齐芬。彼有穴身而顾尾，穴踝而宗身，类是之穴，皆连向而未分，须小水关其内，大水在外而周巡。

诜诜，和集貌。振振，蕃盛貌。阴阳既得纯粹，又有诜诜振振之峰峦相为和集，而蕃盛必非一人之荣贵矣。故曰骈英，曰叠萼。穴身顾尾，蟠龙穴也。穴果宗身，回龙穴也。彼此相顾作向，曰连，是无其外朝者。须

---

① 不可不知。

小水关其内，堂气斯固。大水巡其外，内气乃凝。

　　山际水而势钟，形固内就；水限山而气聚，势以旁真。默默之观，观其流泉。如虹如带，罗绕城门。穴不欲露水，水不欲露坟。深居潭潭之相府，乃为堂堂之贵人。其为不露，是以为珍。抱龙则贵，反龙为屯。抱龙为龙荡，反龙为龙奔。凡厥流水，其归一端。然水城形势，与息道漏道，其又别焉。

　　此一节，以水为朱雀者而言。山际水者，是龙之穴结于内，而外势边于水际。水限山者，是大水直探穴场，势必以左右为区穴。盖当面水冲，中难立穴，故穴必居旁者，势也。默默之观，以水非穴上所宜见，流泉其出于内堂者也。恐穴上见水，则内不藏水，外见坟则前不塞，须潭潭之深，堂堂之邃，乃得为穴之真的。然水虽曰不见，若反而抱外，又为山龙之屯，水龙之奔也。郭氏曰：朱雀不舞者，腾去，亦即是反之义。此特举面水之一端言耳。若息道之内口，与漏道之外口，又当有别焉。

　　旧注曰：所论相胜，意在言子位不均。孤遗言孤寡，失伦言淫乱。公明微言吉凶，而吉凶多证。景纯多谈祸福，而祸福罕验。读景纯书，当以重取轻。读公明书，当以轻取重。

　　又曰：景纯谓若踞而候，若揽而有，若进而却，若坐而受，固则甚巧，但踞候失虚，受意思拒，傲不若屈也。

复向定穴第二十四

　　立穴之法，复向以决，复向之目，见穴始出，古人习之，必有可传之决。① 顺势逆形，随形探骨。拟穴指向，复向定窟。

　　复，返也，往返行故道曰"复"。复向是往其穴之所向，而始决其穴之真的也。盖穴之地，初不易见，惟至于向，而穴无不出之形。此古人所以有南山，有地北。山观之诀，逆者未至而迎之。凡顺龙之结穴，必逆。顺势者，顺其势之所往而逆其形。随形者，即其形之所在而探其势。拟穴

----
① 一作诀。

者，从其穴之所止以端夫向。复向者，又即其向之所在以验夫窟，而穴在其中也。

窟必有的，的则不突。

窟无的，则窟为无气之窟。的者隆然而起，突则无窟矣。

窟必有容，容则不兀。

容者，容身于其中也。兀则不可容受，惟高而上平，无捍脚之衔耳。

窟必应水，水则不脱。

窟之应水，若夫之与妇，脱则遗而弃之。

窟必应向，向则不越。

窟之应向，若主之遇宾，越则情不相接矣。

窟必应于四辅，四辅成列。窟必应于三形，三形众结。

四辅即四势。三形由四势而成，窟又因三形而成，故曰众结，宁有不应者？

窟必有唇，唇不吐舌。

窟之唇若鹅毛，敛起之唇，不似舌之吐也。

窟必有额，额不散阔。

额与的相似，但的则隆起，额则广平，若广平而至于散阔，额非其额矣。

窟必有颌，颌非喙薾。

颌者两颐丰满，喙则瘦削而不容也。

窟必有脐，脐非腹拙。

脐者其凹虽小而圆，腹则饱不可犯。

窟如仰掌，掌心盛物。

仰掌穴在低坪，阳水聚于其中。

窟如覆握，握口携搵。

覆握结在垂坡。

窟如献掌，献掌非犁镵之峭立。

献掌穴结最高，如犁镵者必尖，如峭立者必危，若献掌者，虽高而不危也。

窟如虎蹯，虎蹯非羊蹄之奔逸。

虎印者宽，羊躐者窄。

如花之趺蒂，如弩之机括。括偏则弩不中，蒂枯则荣不实。

蒂者，实所结处。括者，矢所发处。

欲其高而不危，欲其低而不没，欲其显而不彰，扬暴露，欲其静而不幽，囚哑噎。①

高者易危，低者易没，显者似高而实不高，静者似幽而实明快。欲其奇而不怪，欲其巧而不劣。

奇者，正之异。

欲其正而不冲不兀，欲其辅而不倚不孛。

正畏当冲而突兀，辅防倾侧以敧斜。

欲其横卧，有怀而不挺。欲其蟠抱，有蕴而不噎。

横卧有怀，则首尾交顾，挺则直矣。蟠抱有蕴，则虚而有待，噎，则中有以塞之也。

欲其收拾而不隘不舒，欲其专一而不竞不泄。

太隘则不可容，太舒又虑气散，在收拾之得宜。竞则左右相争，泄则前无阻塞，惟专一者能固，但有他顾之情，即非专一之义也。

欲其骑而不卸，② 欲其怀而不别。

骑而卸者，谓无其窟怀，而别者谓无其宾。

左右荒落而精神表著，高下寂寞而气概轩豁。

旧注曰：左右高下皆无可观，独穴当守则变相见矣。左右之精神，高下之气概，无一不凝注于窟中。

堂堂然厦屋之潇洒，潭潭然奥室之明洁。人不可施，天不可夺。是以骊山之场未乾，而嬴秦之祚已绝。惟汉文以恭俭安神，仰社稷光辉之日。

堂堂言其正，潭潭言其邃。凡此者，皆天造地设，非人力可施，观于骊山之凭力恃势，霸陵之无所增损，可见矣。

---

① 噎，食窒而气不通也。
② 司夜切，去鞍也。

承祖宗光第二十五

　　出祖盖祈于显祖，岂迢迢挺直之长；承宗必贵于兴宗，爱节节颙昂之至。

　　此篇言祖宗贵乎高大，若到头卑弱，虽自祖宗迢迢发来，而不能再一奋兴为祖宗光，虽远无益也。

　　召其所相，反其所替，由阴阳清浊之分，严剥复往来之意。道正乎天行，用通乎人事。

　　水法要召祖山发源之水，归之相地而流于囚谢之位，然相替之理未易骤明，须辨其阴阳清浊之界，以逆顺之理推之，阳尽于午中而一阴生，阴尽于子中而一阳生，此天道之流行也。人事于此取则焉。

　　藏于脐腹，须近住而回头；巧在心眸，虑横形而偃背。

　　藏于脐腹，是近祖山一穴。廖氏曰：初落由来近祖，山局势必须完者，此也。故要近住回头，若横形则头不顾，偃背则内难藏，皆不可穴也。

　　旧注曰：此专论卧龙穴也，须得背后饱满圆净，乃为吉穴。

　　既得龙形，须认水势。北环于河汾，东横于江海，西平于川洛，南散于闽浙。此水之大纲，不可谓之无别。

　　龙探其祖，水溯其源。探其祖，固贵其入首之兴宗。溯其源，尤严夫出口之归替。北以河汾为宗，东以江海为宗，西以川洛为宗，南以闽浙为宗，谓山不独贵承其宗，水亦各有其祖宗也。

　　河水出昆仑山，汾水出太原晋阳山，江水出岷山，洛水出冢岭，浙水出歙县玉山。

　　纲①盆侧上②无储，直虑其无生；摆练宽平先揖，必虞于先背。

　　盆侧止则水外倾。储，积也。水外倾不但家无所积，更患其后嗣之不

---

① 一作翻。
② 一作止。

续。摆练，水之曲折而广平者。然弓于此必反于彼，必若长虹鞶带之绕，庶无先背之虞。

又况，送终之道，根于至性；阴阳者流，流于不令；执方之术，犹或守正；售术五鬼，色主以佞。不辨奇袤之明名，岂知山水之明命。祸福司之，惟谁聪听。故曰：标题形势，瞻明著吉凶之机。局例星辰，魍魉弄贪迷之柄。

此一节责五鬼不知山水之名。奇，三奇也。袤延，长也。山之三奇，曰赴、曰卧、曰蟠。水之三奇，曰横、曰朝、曰绕。然必得祖宗之延长而后可以言奇，此奇袤之名，即山水吉凶所由令也。然天之明命，祯祥妖孽，卒未常告于人，孰能具是之聪而听之，维在用我明，而形势之吉凶自不逃于目也。若局例星辰，岂吾儒所习耶！

又况，明堂惨翳，不洁不净；山不住脚，水不入迎。①故曰：隔面山而分面水，面面无情。出头虎而叛头龙，头头有病。

凡自祖宗正派发来者，其内必有堂，堂必晓畅明快，其外必有山之住脚以迎夫水。以是知明堂之惨翳者，为有障面之山以塞之，而分面之水即在障面山之背。山不住脚者，则虎为出奔而龙为不掉矣，水何由逆乎。

曰蛙尸，曰囚圃，曰铺荐，曰双盲，此皆突蒲②隔面，鸡胸散水，侧面而背窀。曰抬头，曰掉尾，曰戏珠，曰翘足，是虽连身锁③穴，犹虑其干流于踞④脚，脱源而反转。此亡宗背主之山水，明目观之而心颤。⑤

蛙死其蒲必突。囚圃，囵圄也。铺荐有似铺毡，但不洁净而散水。双盲，两突无情之状。凡此之类，一非山之正面，或在山之背，而俱具此凶象也。曰抬头者，其尽处忽昂。曰掉尾者，其拖脚兜转。戏珠在掉尾之内，或当水出之门。翘足短于掉尾。四者虽于身有情，然必得活流而后符其命名之意。若干流则恐其踞脚外驰，非祖宗之正派，达者见之而怖矣。

旧注曰：背主抱宾。

---

① 鱼庆切，凡物来而接之，则平声。物未来而往迎之使来，则去声。
② 薄胡切，堆有蒲肉。
③ 一作顾。
④ 一作伸。
⑤ 之善切，寒动也。

五方旗第二十六①

　　归宗之水，贵缓于之元；息道之源，忌流于川八。故，没宗之水，口曰归宗；钳口之元，辰曰息道。目力之巧，心机之活。如展幅兮，住左而住右；如卷帘兮，或出而或入。入近兮防其内冲，出远兮防其外脱。冲兮急于蟋伤，脱兮频于鼠窃。顺天造兮，外寻大势之关锁；助人力兮，内潴小涧而拦截。

　　之元、川八，俱象形而言之。小水归大水曰归宗，天下之水皆朝宗于海。凡山以上为宗，水所下为宗也。其展幅者，左右朝来之水。"住左住右"之"住"，当作"注"。卷帘宽于展幅，其入者，由外朝而入，入近无拦则为冲刺。其出者，由明堂而出，出远无关则为脱遗。蟋、蟋、蛄也。蟋蛄不知春秋，以喻殇子。鼠善窃，以喻盗贼。外有关不畏冲，内有拦自不脱。关须求之，天拦可得之人，然内穴不真，人力未可以妄施也。《五方旗》一篇，先论及水，以水出五方旗之内，而五方旗非水，亦无以相附也。

　　四势正兮而中荡易评，五方峙兮而内私难决。然则应内之案，案外之应，其形多端，其势易乱，心乎难识，目乎难看。吾其未知，当即先知。而问曰：四势之中，戊己莅之，在五脏谓之脾，在五行谓之土。土气实则阴阳摩荡而成。胎孕，曰摩孕之府。元墟，真宅之象，受生于心。火，离明之气，嗣不忘宗。故钳龙之前，皆同应龙之论。然火以虚明，凡蔽塞其心者，可知其疾病。形必如琴，必如笏，犹虑其横榱。必如星，必如月，犹虑其昏晕。

　　四势之中，自必有荡，易观者也。五方之峙，形有万变，不易观者也。然其要在"无蔽塞其明堂"之一语。穴譬之心，心属火，火非虚不生，故明堂取火之虚明以生土，土之结实而成孕，穴具生气于无穷也。凡穴之后皆曰宗，穴之前皆曰嗣。嗣不忘宗，故穴既真，则案应未有敢悖其

---

① 旗者，依也，与众期其下也。

宗者。如琴如筇，取清峭而内宽。若横樑，便臃肿而内塞矣。如星如月，取圆净而内洁。若昏晕，便幽囚而外蔽矣。

故曰：四方悖义，五方不仁。不仁不义，侈其下坟。突中有丑，其流必分。分则必离，离则绝亲。绝亲则绝气、绝生之门。四方依旗，五方守信。表旗之高，赘信以印。高取远明，印取中镇。高明在身，镇其不磷。

悖义，言四势乱。其所宜仁如果，核中之实。不仁者，谓其中之不结也。然世之昧于此道者，多良由不识突中之丑，其病在流之分，分则离，离则背井忘亲，气无由续生，从此绝矣。突者，中央之的，的之仁者，其流合，合则聚而亲，聚则有生生不穷之理焉。如四方无不依乎旗，则五方自得守其信。旗者，表其高也。印者，赘以信也。高则无不见以为尊，中则无不趣以为应。既高且明，历千百世不可磨灭矣。

乌乎而槃；如槃之中。乌乎而槃，如槃之盛；乌乎而带，如带之经；乌乎而城，如城之凭。四势屏列，五黄中澄，山水相应，应乎上清。故曰：山奋柄而水崇纲，刚柔相济；水向方而山入路，真粹惟灵。

槃之中，言穴地之圆。槃之盛，言穴地之能载。如带如城，皆言其水之抱。中央之数五，其色黄。中澄者，言明堂之洁净，而水聚澄澈也。上清，天也。天一生水，山之与水应，即山之与天应也。故山为柄，失其咽则将何以奋其柄。水之纲在乎崇其口，失其口则将何以敛其纲？此刚柔相济之道，又各贵乎纯粹也。

又况，五方之为丑，丑而难防；左右之为丑，丑亦可畏。寻龙之目，连观熟视。胸前隔洌，固知脱气之源；肘后分离，谁识过关之臂。

丑，如上文不仁不义等，皆所谓丑也。洌，水清洁也。龙与水相遇，如夫之与妇相遘。若胸前与水隔绝，其源在彼而不在此，故为脱气之源。龙之住者，其肘后之流，必随肘而一转，谓之山来水回。若肘后之水不转而竟去，此特护关之一臂耳，不可穴也。

又况，左右之臂，或直或反，或分或刺，或如墙瓴，①而外觊不归，

---

① 音零，瓦沟。

或如鞍桥而坳风吹急。唇前深浣，① 定知夹胁之形拶；② 肘后乾流，可见来龙之势背。

直反分剌，皆言其臂之为丑，墙瓴言臂水两落而一边不归。鞍桥言臂中凹而内透风穿。凡两胁开睁，则唇前之水自是悠扬，若两胁逼直，便为深浣矣。凡龙来则水随而肘后无水，是势与龙背真气所不在也。

左右释名第二十七

夫以左右为龙虎者，犹坐北向南而言也。或穴西面东，则北名青龙之木，南名白虎之金。品目谬戾姓音，乱紊而不伦。况五声以宫为纲，而商角羽徵以类举。中央以土为正，而金木水火之位分。惟取吾身之前后左右，而言四势者，乃得其真。彼木色青德象龙，金色白德象虎，水色黑德象元武，火色赤德象朱雀。此四象之方与隅，与四势而不相因。

四势不面南者，其兽之色与德均非其位。

是以左右之形谓之夹室，左右之势谓之辅门。险隘之辅，罗列峰嶂；易野之辅，界水之垠。夹室之形，欲深而蓄蕴；辅门之势，欲圜而周巡。深于内者，而无突胸之倾侧；圜于外者，而无散脚之纷纭。和山和水合崇来，结污结的；掩左掩右均体卫，临荡寻盘。乾流欲镇于长流，堂前不脱；小畜相逢于大畜，腕内宜湾。

室在门之内，门在室之外，是室以门为辅，门以室为藏也。险隘以峰嶂为辅，易野以界水为门。然门之内不深则露，室之外不圜则披。内虽深而又畏其突胸，外虽圜而又嫌其散脚。惟山之与水，得其所谓宗，则污也、的也，无不顺之情。惟山之与水，无空缺之势，则临其荡，临其盘。有自然之辅，乾流内堂水也。长流外堂水也，堂前不脱者，门外有横水截之。小畜即乾流，大畜即长流。腕内宜湾者，恐内堂之直泻也。

旧注曰：夹室为小畜，辅门为大畜。凡池塘为小畜，陂泽为大畜也。

---

① 音溜，耕田，田浣。
② 一作跛。

或三山夹辅，则尊卑甚晓；或两龙相遇，则宾主当①明。或臂腕之控，②或掌心之的，③或花蕊之趺卫，或窊污之岸凭，或肩井之卧牛，或长鲸之耳停，或胸房之两乳，或鼻崦之双晴，如云节义之臣，赤心一主。不见廉贞④之女，晕脸多情。返肘悖逆，掣肘奔腾。左断而男不寿，右裂而女伤龄。如枕腕中，多因柳慵花之孽。按弦指上，必移宫换羽之伶。⑤苟或如龙如蛇，盘身顾尾，则左右形足，四势成全。是以一端之象，又乌得而擅名。

三山以中为尊，两龙相遇，以水抱一边为主。臂腕之控，是单提一穴。掌心之的，是窟中一突。花蕊趺卫，在含而不露。窊污岸凭，谓窊污落于厓岸之下，即以岸为依也。卧牛肩井，长鲸耳停，言其形之横。胸房两乳、鼻眼双晴，言其形之井。节义之臣、廉贞之女，言前朝之专一。反肘掣肘，左右之不义。左男右女，阴阳之所分。如枕腕中，或左右之横卧。按弦指上，特手指之纷纭。凡此者，微得其意而已。至如龙蛇之蟠，顾其左右，不分四兽，固不足以尽左右之名也。

五鬼克应第二十八

八卦象吉凶，九畴陈福极。《春秋》纪灾异，而不书其应。赤伏谶符证，而反致其惑。故自汉以来，吾党执方之术，不几乎流于诡愿。调七星于一掌，分三子于八国。谈不谈于理致，心不心于暗墨，相不相于形势，意不意于蒙塞。学不达于师资，业不通于典则。投不投于众知，中不中于衢识。奇独奇于色主，羞止羞于作贼。近代讹舛，及于奴隶，立志急先于鬼域，爻象专门于卜命，星辰创端于道释。六相六替，皆叛之而不闻。一

---

① 一作难。
② 一作抱。
③ 一作盛。
④ 一作无似不真。
⑤ 一本有不害宽杯之泽，惟防夹胁之倾。

阴一阳，① 皆蛊之而作忒。听歌诀之嘈嘈，腾笔札之寂寂。

公明叹我道之不行，以通世皆五鬼，学少师资，业非典则，徒色主贼人而已。至爻象，专于卜命，星辰刱于道释，益复可慨，而相替阴阳之理，不可问矣。

前堂散派，乌知胸脱而气不钟；后腋逆流，岂辨肩行而势不特。巧谲愈骋，真方愈失。丁文脚下，后过横横；八字胖开，前倾直直。符凶作吉，指四季以应乾流；失势命形，就三方而寻诡结。三年一步，以何数而推；一步三年，以何数而见。惟曰：形以达类，类以通数，数以体事，事以应物。而五鬼之言一何诡忒。

此一节申五鬼之妄，堂以蓄气，不知散派之不钟。势以特藏，安辨肩行而腋去。丁文脚下，前似乎有情而后脉不至。八字胖开，后似乎有落而前堂不转。四季，辰戌丑未也，指以为吉库之水口。三方，艮巽兑也，失势与形复何益耶。至如三年一步，一步三年，皆不可凭者。惟因形以及其类，因类以推其数，因数以断其事，因事以见诸物，如下文是也。五鬼所言，适足以惑人耳。

形如拖旗，脱水忘归。卷脚回头，发迹他州。

拖旗之形，顺去也；其数主离乡不归。若卷脚回头，则非拖旗之类，而寓若返之形，但返在外而不返在内。故其数主发迹他州。盖非其形，即非其类；非其类，即非其数；非其数，即非其事矣。

形如弯月，徒刑鞫决。两角不锐，进财难退。

凡物之尖者似刃，弯月两角似之，故主徒刑。若弯而不锐，则为财山所主，遂异。

形如缩龟，寡妇孤儿。曳尾不攒，谁云势短。

缩龟，孤独之形，故主孤寡。若曳尾而足露者，其势伸不得以势短目之，形迁而其应异矣。

形如石簹，长眠不起。抱如瓜瓠，钱财无数。

石簹，竹也。一名凤尾竹，横卧不能起立，主长病在床之象。若能弯抱于我，便主钱财之应。盖抱者为瓜瓠，不抱者为石簹也。

---

① 一作少阴少阳。

形如曲尺，手艺衣食。横控如弓，一生不穷。

曲尺，匠之具也，故主手艺，若横控，下手带圆则为财山矣。

形如刀枪，生事强梁。外拦水下，红旗引马。

刀枪，凶暴之器，故主强梁，若在外拦，水而穴上不见，又主红旗引马之贵。

形如指覆，一①长两缩。未卖其田，先卖其屋。

形之顺水而不伦也。

形如栲栳，东控西抱。中馈不廉，不惧人嫌。

栲栳，柳器也。栲栳而为东所控，西所抱，其中馈不洁可知也。

形如开丫，立身不嘉。重婚两姓，归宗可定。

丫，木之岐头者，其形秽。两岐主两姓，一丨主归宗。

形如牵行，斜倚双盲。端秀不附，双旌呵路。

牵行，两阜牵连而欹倚者。若端秀开列，则为双旌呵路矣。

形如耳语，斗头相鼓。指背私②峰，皆云不公。

耳语者，头必并。故曰斗。指背者，其旁有斜峰触之。

形如槛豚，乱石连根。横眠直坐，连年枷锁。

槛豚，狱囚之象也。

形如鹦鹉，鱼尾相似。少年风景，如何可永。

鹦鹉山主殇死。若长生之位高起，不可概论。

形如画眉，头起头垂。虽非明月，分明死尸。

画眉山主客死。

形如羊蹄，钗短股齐。一联藕断，骂母怜妻。

羊蹄短，钗长。若钗短股齐，则有似羊蹄之并，此形之直者。若一联藕断，为形之横，不孝之山也。

形如合掌，祝咒魍魉。两山中径，初疑直胖。

合掌者，两山中有一小路，远观似乎直胖，而不知其为合掌也。

① 一作三。
② 一作掌。

形如扑钱，钳口右边。若居左手，夹指卖田。①

扑钱必右手，若扑钱之形在左，便为夹纸卖田之应。

形如覆船，尸验伤痕。不因赌博，必葬溪滩。

覆船，暴尸之象，故有验尸之应。金水主赌博，又覆舟主溺水，故尸葬溪滩也。

形如鹅头，定好风流。

鹅头，秽形也。若冠带之位高崇，可免其应。

形如鸡嘴，自割咽喉。

鸡受割。

形如芒刺，铜针刺字。

芒刺，尖细之形也，其应为刺面。

形如横枪，子孙凶强。

枪体硬直，故为凶强之应。

形如蟹距，盗贼群伍。

蟹距尖而夥，故与盗为群。

形如灵床，长病瘟瘟。

灵床，死具也。

形如侧壶，分明酒徒。国诏宾才，曳白空回。

侧壶，倾倒之形。

形如人醉，垂头觑地。立己不端，赃污之器。

人醉亦是欹斜之状，与侧壶意似同，但有大小之别。

形如投算，忧愁紊乱。

算子形小而繁，故乱。

形如乱衣，上下通非。

通非，乱伦也。

形如覆棕，淫妻妒妾。

棕叶，满面皆纹路。如覆棕者，言其水路之多。

形如覆瓯，定丧明眸。

---

① 指当作纸。

患眼山最小，故曰瓯。

形如覆碗，孤眠无伴。

碗大于瓯，为孤辰寡宿之象。

形如覆釜，位至公辅。

釜端而员，故为贵。

是皆类形，谶符之意。

已上三十一形，形有其类，类有其谶，然皆得之于言外耳。

然则歆知刘秀为天子，而不知天子为光武，欲以国师公更名而应之，非徒无益于事，而几致身于一死。

少公学图谶，言刘秀当为天子。或曰："国师公刘秀乎？"秀曰："何由知非仆耶？"时刘歆改名曰秀，事莽，为国师。

故寻龙之术，惟贵识五行之盛衰，辨二气之清浊。有何理以推孟仲季之三子，又况历家之法，以仲先季，以季先孟，而长中少，则乱历者之法。此虢氏嬴氏之所不语而行灾，五鬼抽岐而言以荥其主。

盛衰，相替也。清浊，阴阳之纯驳也。寅申巳亥为四孟，子午卯酉为四仲，辰戌丑未为四季。历家以申配子，则仲先季。以乙配丑，则季先孟。而五鬼克应，曰甲庚丙壬长子位，乙辛丁癸次枝头，乾坤艮巽当三子，第四回寻长位求，此不足凭信者也。

又况天其可凭力，不可致善，其可昭福，不可恃惟。天惟善，萌于吾心，具于吾身，虽兆于冥漠之表，亦显于日久之见。闻同气而生，如掌之指，三长而两短，不可加减其寸分。惟不替先人之祀，是亦昌炽之坟。

天之可凭者，在乘其时。力之不可为者，在凿山浚池之类。善其可昭，勿以善小而弗为；福不可恃，勿以恶小而为之。冥冥之中，自有司灾福者在也。指况有其长短，孟仲季乌能起而齐之？不替先人之祀者，是公明又以孝教天下也。

次舍祥沴第二十九[①]

夫相龙者，即五土以配五行，即五行以应五星，在天则为五帝，在地则为五正。

五土，中央之土也。《洪范》："初一曰五行。"师古曰："谓之行者，言顺天行气。"班固曰："言行者，欲言为天行气之义也。"地之承天，犹妻之事夫，臣之事君也。

袁天纲曰：东方之德木，木色青，青帝曰太昊。南方之德火，火色赤，赤帝曰炎帝。西方之德金，金色白，白帝曰少昊。北方之德水，水色黑，黑帝曰颛顼。中央之德土，土色黄，黄帝曰有熊。圣神继天立极，生有功德于民，故后王配而祀之。

木正曰勾芒，火正曰祝融，金正曰蓐收，水正曰元冥，土正曰后土。

周天之星，其舍二十有八。列星之辰，其次一十有二。

袁天纲曰：角、亢、氐、房、心、尾、箕，东方七舍也。斗、牛、女、虚、危、室、壁，北方七舍也。奎、娄、胃、昴、毕、觜、参，西方七舍也。井、鬼、柳、星、张、翼、轸，南方七舍也。其曰析木、大火、寿星，东方之辰也。鹑尾、鹑火、鹑首，南方之辰也。实沈、大梁、降娄，西方之辰也。娵訾、元枵、星纪，北方之辰也。

每辰一度，三十有奇，合十二辰之度，三百六十五度四分度之一。星辰顺天左旋，日月溯天右转。日舒以迟，一岁一周天。月蹙以速，一月一周天。日月会于辰，则为月。至于十二会，则为岁。

子起于危十五度，终于女六度。

丑起于女五度，终于斗五度。

寅起于斗四度，终于尾二度。

卯起于尾一度，终于亢九度。

辰起于亢八度，终于轸十一度。

[①] 一本作五气盛衰。

巳起于轸十度，终于张十七度。

午起于张十七度，终于柳八度。

未起于柳七度，终于井十一度。

申起于井十度，终于毕七度。

酉起于毕六度，终于胃二度。

戌起于胃一度，终于奎二度。

亥起于奎一度，终于危十六度。①

天度以二十八宿为经，以五星为纬。经星左旋，纬星右转。此汉唐以来造历四十余家未有能易者。王应电云：天左旋。日月星辰皆西坠，夫人而见之，故谓七政，皆从天左旋，因为昔人推步，咸以七政。右转者，止以退度数少，易于推算之故。然细观之，天地之化，一顺一逆，以成化工。故律左旋，而吕右转；河图主顺，而洛书主逆。故七政逆天而行，若皆左旋之，有顺无逆，何以示吉凶而成化工乎？且天下物理，金水之行为最疾。水一日千里；五金在世，无顷刻之停，故命钱曰泉。火次之，四时而改。木又次之，一岁而凋。惟土为不动，故金水附。日岁一周天，火二岁一周天，木岁居一辰，十二岁而一周，故谓之岁。土岁居一宿，二十八岁而一周，故曰填。一音震，取其镇静为体。一音田，取其填塞为用也。或曰：皆从天左旋，是金水一岁而不及天之一周，木星十二岁而不及天之一周，火星二岁而不及天之一周，土星二十八岁而不及天之一周，是应速者反迟，而应迟者反速矣。且右旋则以所进而名，为日、为月、为岁、为填。左旋则以所退而名，为日、月、岁、填。其义与名，何乃不经若是耶？

天一日一周而犹过一度。日行一度，月行十三度十九分度之七，日舒月速。当其同度，谓之合朔。

斗柄逐月，顺天而左旋。如正月建寅，二月建卯是也。日躔逐月，逆天右退。如正月太阳过亥，二月太阳过戌是也。盖日月合朔，每在合宫。如十一月日月会于丑，斗柄建于子，子与丑合，寅与亥合，卯与戌合，辰与酉合，巳与申合，午与未合也。故曰：日月会于上，则阴阳合于下。盖

---

① 已上每辰各三十度有奇。

上者，日躔所次，下者，斗柄所指也。古人观斗柄所建以占天，盖以此。

袁天纲曰：东方三辰生于亥，故春至析木，次于亥，春旺则析木见于东。南方三辰生于寅，故夏至鹑尾，次于寅，夏旺则鹑尾见于南。西方三辰生于巳，故秋至实沉，次于巳，秋旺则实沉见于西。北方三辰生于申，故冬至娵訾，次于申，冬旺则娵訾见于北。是以角亢舍于寿星，则季春日月会于大梁。氐房心舍于大火，则仲春日月会于降娄。尾箕舍于析木，则孟春日月会于娵訾。斗牛舍于星纪，则季冬日月会于元枵。女虚危舍于元枵，则仲冬日月会于星纪。室壁舍于娵訾，则孟冬日月会于析木。奎娄舍于降娄，则季秋日月会于大火。胃昴毕舍于大梁，则仲秋日月会于寿星。觜参舍于实沉，则孟秋日月会于鹑尾。井鬼舍于鹑首，则季夏日月会于鹑火。柳星张舍于鹑火，则仲夏日月会于鹑首。翼轸舍于鹑尾，则孟夏日月会于实沉。

故配祀于青帝勾芒者，[①] 水流室壁则娵訾为沴应，仓廪耗而市沽亏；水流于氐房心则大火为沴应，魃疫相仍而资积风驰。

木生于亥，旺于卯，室为军粮府。又娄六星曰天仓，米谷所藏也。南三星曰天庾，储粟之所也。氐为天根，主疫，冲破旺地，故资积风驰。

配祀于赤帝祝融者，水流尾箕则析木为沴应，牝鸡司晨而遁溺扛尸；水流柳星张则鹑火为沴应，赌博狗盗而妻子奔驰。

火生于寅，旺于午，尾九星为后宫后妃之府，故有牝鸡司晨之应。尾为析木之津，又有天江四星，故主溺。箕四星，一名天汉，主津梁。妇主箕帚。

配祀白帝蓐牧者，水流翼轸则鹑尾为沴应，强梁法死而阳抑阴垂；水流胃昴毕则大梁为沴应，聋瞽而啼饥。

金生于巳，旺丁酉，兑丁以巳为八曜，故主法死。胃为天仓，其南众星曰廥积，其方破，故主啼饥。昴七星为天之耳目，故为聋瞽。

又附耳一星，在毕口大星之下。

配祀黑帝元冥黄帝后土者，水流觜参则实沉为沴应，慵奴而病婢；水流女虚危则元枵为沴应，淫醉而家道隳。

---

① 艮震巳山。

水土生申旺壬子，实沈为传送，主奴婢，以其方冲破，故主慵而病。柳为酒旗星，与女宿对，故主淫醉。

是虽以星辰参错五行，测度其动静，因其类以貌相，其几微又岂能兼三家之法以齐之。

三家之法、相貌、命分、宅兆也。

若曰，相貌不由于命分，命分不出于坟宅。坟宅则先人之造，非后人之基。后人之享，非前人之资。安然养其相貌，颓然委其命分。优优游游，观其坟宅而富贵。可期如是，则公侯将相皆出于五鬼之门，孤奇偃蹇不临于五鬼之栖。积善降祥，不善降殃，教世之典为脱空之非。易曰："不鼓缶而歌，则大耋之嗟，凶。"是虽"神以知来，智以藏往"，断吉凶而言，亦存于两岐。老氏曰："择福莫若轻，择祸莫若重。"亶斯言之可规。

相貌命分虽并重要，皆出于坟宅之中，而坟宅为尤重。若以为坟宅无关于后人，一听之于相貌命分则公侯将相，安从而致孤奇偃蹇，谓非五鬼之所造欤！善者降祥，不善者降殃，不善亦可为欤！《易》曰："不鼓缶而歌。"谓重离之间，前明将尽，须自处有以乐之，否则其凶将至矣。老氏谓"择福莫若轻，择祸莫若重"，夫亦谓坟宅之择，祸福所攸系欤！

故邓氏之葬，曹叔观而叹曰：池塘小畜，源脉浅者亦是乾流。区穴多方历经，①蠡者皆为诡结。

池塘虽曰有水，其来源短促者，仍谓之乾流。一龙似有结数穴者，必深邃而有容，乃为真结。

李淳风曰："邓艾祖葬"。

张氏之葬，曹叔观而题曰："劝君莫下低山突，四面水皆脱。劝君好下高山壶，四面水皆趣。"是皆以贪狼廉贞之说也。盖五鬼不行于正，而从邪伪，骋奇理致。既蔑天文，地理曾不可推。送终之道，良其可悲。

低山其势下，趣非颛息，不止其突，真气不存其水脱也。若高山壶，其势深邃藏蓄，而四水无有不归聚于荡者。然不曰低山壶者，何也？低山势漫无壶，非若高山之有城壁。又不曰高山突者，何也？高山阴处求阳

---

① 一作历经。

突，自不必言也。总之，高山低山之优劣，在水之聚散以明之，而水为最重。

克人成天第三十[1]

配祀五神，即五行之返本；识坎五土，符五气以还元。随五运之动静，应星辰之景曛。化能事以体质，寓真造之江山。达二仪之清浊，兆五福之几先。探其理之可议，索其迹之可观。[2]

五神者，五行之主。五土者，五气之身。而要得之返本还元之一日。五运者，阳年为动，阴年为静，阳年太过，阴年不及，均所当避。而星辰之景，曛则存乎。承"金相水、穴土、印木"之一诀，其变化之见于事物，莫不由于江山真造之一气也。

岐伯曰：壬年岁木太过，上应岁星，甚则草木摇落，金则胜之，上应太白星。戊年岁火太过，上应荧惑星，甚则金气退避，水气折之，上应辰星。甲年岁土太过，上应镇星，甚则藏气伏，化气独治之，上应岁星。庚年金气太过，上应太白星，甚则木气内畏，上应荧惑星。丙年岁水太过，上应辰星，甚则水盛不已，上应镇星。丁年岁木不及，燥乃大行，上应太白星。癸年岁火不及，寒乃大行，上应辰星。己年岁土不及，风乃大行，上应岁星。乙年岁金不及，炎乃大行，上应荧惑星。辛年岁水不及，湿乃大行，上应镇星。

《太始天元册文》曰：丹天之气，经于牛女戊分。黅天之气，经于心尾已分。苍天之气，经于危室柳鬼。素天之气，经于亢氐昴毕。元天之气，经于张翼娄胃。

诡结非形，类蚁迢迢之脊；枵蒳失势，方蚰各各之唇。水界山住，住山之尽；水从山来，来山之真。水者山之准，山者水之仪。仪准之道，山

---

[1] 克能也言人能成天也。
[2] 化，一作托。

水之因。山者水之防，水者山之引。防引之道，山水之遂。① 引之欲远，防之欲近。引之如馨，防之如轸。如阴阳之应，如刚柔之济。是以坟宅之所允。②

蚁队行长山势延细不起，蚰行以唇为趣，唇凹如仰瓦，山之边高而中凹者似之。山无水界则不止，水不自本山来，则其来不真，故水为山之准则，而山为水之从来。水以山为防，山以水为引。引之近不能容悠扬屈曲之体，故欲远。防之远则与本体之门户不严密，故欲近。馨取其回顾，轸取其坚牢。阴阳刚柔之喻，言山水之交错也。

踞脚不同于走脚，抬身有类于连身。踞脚虽伸，只伸③于水内；抬身虽走，只走④于水滨。如鳖裙螺唇兮，气殄而不立；如龟肩虎迹兮，气钟而有文。文者光芒经纬之著，而发挥于积气之坟。钳脱袖垂之臂，刺刺风寒；埏⑤攀壁级之唇，泠泠乾流。去水枪斜，横风直透。势既无脉，形难捉⑥候。

山脚既止而复起者曰踞脚，山峰既落而复立者曰抬身，皆指其势之止。走脚连身，去而不定之体，故踞脚曰水内，抬身曰水滨。水界山住，示不去也。鳖裙螺唇，其肉薄而气所不到。龟肩虎迹，其势有力而其气盘旋。文者，天之章也。地势既结而上无不应于列星。钳，夹室也。脱袖，谓无其辅门。埏，茔冢之神道。攀壁，谓无其捍脚，一为两臂受风，一为当面水去。樗里子曰："水来则风去，水去则风来。"故去水枪斜，横风直透也。脉者地脉，候者天候。形生于势，脉生于形。脉之应候，若谷之应声，影之随形。今势既无脉，故候不可捉。候能应形，而不能应势也。

左右交叉，胜负不同于蟠尾；枝柯散派，凋零必至于枯根。

左右交叉，得两宫之襟抱。蟠尾直是一宫，自回左右。虽贵乎襟抱，然枝柯太多，又泄本根之气，况其散派而无襟抱之情乎？

---

① 一作遵。
② 蜓蚰之行，唇与趣也。以背唇为趋向。
③ 一作伸不伸。
④ 一作走不走。
⑤ 音然，又以旃切，地之八际也，茔冢之神道也。
⑥ 一作还捉。

来势未住，去势已奔，脉其已断，气其未还。① 固异凤翼搏风，尾必连于云阵。蟹螯逻道，② 迹亦曳于沙痕。来得远而住得深，始是得仪之主。奇不正而耦不等，是皆不令之宾。又岂知根本枯而枝叶繁，不是长荣之木。门径华而堂室陋，都非久享之居。向首当锋，原祖宗之准的；槃心续③势，承气脉之停储。

凡势既住者，不奔脉已止，而余气犹未已者，其情在回头之顾我。若凤翼搏风，尾必卫体，蟹螯逻道，势必横行。一为下砂关锁，一为案应周回。然来远者，离祖既遥。恐居浅露，欲其住之深。又恐其无侣，欲其迎之特。然住既深者，枝叶太繁，根为枯槁。必干大根深，而后无室陋之诮。向首言朝，槃心说穴。朝恐贪峰失脉，须要后坐端崇。穴恐坐干不止，须求宠会冲和。

又况寻龙之法，始于三奇：曰赴、曰卧、曰蟠。此概而言之，以觉其无遗。详而言之，其势有九：曰回、曰卧、曰腾、曰降、曰隐、曰飞、曰象生、曰出洋、曰领群，其审如斯。坐穴之法有四：曰宗龙、曰骑龙、曰攀龙、曰承龙，又易之曰四镇：镇头、镇项、镇腹、镇足。点穴之法有十：曰坐颡靤、鼻崦、准的、肩井、耳停、枕鬓、植髻、乳房、脐窟、脬元。又广之曰十二：坐胯陛、翘足。④ 于是乎得术之精微。故曰：顾瞻得气，⑤ 势迟只可迟魁；鼻颡端崇，形的宜于的埌。⑥ 凡指穴之得失，则精神显晦；气概之变易，若天地辽邈。嗟心目之不明，故不省而不觉。

三奇、九龙、四镇、十坐，俱见前。靤，面柔也。魁，藏也。埌，冢也。势迟则迟葬，形的则正安。一为承龙，一为宗龙。承龙之势磅礴，故欲迟魁。鼻颡之形坚确，故须宗的。然穴之显晦靡常，变易多，故比于天地之辽邈，岂心目不明者，得窥其涯际耶。

---

① 一作已完。
② 瀝䒷㘽。
③ 一作结。
④ 一作踝。
⑤ 一作颔颐承气。
⑥ 一作正。

攀埰不几乎依附，① 审过等②之墙腰。骑项③必贵于回旋，惧分流之杵握。行龙散坦，将星钟端的之峰；入路分明，穴法拟归藏之窟。抬头水下，辅门虽拱亦非龙。④ 献掌堂中，夹室微窈而有穴。当头突住，横污象卷之奇。透脚偏长，旁荡猿伸之结。狂鱼露顶，可知无窟之容。枯木新稊，当审逢春之发。

攀埰，附葬也。墙腰，穴圹之腰也。过等之墙，恐其旧穴太深，气截不至，须细审问以定其浅深。骑项之可穴者，特为其回旋之一掬，若头直不顾其流，既分不可穴也。坦散之龙，蔓延不结穴，钟有峰之所。入路分明者，自有窟之可藏，不必虑其无穴也。抬头水下，有窟无龙，徒设其门户。若堂如献掌，真气既融聚于内，纵夹室虽微，而穴已在其中。象有卷鼻之奇，猿有伸臂之结，一视横污，一观旁荡，若狂鱼露顶，是饱面突胸，无窈之可下也。枯木生稊，是老龙剥嫩，有脉之可乘也。

是以寻龙之缘，不其偶然。主虽难于择术，术亦难于择贤。况贪狼之心已炽，而廉贞之心已捐。故曰：夷天险，洞天赃；泰天宇，发天光；陟天巇，径天冈；降天隰，息天堂；宗天脉，拟天藏；逊天悖，缓天狂；环天卫，醋⑤天黄；全天体，著天章；配天祀，达天常；通天运，流天昌。是以人拟而天显，天胜而人亡。无胜无亡，天道彰彰。

公明叹斯道之难。其贤，天必赖人而成。难其贤，则天之不获全者多矣。故著克人成天期，以人之思以克副。夫天之造在人，务无失其天，而天斯有以全于人。夷，平也。洞，空也。泰，宽也。光，不暗也。巇，山峰也。冈，山脊也。下平曰隰。山之宽坦处曰堂，派之所出曰宗，揣度曰拟。藏，葬也。逊，避也。悖，乖戾也。狂，猛也。环，周回也。卫，防护也。醋，聚气也。黄，中央土色也。体，龙之身也。章，文也。祀，祭也。常，奉常也。运，五运也。昌，克昌厥后也。天险不可升也。贵乎夷之，是以阴求阳也。天赃不可怀也，贵乎空之，庶无利欲翳心也。天宇欲

---

① 郭璞云：古者卿大夫有采地，死葬之，因以名之。
② 一作气。
③ 一作魁。
④ 一作以卧龙。
⑤ 于禁切聚气也。

其宽大，天光欲其发新。陟天巘者，问祖宗之自来。径天冈者，考穿落之变化。降天隙以观其结作，息天堂以察其源流。夫而后宗天脉之自然，拟天藏之毫折。天悖则逊之，天狂则缓之。环天卫于外，聚天黄于中。完其固有之体，以应乎天上之文。其子若孙，即位以配祀，即祀以达春秋奉常之思，上与天运相流通，未有不克昌厥后者也。然其始，惟在乎以人之心，参天之心。人之心有不及则天胜，人之心无不及，则天赖人而全而天显。天胜则天还自天，天显则人之心即天之心。天胜而人亡，天道茫不可问。天无其胜，人无其亡，天道彰彰也。

管氏地理指蒙卷四

二道释微第三十一

天不人不成，人不天不因，此息道、漏道所以分。于以嘘五气于钳口，于以通五气于风门。

息道，内口；漏道，外口。天非人不因者，有导引之力；人不天不成者，非有内口、外口，人无由以知之也。钳口，即息道；风门，即漏道。漏道出于天成，息道可以人为。然息道之为，亦不过因其自然，略为转动而已。樗里子曰："水去则风来。"故外口谓之风门。贵有捍门华表罗星禽兽等者，所以塞其风之入也。李淳风曰："息者，气息之息；漏者，便漏之漏。"以人身取象也。

平不平而横不横，分涂八字；倾不倾而直不直，锁节①丁文。故息道之道，其巧拙以由人。驳杂交宫，纵清流而蹈浊跃；真纯入路，凝绿鉴以照苍渊。漏道之道，其形势以天然。如虎口之交牙，金关石滏；②如牺牲之露角，罗列侵云；如天门之外屏，龟印虹津。如之如元，各司于宫分；③如带如练，必应于天文。

内水贵平，有不平者，以人力平之，故曰平不平。内水贵横，有不横者，以人力横之，故曰横不横。分涂者，分其两路，如八字之绕于左右也。内水倾，务令其不倾；内水直，务令其不直。其法在做兜堂，度其长短，锁为几节，令其上水入下水如丁，虽倾而不倾、虽直而不直也。其内

---

① 一作脚。
② 音窦，穴也。又水名。
③ 一作分野。

水之犯驳杂者，纵有清流，终以浊论；其真纯得天清之气者，谓之苍渊也。漏道，非人所能为。虎口交牙，言其卧；牺牲露角，言其竖；龟印虹津，则当于水口之中。三者俱在之、元、带、练之内，其官分折处，各有星野应于三合四冲之方，不得一视之也。

罗城列壁以扞吹，重峰叠嶂以朝身。当中谓①数，格以定其分野；坐穴直指，法诳以纷纭。②

罗城列壁，重峰叠嶂，皆在水口之外。

古历云：据山格水，到水已差；据水格山，到山已讹。沿山格山，沿水格水。水入官分，山入骨髓。

矧有飞禽背崦，走兽肩坳。必骑龙之窠，以就高窟；须卷臂之腕，以并流分。岂特三形之壮自然、四势之朝溪渚？长流隐隐，而外匼壶井；乾流③平平，而内遭四顾。亦防而特耸方中，岂见其崇高？果缺栏槛而临阽④危，或乏嶂蔽而当缺陷。堪伤⑤坠檐之蛛结，当嗟牛鼻之风飘。外水隐然而长绕，远山屹尔以空高。是以显设于堂门，且严于抑塞；深藏如室榻，尤耻于冲嘈。

背崦、肩坳，皆指高山之窟。惟骑龙穴为然。然去龙须要回头，如臂腕之抱，不见其流之分，斯三形壮而四势朝也。再得溪渚绕于外，壶井畜于内，四顾防护，不显其崇高，亦得谓倾而不倾、直而不直也。若外无栏槛而当绝壁悬崖，何异坠檐之蛛结、风吹之牛鼻也。是天既无可因，虽有外水远山，亦无益矣，故水口为第一要紧。所以，虽有堂门，可谓畅矣，尤恐其门之不塞；藏如室榻，可谓邃矣，尤虑其水口直冲。

旧注曰：骑龙著穴，须爱卷珠为案，以并八字流水。明堂却居于外，三形四势，由一身而具。

虽然六相清英，朝集为贵；六替干维，漏道之利；二十四山，潴泽无忌。

---

① 水当中。
② 一作迷伦。
③ 一作壶中畜水。
④ 于占切，壁危也。
⑤ 一作济。

生旺真纯，固所云吉，若反背斜流，亦非所贵。囚谢宜去，若当十二支宫，又谁曰宜？至于潴泽，则不论干维矣。

易脉崇势第三十二

险隰之脉欲其降，易野之脉欲其崇。崇不崇于巘，崇必崇于钟。崇如蛇蚹，①蜿蜿螾螾，则举头微起莎草之中；崇如螺踪，隐隐隆隆，经脉络以肤通。

螾与蚓同。肤，大也。险隰属阴降，则为阳；易野属阳崇，则为阴。巘者，山峰也。钟者，釜之属也。平原之崇，非谓其崇之如巘，得其崇如釜钟之类，便为有力矣。蛇蚹、螺踪，言其崇之微；蜿螾，言其曲折而隐。若曲折而到头不起者，谓之游魂。《撼龙经》云"但得一星龙便吉"者，亦欲其崇之谓也。

崇则不披不散，崇则有穴有容。崇则聚气，崇则藏风。崇如伏龟兮，曳尾留痕于来历；崇如覆拳兮，宗身伸缩如臂蓬。如蚓陌贝隧，如帛理屏匡。如秋霄幅列之汉，如晴空缕抹之虹。如蛛过檐，引游丝而不断；如狼猎食，踵遗踪而必逢。

披，分也。臂，所以卫身之具。蓬，一本，叶散生，遇风辄拔而旋。贝，海介虫。隧，道也。蚓陌，蚓穴口外之土。平原一崇，如振裘挈领，枝脚自然，归聚落穴，自然有容。气无不聚，风无不藏。如伏龟者，索其来于曳尾；如覆拳者，求其卫于宗身。如蚓穴外之土，如贝所行之道。如帛上之纹，如屏间之格，如河汉之亘天，如长虹之匝地。若蛛引游丝、狼追兽迹，皆喻其来历之微。非久历平原者，未易知也。

始者尚思于雄杰，要知特美于平洋。昏睡之息，若吼若暴；和畅之气，不声不扬。自昔东南艰苦，暂时之业；至今西北优游，累世之功。故曰锐②不如圜，圜不如方，方不如平，平不如浩渺之沧浪。虽然逐鹿亡卢，扬鹰背鹊，旷荡何宗，断独不续，则是火葬津埋之不若。

---

① 符遇切。蛇蚹，腹下横鳞可行者。
② 一作横。

卢，狗之黑者。地固有幅列之平，所谓和畅之气也。东南高，西北平。高者，彰扬暴露，易发还易衰。平者博厚，深藏难发，而退亦不易。直锐者属木火，圜者属金，方者属土。平得土之纯，而近于水，浩渺则纯乎水矣。火性烈而易灭，木遇冬必凋，此锐之不如圜也。金可从革，圜之不如方也。土之高者必崩，此方之不如平也。平之极者，阳气发而为水，此平之不如浩渺之沧浪也。昔杨筠松立纂官法，凡有诸山辐辏，气聚平洋，有大湖池隐注之处，名为天池大会。格诸龙气聚于中，深广难下，须用人工采运茆竹，投于湖心。待其稍满，却于吉方运五色土，实筑其上，取朝对立向，开圹成穴，约高低深浅，须与诸山环护登对，谓之纂官法，即卜氏之《水底穴怪穴赋》之"捉月须云在水中，还要土来封"也。设大势无可宗，登对无可应，漫欲于广漠无垠之地而穴之，亦何异逐鹿者之失其卢，而鹿不可得；扬鹰者于鹊背之所，鹊安从致哉？反不若投之水火中矣。

旧注曰：凡地势崇起，则暴露风吹。谓之藏风者，岂不以冈脉之地崇，其穴的则容穴深邃不浅，浅当风。若行龙插地，面则当风矣。

袁天纲曰：平洋如幅布，无纹无绪，是无冈脉。鹰之逐鹊，指前直射，如矢拨机上，势无所差。若鹰鹊背，则是断独孤遗之形。

日者如流[①]第三十三

马迁博物，班固稽古。志地理则贵识风俗，书天文则耻穷骨髓。仲翔三梦，臂不成于川流；梓慎九程，钳失思于丁锁。

秦末李仲翔祖葬城纪，三梦至人告曰："其山形如川字，法当战死。"仲翔不信。汉初果战于狄道而死。子柏考复梦如初，遂葬仲翔于素昌，因家焉。复梦至人告之曰："吉，但城纪之余殃未衰耳。"曾孙广又战死，广孙陵复又没敌。晋梁武昭王李暠，乃仲翔十九世孙。

城纪，《史记》作成纪。其先曰李信，秦时为将，逐得燕太子丹者。

广年六十，以与卫青不得，引刀自刭。广子三人，曰当户、椒、敢。

---

① 一作儒流。

当户早死，椒为代郡太守，皆先广死。当户有遗腹子，名陵，以五千人出居延北。单于以八万围击，陵军兵矢既尽，食乏而救兵不至，遂降匈奴。单于以其女妻陵而贵之，汉闻，族陵母妻子。

李淳风曰：鲁史梓慎爱泥冈之远，随程九日到窟，嫌水去倾直，弃之。后钟山真人吕大同喜其大江横流，锁小水如丁字，葬之大吉。

况五鬼叨赃，七星诡谲。符鸟语以冀童欢，剽①花言而要妇悦。差宾失主，既失律于观山；背势寻形，何果尝于拟穴？展屏面上，高高附凤之危；排扛②背间，直直骑龙之兀。定贵贱不关于相貌，推寿夭罔兼于诞节。五行、二气，不宗于理致；八卦、九宫，恣翻于歌诀。蔽丑恶于众观，矜奇特于他夺。投主意于千门，见客情之百出。扬眉伸目，玩山水于京夷；仰面抬胸，诳星辰于翼逸。或若秘而罕言，或若习而肆说。贪狼徒逞于当时，破军果应于今日。何贵耳而贱目，必信讹而弃实。塞儒者之廉贞，肆异端之汩没。

旧注曰：凡五鬼图山形以投献者，必不肯轻容众知，以他人争夺惊其主。京夷、翼逸，皆东汉之鬼。展屏匡上，全凭捍脚之阶。今面前壁削，诳为附凤，龙背之窠，须卷臂之腕。今后直前驱，诈曰骑龙。至于己所不知者，故作秘之之状，不肯轻言人。所不齿者，反肆其词锋，矜为异说，遂流毒于无穷。

噫，送终之道，人之至情。礼、义、廉、耻，国之四维。合著儒者之业，胡为贾者之资？故曰：儒之流，赃之机；祸之兆，福之臁。是安得真儒大儒，返其流而为正之归？

曰儒之流，貌儒而非儒。假儒以为叨赃之具，而抑知祸端既肇，福泽遂消。安得所谓真儒大儒若马迁、班固其人者，一起而正之也。

---

① 正妙切，强取也。
② 一作捣杵。

五行五兽第三十四

五行之五位，五方之五色，五性之五神，五正之五德，五象之五兽，此皆不可差而不可易。

五行，尚主《洪范》，惟四正不变，余各从其音之所属。东方之色为苍，南方之色为赤，中央之色为黄，西方之色为白，北方之色为黑。木为肝之性，暄而仁；火为心之性，热而礼；土为脾之性，静而信；金为肺之性，凉而义；水为肾之性，凛而智。木曰灵，威仰之神；火曰赤，熛怒之神；土曰含，枢纽之神；金曰白，招矩之神；水曰叶，光纪之神。木正曰勾芒，火正曰祝融，金正曰蓐收，水正曰元冥，土正曰后土。勾芒之德为和，祝融之德为显，后土之德为濡，蓐收之德为清，元冥之德为寒。五象见下文。

青龙为鳞虫，朱雀为羽虫，白虎为毛虫，元武为介虫。中央居人而形倮，黄庭贵之，比凤凰而衣锦，元丘归藏，而明堂有离隐①之义。

四兽之属与《内经》有异。岐伯曰：东方生气，气生木。其在天为元，在地为化，在人为道。其色为苍，其化为荣，其虫毛，谓万物发生，如毛在皮也。南方生热，热生火。其在天为热，在地为火，在人为脉。其色为赤，其化为茂，其虫羽，谓参差长短，象火之形也。西方生燥，燥生金。其在天为燥，在地为金，在人为皮毛。其色为白，其化为敛，其虫介，谓外被介甲，金坚之象也。北方生寒，寒生水。其在天为寒，在地为水，在人为骨。其色为黑，其化为肃，其虫鳞，谓鱼蛇之族类也。中央生湿，湿生土。其在天为湿，在地为土，在人为肉。其色为黄，其化为盈，其虫倮，谓倮露皮革，无毛介也。六壬以甲寅为青龙，为鳞虫，丙午为朱雀、为羽虫，庚申为白虎、为毛虫，壬子为元武、为介虫。中央得五气之全，凤凰色备五彩，故以拟之。明堂最忌充塞，充塞则不明，谓无火以生之，而土气不实也。离者，日月丽乎明也；隐者，如堂之虚厂足以隐其身

---

① 一作虚。

也。此离隐之义，非若众水聚处之说，只言其外不及于内也。五方旗曰四势之中，戊己莅之。在五脏谓之脾，在五行谓之土。土气实则阴阳摩荡而成胎孕，曰摩孕之府，元墟真宅之象，受生于心火离明之气，嗣不忘宗。故钳龙之前，皆同应龙之论。然火以虚明，凡蔽塞其心者，可知其疾病，亦离隐义也。

故四兽止取四势于东南西北，五鬼窃之而未真，诳其名而鼓惑曰麒麟、曰凤凰、章光、玉堂兮，乘何义而可释？况凤凰既比居中之倮，曷又出占四方而谬？则特指摘，以证其非，于以验五鬼欺迷天下为无识。

附五鬼量山步四兽卦

甲为麒麟，丙为凤凰。庚上章光，壬上玉堂。

乾山起戊戌，坎山起戊子，艮山起戊寅，震山起己卯，巽山起戊辰，坤山起己未，离山起戊午，兑山起己酉。

假如乾山结顶，落脉到穴，即于山顶，不问远近，只于水分处量起，一步戊戌，二步己亥，直指落穴处，遇甲、庚、丙、壬即住，可以形势高低取之。

穴之高下，自有一定不易之所，而此以四兽步之穴，若不可测矣，宜乎公明辟之。

方圆相胜第三十五

方者斯兴，尚守五行，以参二气；圜者欲胜，已翻八卦，而饰九星。方者执而多忤，圜者顺而有情。忤者众所怫，情者众所倾。然富贵贫贱常并肩，而处世术者一正一伪，每角立而抗衡。又况贫贱者众、富贵者寡，以妄传妄，故达术必灭于妄术之声名；以伪传伪，伪者纵横散布，而正者于是乎不胜。

公明之聪明才辩，可谓神矣，而卒有不能胜伪之叹。可见五鬼一辈，自古流传天下皆是也。方者凝道自处，既不能倾情当世，又不能屑屑苟容，自然世不易逢，人不易识，良可惜哉。

是以，虢氏出而章子渊，时号仙药；嬴氏作而卓思明，时号真灵。惟嬴惟虢，固无心于衔术；而章而卓，亦岂遁于天刑。噫，圆术方术，固非不习者之所能晓；是稽是度，莫若审其传授以何经。

章、卓一辈，特是造物所遣而虐人者。人能修德以俟，自然不与之遭逢矣。夫后知嬴、虢虽明，亦不能私有所畀。

旧注曰：圆术但以心机求售，不能传子。果传于其子，则全不俾于父。

盖五行、二气，尚有经之可考；而文曲、武曲，必无文之可凭。惟心机口诀，罩俗以笼众，岂容绳墨以传承？故曰：今之轻，后之重；今之重，后之轻。

五行、二气，见于《河》、《洛》。文曲、武曲，经史不载，凭何考证？若圆术者，不过窥伺人之颜色，以投合其机而已。正者虽为今所摈，后至于破家灭亡，思之而为后之重矣。圆者虽为今所用，后至于破家灭亡，思之而为后之轻矣。

诡结第三十六

诡结之说，不胜其异。为虢氏之说，则曰：有山而无水，有形而无势。内停而外驰，前趣而后背。

有山无水者血枯，有形无势者脉寒；内停外驰者气不畜，前趣后背者龙不来。

为嬴氏之说，则曰：町疃乾流而冈骨不住，枝叶来山而气脉分布。内平而外不圆，后来而前不顾。

町疃，禽兽所践处。虽有乾流而冈骨不止者，龙之伏而从此过也。到头之山，贵乎专一，若枝叶太繁，本气为其所夺矣。内平者，堂气已可观；外不圆者，左右皆不顾。《四势三形篇》曰：外如龟，内如月；外如壁，内如窟；外如墙，内如室；外如趣，内如列。夫亦欲其外之圆也。未作穴，先作朝，穴止而朝与之会，若宾主之相逢，外气自无不备。若前不相顾，则外气荡然，虽有后之来，而前不相迎也，诡结而已矣。

二者之说，皆同轨而异度。

虢氏曰"有山而无水"，嬴氏曰"町疃乾流而冈骨不住"。一言其止之诡，一言其似止而实未尝止也。虢氏曰"有形而无势"，嬴氏曰"枝叶来山而气脉分布"。一言其势之不足，一言其形之太繁。虢氏曰"内停而外驰，前趣而后背"，嬴氏曰"内平而外不圆，后来而前不顾"。内停即内平，外驰即外不圆也。一言其前虽至而后不见其来，一言其后虽来而前不见其至也。

曹叔之说则又不然：绝顶骑龙而钳浏直悬，当头宗龙而鼻吹双穿，①半腰攀龙而八字披泻，没脚承龙而失势单寒。

已上四者，虽皆有其形，而前则均缺其一面。若有龙而无形无水者，益不足言也。

是皆有形之可穴，而无应之可完。若无形无水，则不为结之诡，为流之乾。

骑龙贵卷尾为案，以屏八字流水，若钳浏直悬，外无以塞，气随之而丧矣。宗龙之结曰镇龙头，鼻吹双穿是前无门户，气为风所荡耳。来龙横卧，攀其肩井而八字披泻者，是无肩井可攀。更下砂不转，不能关内室之水，外无以聚之也。来龙磅礴，承其顾䚹曰承龙之势，而失势单寒者，是势有所不及而前空旷无垠也。

心目圆机第三十七

葬者，承黄钟之真气也。取少阴少阳于未奇未偶之先，以顺五行相替之理。

天地之始气曰黄钟，奇偶当十二支正位，未奇、未偶当八干四维之零位，五行相替之理寓焉。葬者贵坐向干维，即黄钟之真气也，盖十二支有煞，八干四维无煞。范越风云：古人为向只有八长，欲逢生不逢煞者即此也。

一个天参之为三，一个地两之为二。三三为九，三二为六。两其二

---

① 或作牛鼻双穿。

一，其三为七，两其三一，其二为八。九为老阳，六为老阴，七为少阳，八为少阴；二老为阴阳，二少为刚柔。

其正以山，其辅以水，由正而行，得辅而止。其行也由势而来，其止也以形而委。势向方而形入路，水以为防；山奋揍而水崇纲，穴如其蕊。

山行必有水辅，其辅于势者俱在外，山止而辅者亦止；其辅于形者俱在内。山奋揍者，一本而散为万殊；水崇纲者，万殊而归于一本也。以山而形，穴之蕊则其蒂在上；以水而形，穴之蕊则其蒂在下。在上者山之揍也，在下者水之纲也。

是以，势远形深者，气之府也，五帝五祀以之命慈孙而锡孝子；势促形散者，气之衰也，五神五祀之所不居，而猖孙荡子之所喜。

得势远者其形自深，其势促者其形自散。慈孙、孝子，天必佑之；猖孙、荡子，天必覆之。然则五帝五神所居，其宅于气之府，不宅于气之衰也。

故营营于择福而祸益媒，茫茫于择术而赃益诡。惟颓然委顺，循然尽已。择福必正其心田，择术必参其经旨。居之而不矜不奇，扣之而不竭不匮。冀道释之虚无祸福，审卜命之同途殊轨。

福不可择而在于择术，术不易择而在乎积德以俟之，所以择福也。五鬼辈一味矜奇，及扣之经旨，茫无以应。有道君子惟以理义是谈，断不徒以祸福惑人也。

推星必由于五行，言天必由于五土。仰佑善之五音，① 格行灾之五鬼。故曰：探天造，索天揆；明天目，聪天耳。洞山水之关节，得坟兆之表里。

星者，岁星、荧惑、镇星、太白、辰星也。甲年②上应镇星，丑癸坤庚未山在下应之，甚则上应太白星。兑，丁乾亥之山应之。星在天者也，五行在地者也，此推星必由于五行，言天必由于五土也。《洪范》五行之属，根于官商角徵羽之五音。其通于五行者，佑善之五音也；其昧于五行者，行灾之五鬼也。天造天之始气，天揆天之度数。天之始气生于八干四

---

① 一作章。
② 土气太过。

维之中，天之度数见于二十八宿之位。其度之所至而地应之，或气之所始而地承之，皆吉福所由生也。然非极耳目之聪明于闻见，不能洞山水之关节。虽得五行之运气，亦无所施其用耳。

无分面，过肩之不聚；无穿鼻，崩唇之不理；无藏头，散背之不端；无当腰，附肋之不蔽；无肘后，逆流①而势不钟；无目前，顺流而形不峙。无分尸之案首，无覆尸之水尾。②

此一节释山水关节之所忌。分面者，当面水分八字。过肩者，由肩后过去而不绕入堂。穿鼻者，两水拗合而直出。崩唇者，内堂水泻而无拦。藏头者，贯顶无星峰。散背者，懒坦无收拾。当腰不蔽者，过峡受风。附肋不蔽者，两肱凹缺。肘后逆流，势居于背。目前顺泄，形为之倾。案：山崩破曰分尸，水口山如覆舟曰覆尸，皆大凶之象也。

是以，水未经于方镇，止为金粟之区；山必界于江河，斯结王侯之垒。是水以聚为凭，山以远为主。腾骧如冀北之马，必横水府而可容；蜿蜒似常山之蛇，不崇气库而何取。

龙之修短，一准于水之远近。龙有千里，则有千里之水；龙有百里，则有百里之水。水未经于方镇者，龙之短促，可知不过为金粟之区而已。必也以江为界或以河为界，其龙远者数百里，近者或百里，势若远大，王侯之垒斯在焉。《金璧元文》曰：干龙住处分远近，千里为大郡，二三百里可为州，过此即封侯亦远之谓也。盖水远则所入者愈宽，山远则所脱者愈嫩；山必以水为防，水必以山为主。山虽如冀北之马，无水府以止之，不可驭也；水虽似常山之蛇，无气库以收之，亦何益耶？常山之蛇指龙说，亦妙。

---

① 一作分。
② 一作口。

释名第三十八

积气应星，相江山而择吉；晓人有法，因形势而命名。指山之磅礴兮，则有山龙之号；指水之罗绕兮，则有水城之称。来历则曰祖曰宗，原其本始；居中则曰宅曰兆，可以归藏。曰夹室者，则邃区穴而不露；曰辅门者，则保明堂而若防。曰之元窍者，息道之碛决；曰之元隧者，漏道之岩行。

山川之情性不一，龙穴之位置各殊。因形以立名，顾名以思义。不在标奇，贵夫近理。故山曰龙，谓能变化也；水曰城，谓能防护也；来历曰祖、宗，不忘其所自出也；居中曰宅、兆，如仁者之安宅也；内砂曰夹室，外卫曰辅门，内室而外门也；内水口曰息道，外水口曰漏道，内微而外著也。

旧注曰：世俗多以炭引钳口水，则火气炎盛，谓之一气侵凌、五行绝灭，惟碛石则善行水矣。岩流者，水口得岩，关锁则无变迁，时俗谓之交牙石也。邃者，乃流痕小狭而不露者也。

曰海眼者，望之而广博；曰天壶者，登之而宽平；曰腾巅者，结顶而未住；曰吐舌者，含唇而未盛；曰反肘者，欲叛而弃主；曰偏胸者，欲脱而绝缨；曰乱衣褐者，[①]山无领袖；曰横刀陇者，[②]山带[③]锋芒。

海眼系垂坡圆窟，天壶系仰天之峻而平者，皆结高处。腾巅，山之将起而为顶。吐舌，山之既止而外伸。皆非结穴之所。反肘者，其势背。偏胸者，其落斜。绝缨，谓其无顶也。振裘挈领则衣不乱，无其领谓无其主也。刀刃皆尖利凶器，山之锋茫似之。

李淳风曰：凡入穴如笏、出穴如枪，乃宣威执柄之形。惟露在穴前者，则为锋芒，犯主，始合凶应。

---

① 一作裳。
② 一作刃者。
③ 或作露。

曰含羞者，对蛾眉之陇；曰挟私者，抱鸡卵之冈；曰槎牙者，非端正之干；曰藤蔓者，非坚固之茎；曰蜿蜒者，形势之怒[1]拱；曰悬瀑者，山水之直倾；曰朝宗者，乘合川归海之势；曰入庙者，推配神造运之灵。

蛾眉半露其顶，寓有含羞之意。挟私，在龙虎内又为患眼，抱养堕胎之山。槎牙，枝自旁出而不正。藤蔓，较枝愈细而力轻。蜿蜒者，屈曲而拥卫。悬瀑者，倾逝而不情。朝宗，不必定在滨海，得汪洋滂湃之水，皆谓之朝宗也。庙者，貌也，所以仿佛先人之容貌也。曰入庙者，取其一家之义，如木以乾甲丁为入庙，金以巽庚癸为入庙也。造，至也。造运者，造其运之内，如入其庙之中也。

《拨砂》云：脱妻之山槎牙生，藤蔓之山怕秋旱。

是皆以意逆意，以情度情。何况杳冥之迹，曾无规矩之凭。非公心者不能清其翳，非明目者不能见其形。得其道者，必由于至妙；通其数者，必由于至精。虽然，寻龙虽难，择术有要。惟理义之是稽，则真伪之可较。如治家之纲维，在容心于门灶。门者，家之仪；灶者，家之耗。耗虞奴婢之媚，仪虞宾客之暴。媚不顺则内外无关，暴不顺则子孙失教。主以是而择术，术当求其要妙。于以见其精习，于以见其体貌。是以虢公见香筥而辞，樗里因博局而告。《易》鼎烹以养贤，岂养误人之赃盗？

以人之意逆山水之意，以人之情逆山水之情。初非有绳墨之可据者，要非心目双清，未易臻其妙矣。

《樗里遗书》曰：昔虢公客于刘门，见仆隶皆带兰麝，心已怪之。居无何，知其在庖厨内食，意与其姬妮杂处，遂辞去。后刘氏家固不振。

---

[1] 一作"回"，疑"如"字。

山水会遇第三十九

　　水随山而行，山界水而止。界其分域，止其逾越，聚其气而施耳。水无山则气散而不附，山无水则气塞而不理。山如兵，水如城，驻兵之地，非城不营；山如堂，水如墙，高堂之居，非墙不防；山如君，水如臣，君臣都俞，风化斯淳；山如主，水如宾，宾主雍容，情味相亲。

　　山为实气，水为虚气。土逾高，其气逾厚；水逾深，其气逾大。土薄则气微，水浅则气弱。然水不能自为浅深，气急而不凝者，实山为之也；山不能自为开拓，使堂气畅而不塞者，是又水以充之也。总之，二者相须而不相离。舍山以言水，而水何附；舍水以言山，而山何止也。郭氏则以山为内气，水为外气，故如丘、如堂、如君、如主，皆内也；如城、如墙、如臣、如宾，皆外也。

　　故寻龙之术者，称之曰山水之士；贼术之奴厮，① 目之曰行灾五鬼。故曰"蠢尔五鬼，沿谬成徒"。说青龙白虎而不正其色，夸天蓬天任而曷辨其墟。忘尧舜在躬之历，而心窒于理义；诬帝王传心之道，而眼昧于元微。

　　龙在东，虎在西，故有青白之异，惟面南者为然。天蓬即一白，天任即八白。一白属坎，水也；八白属艮，土也。二者虽皆属白，一为颛顼氏之墟，一为太皞氏之墟。而五行则异。尧曰：咨尔舜天之历数，在尔躬允执厥中。舜亦以命禹。帝王传心之道，惟此一"中"。喻穴虽有千态万状，而其结作之所，必有其至中。然心窒于理义，眼昧于元微者，未易得也。

　　鬼则未离于一物，赃叨若辈。况五鬼之奴，曰能龃富贵，能瘦膏腴，能废祖先之祀，能孽子孙之愚，惟设诳人之巧，亦由鬼力之余。曰维善不积，自投于箍，② 问以理义，对必嗫③嚅，④ 孤儿寡妇犹或未信，信之者必

---

① 役也，养也。
② 箍以篾束物也。
③ 之涉切。
④ 汝具切。嗫嚅，多言口无实也。

白面之儒。

"赃叨若辈"下疑有阙文。富贵者龃之，膏腴者瘦之，废人之先，愚人之后，皆人所不能者，而五鬼能之。亦由于人之不德，自投于罗网，若束于罴而不可解也。

旧注曰：孤儿寡妇，犹或知葬祖祀先之义。惟白面书生，口诵经史，心暗礼义，盲头哑尾，颊舌腾傍，谓无阴阳。及至父母暴露，不得不埋，即用赃鬼奴贼，夷冈破阜，妆造形势。一雁凶应，便始迁移。亦有掘出安，留寄寺院者。

呜呼，彼实一奴之陋，委为众智之愚。① 安得积善累德之门，翱翔倘徉，与之登青山、玩绿水，论六相六替，以尽我之欢愉？

众智之愚谓众皆智，而反为一奴所愚也。

此篇首言山之与水相会遇，末言主之与术相会遇。其不能与山水之士会，而与行灾之五鬼遇者，不可谓非其积也。

盛衰改度第四十

当初窆坎，遽夸今日之元垆；况此佳城，宁保千年之荒殡。

元垆，穴也。一言其昔衰而今盛，一言其今盛而后衰。昔衰者，当初葬时其家贫窭，至今日而富贵，遽夸其葬之得穴矣；今盛者，今日虽富贵，其葬之不善，能保其不为丧家之荒冢欤？大意如此，旧注谬不录。②

江山形势已俱非，气概精神都一变。岂惟土复以洲移，何特山崩而地震？东南多丛祔之伤，西北屡堤坍之衅。路穿青嶂以成蹊，水垦黄泥而易堉。散气脉于沟渠，尽条枝于斧刃。既地形之改度，应天象之转运。

祔，合葬也。坍，水打岸坏也。堉，堤岸也。精神随形势发见，形势既已改移，精神亦因之变易矣，不但土复洲移、山崩地震。其丛祔者，气残；堤坍者，形坏。路久能断龙，水急能冲岸。沟渠之于气脉，若斧刃之于条枝，况天道无一不因于地，地形改度，天象转移，理势之必然也。

---

① 一本作主愚不积之拘。
② 佳城而成荒殡，由于续葬之不善。

况变数之有穷，如昼之必夜，如少之必老，其理昭昭，则何烦而致问。《斯干》之诗曰："如竹苞矣，如松茂矣。"此宣王考室之作，亦赖衣毛之庇润。《孟子》所谓故国者，非谓有乔木之谓也，有世臣之谓也。矧松埏赖蓬颗得良嗣。守之之法，虽千年而一旦。

　　埏堃，冢之神道也。颗，土块也。蓬颗，蒿里之义也。《斯干》，毛诗篇名。考，成也。盛衰，天地循环之数。盛极必衰，如昼之必夜、少之必老；衰极复盛，如霜雪之后继以阳春。数原不可穷也。《斯干》之诗以竹松为宫室之荫庇，《孟子》则以世臣为故国之瞻依，公明以松埏、蓬颗比松竹之庇宫室、得良嗣守之，此故国之有世臣泽流无穷也。

管氏地理指蒙卷五

择术第四十一

《易》曰："方以类聚，物以群分，吉凶生矣。"方者，八卦所居之方，有方者昌焉；物者，八卦所为之物，有物者象焉。① 方以类则有术，物以群则有事。天下以方为为术者，皆方之类；以物为事者，皆物之群。类非诚感则不至，群非理制则不分。阴阳之理，各以正胜，吉凶生矣。

朱子曰：方，谓事情所向，言事物善恶各以类分。八卦所居之方，是吉凶寓于八卦之内；八卦所为之物，是吉凶见于物类之中。此篇论择术方对术者作为之法。说有方者昌，是得其作为之善者；有物者象，是近取诸身、远取诸物之义。胡云峰曰：《易》未有爻位，则未有吉凶之辞也。天地间事物，吉凶各以类而分。善者可知其为吉，恶者可知其为凶矣。类之中有吉者，非诚感之则不至；群之中有凶者，非理格之则不分。阴阳之理，自有一定之见。偏者自能致其凶，正者自能召其吉，何容辨耶？

又曰：在天成象，在地成形，变化见矣。积气为天，其成象者日月星辰也；积块为地，其成形者金木水火土也。形象之成，神实使之，故变化见矣。

惟神为能变化，然亦须积之久而后成。

又曰：刚柔相摩，八卦相荡。乾道成男，坤道成女。以至于天下之理，得而成位乎其中矣。刚者，乾事也；柔者，坤事也。震、坎、艮，索于乾而得男；巽、离、兑，索于坤而得女。如摩砺使之渐消，荡涤使之亟去。刚摩柔则柔消，而为昼；柔摩刚则刚去，而为夜。震荡艮则为春，离

---

① 一作丽。

荡巽则为夏，兑荡坤则为秋，坎荡乾则为冬。故万物之方生方死，五行之相生相克，盈虚消长，相代乎前，而莫知其所自者，必有真宰存焉，特未得其朕尔。

乾坤之道，至易至简，无不可知，无不可能，一有矫揉，便非自然易简之理。故可久可大，亦惟易简之德业为然。至于天下之理，得可以与天地参矣。《庄子》曰：日夜相代乎前，而莫知其所萌。已乎，已乎，旦暮得此其所由以生乎。非彼无我，非我无所，是亦近矣，而不知其所使。若有真宰，而特不得其朕。真宰在人身中一气耳，本来无形，有何朕兆？

临川吴氏曰：画卦之初，以一刚一柔，与第二画之刚柔相摩，而为四象；又以二刚二柔，与第三画之刚柔相摩，而为八卦。八卦既成，则又各悔卦荡于一贞卦之上，而一卦为八卦，八卦为六十四卦也。刚柔摩荡而为昼夜寒暑，虽消长往复，自有其机，而为其所以者，皆神也。

又曰："原始反终，故知死生之说。""精气为物，游魂为变。"生死以物，言原生之始以知死之终，反始之终以知生之始。知生死之说，则知变化矣。精气为物，言化而生也。游魂为变，言变而死也。形本于精气，构而为物，生而有形。原其始也，自稚而至于壮，自壮而至于老，无时而不化也，此所谓精气为物也。及其终也，体魄降于地，魂气归于天，如云之游而无所不之，此所谓游魂为变也。生死以物言，变化以鬼神言，幽明虽殊，其情状一也。散一为二，故精在气之先；合二为一，故气与精同体者。死，魂气归天，体魄降地。魄，白也，西方之成色也，如金之白不能变也；魂，云也，如云之敷无所不之也。著于幽阴，则魂载于魄；丽于阳明，则违魄从魂。魂有所归，则能入神，以魂从神，如智入圣，自然相通矣。

始终生死，是以循环言；精气鬼神，是以聚散言。精，魄也，耳目之精为魄；气，魂也，口鼻之嘘吸为魂。二者合而成物。精虚魄降，则气散魂游，而无不之矣。《杂书》曰：魂，人之阳神也；魄，人之阴神也。

或问精气为物、游魂为变。朱子曰：此是两个合、一个离。精气合则魂魄合，而凝结为物；离则阳已散而阴无所归，故为变。余谓"无所归"三字于理不顺，精气合而为物，精气散而为魂，其变处即其所归处。又曰：变是魂魄相离，虽独说游魂而不言魄，然离魄之意自可见矣。如言殂落，升也。徂是魂之游，落即魄之降。古之祭祀，求诸阳，所以求其魂；求诸阴，所以求其魄。又曰：魂气升于天，体魄归于土；神气上升，鬼气下降，不特人也。凡物之枯败，其香气腾于上，物则腐于下，推此可见。又曰：死则谓之魂魄，生则谓之精气。然则精气合则为人，魂魄离则为鬼。

张子曰：精气者，自无而有；游魂者，自有而无。自无而有，神之情也；自有而无，鬼之情也。自无而有，故显而为物神之状也；自有而无，故隐而为变鬼之状也。

著于幽阴，魄之附于土也；丽于阳明，魂之应于星也。魂能应于星，即魂之有所归。而要非魄之附于山川之正气，不能其能；附于山川之正气，便所谓如智入圣，与生者相通矣。

呜呼，圣人观象作《易》，几微事物，其道甚大，其旨甚悉。吉凶亨否之说，偏所以派于日者之术。故葬者，体魄藏于地，以配五土；魂气游于天，以配五星。此子孙之心也。骨肉归复于土，命也。魂气无所不之，是也。

道之派于术，虽甚繁，而有关于造化者，惟葬一术为最大。盖下得藏于五土，上可以配于五星，孝子慈孙所当尽其心也。

延陵季子适齐，于其反也，其长子死，葬于嬴博之间。孔子曰："延陵季子，吴之习于礼者也。"往而观其葬焉。其坎深不至于泉，其殓以时服。既葬而封，广轮掩坎，其高可隐也。既封，左袒右还，其封且号者三。曰骨肉归复于土，命也。若魂气则无不之也，无不之也而遂行。左袒，以示阳之变；右还，以示阴之归。骨肉归土，阴之降也；魂气无不之，阳气升也。阴阳，气也；命者，气之所钟也。季子以骨肉归复于土为命者，此精气为物之有尽；谓魂气则无不之者，此游魂为变之无方也。寿夭得于有生之初，可以言命；魂气散于既死之后，不可以言命也。再言无不之者，憗伤离诀之至情，而冀其魂之随己以归也。

命，生也。赋于人为性，出于天为命。未有人之先，其原皆出于土。既葬而封，故曰复。复而后有生之理，故曰命也。《有无往来篇》曰："挺然而生者，死之先；寂然而死者，生之息。"理不终息，故息之之道为生之枢，即归复于土之义。

《青囊内传注》曰：葬埋得吉气，亡魂负阳而升，而子孙逸乐、富贵、蕃衍矣；葬埋得凶气，亡魂抱阴而堕，而子孙贫贱、杀戮、零替矣。然则魂之所之，亦卜于既葬之后欤！

三五释微第四十二

一气未分，五土胚腪于鳌极；五墟既正，列星分野于龙楼。数有祥而有渗，应有喜而有忧。因夷险之方寸，得形气于茔丘。纵命偶三奇貌全，五岳果配祀于五滲；花暂荣而暂落，惟五祀配于五祥。则五灵钟秀于造命之初，故子孙奕叶享富贵而延长。

胚，妇孕一月也。鳌极，金精。鳌极，如子年作乾山，得苍天木炁司山方，书可考。龙楼，祖山有数尖并列者。浑沌之先，惟有一气。土者气之体，故土为胚腪于鳌极之最始。五墟既正之后，始有星野而吉凶生。方寸，穴地也。穴之或夷或险，高下虽曰不同，要不离乎形气之内。盖气非形不寓，形非气不全，故形气叠说。命者，天也；貌者，人也。但人徒恃其天而于地有未善，终是暂荣暂落而已。惟配祀得五土之祥，其钟秀不独得于天与人，其子孙奕叶富贵自可量。此节见天人之三五不足恃，重在地之三形五气。

虽然，身集三吉，心潜五凶，若和而戾，若廉而赃，若慈而忍，若容而抗，若遇而并，若何而防。巧者拙之佐，才者德之亡。德亡心亡，五土不容。是以三吉没，五凶彰。此古人论心之道，非惟地理之章。①

此节言人心之三五。身集三吉者，得命、得貌、得地也；心潜五凶者，戾、赃、忍、抗、并也。若和者，于理似无舛逆，而其心则违；若廉者，于取似近耿介，而其心则贪；若慈者，于物似具恺恻，而其心不仁；若容者，于人之过似能有容，而其心则拒；若遇者，于境遇似无所争，而其心则竞。凡此者皆貌是而心非，人何能以防之也。巧者徒为拙之佐，才者徒为德之亡。人心即天心，亡其德即亡其心，因以亡其天，故为五土所不容。古人求地，必以积德为本，夫亦欲不失其天焉耳。

---

① 若遇之遇一作惠。

若曰一、二、六、八之叶吉，三、四、五、七之不良，是则阳明之用，兼中央之五黄。若曰游魂之变，则五正中于太阳①言其数，乃四吉而四不藏。道本轩黄之道，流于嬴虢之荒。②

一、二之二当作九，五、七之五当作二，此《洛书》三白法也。

《年家白星起例》云：上元甲子起一白，中元四绿却为头。下元七赤兑方是，逆寻年分顺宫游。

《月家白星起例》云：子午卯酉年正月起八白，辰戌丑未年正月起五黄，寅申巳亥年正月起二黑。

《日家白星起例》云：日家白法不难求，二十四炁六宫周。冬至雨水及谷雨，阳顺一七四中游。夏至处暑霜降后，九三六星逆行求。

《时家白星起例》云：时家白法更精微，须知二至与三时。冬至三元一七四，子酉宫中顺布之。夏至九三六星逆，九星挨巽震排之。

阳明之用，在营造上说。

游魂卦变：一生炁，二天医，三绝体，四游魂，五五鬼，六福德，七绝命，八辅星。如乾，一变上爻，为兑；二变中爻，为震；三变下爻，为坤；四变中爻，为坎；五变上爻，为巽；六变中爻，为艮；七变下爻，为离；八变中爻，为乾，此祖卦也。余并以本卦上爻变起，仍还变本卦而止。以贪巨武辅为吉，破禄文廉为凶，一变即生炁，二变即天医，三变即绝体，四变即游魂，五变即五鬼，六变即福德，七变即绝命，八变即辅星。凡第五变即属廉贞。第五廉贞为火星，故云"太阳"。

尚乘地险以应天险，必辨阴阳；先气钟而后福钟，皆由山水。山水者，阳明之著；阴阳者，黄钟之始。以相体用，以相表里。山来水横，水来山界。水性应山，山性应水。是则黄钟阳明，相融而相理。

地险，山川丘陵也。天险，日月星辰也。日月星辰之过宫，皆在八干四维之正位。天险不可独恃，必先求形气所在。而后运以日月星辰之会集，是为福泽所钟。形气所在者，山水是也。山水之见于十二支者，谓之阳明。以十二支之山水配合于八干四维，谓之黄钟。其实则以阳明为体，

---

① 一作吕。
② 旧作流。

黄钟为用，阳明其运于内者也，黄钟其见于外者也。若再分而析之，则山为阳明，水为黄钟，水不应山，则黄钟为不和；山不应水，则阳明为不顺。是山水又各自为阳明、黄钟，而不容以相离也。所谓"万水尽从天上去，一条龙向地中行"者，盖本诸此。

《开明堂篇》云："阳明黄钟，二用稍异。少阳少阴，黄钟始气；老阳老阴，阳明始著。区别阴阳，参错天地。"当与此处互看。

故曰：山欲出祖，水欲立己。出祖盖期于显祖，岂栖栖奔逐之伦？承宗心贵于兴宗，有冀翼周遮之辅。立己既强于根本，流庆必延于续嗣。是故山寻住脚，连延则未绝他情；水爱环城，反背则不钟内气。

山欲出祖，是山欲得祖宗之正，而后来历远；水欲立己，是水不欲有附于人，而后源头真。立与行对，立者定而不迁；己与人对，有情于人则无意于我，便非立己处也。故曰"反背则不钟内气"，皆应立己说。

又有，来山远而去山平，弯中作荡；发山奔而住山缓，洿里堪茔。

上文言出祖期于显祖，此言其来历虽远，去山却平，其卷尾回顾之中，亦有结作，不可谓其不能显祖而弃之。上文言承宗必贵于兴宗，此言其发将虽奔，住山缓而不起，其缓处若能开辟洿会，亦有结作，不可谓其不能兴宗而弃之。

拱似抱婴手，有惰勤之辨；平如仰掌臂，分伸缩之情。

拱抱有力者，其手勤；拱抱无力者，其手惰。平如仰掌，言其穴地之美；其臂之伸者居外，臂之缩者居内也。

又有，穴骑肩项、钳防杵握之流；案卷拳头、臂藉弓弯之绊。是则合势全形，连身转腕。崇高特取其宽平，左右不论其紧慢。彼有势方行而形未住，巧作虚钳；身直去而脚横伸，诡成端准。大往小来，气之不从；本背枝披，葬之不允。

上文言"山寻住脚，连延则未绝他情"，然亦有穴骑于肩项者。但肩欲堪负，项要曲会，若杵握之流不可骑也。至于案卷拳头，即是穴骑肩项之案，使两臂无弓弯之绊以卫之，与杵握无异矣。设左右之抱者既全，而前亦既以去山为卷尾之案，是则合势以为形，即体以为腕。其穴地虽高，却有宽平之所；左右但欲包藏，其紧慢非所计也。盖内堂之水，有卷尾以收之。左右虽慢，自无漏泻之患。然龙亦有大势尚行、虚为钳伪为准者，特去者大而来者小。根本既非枝，焉能荣实耶？

或问：变通之数不过于五。曰：非止五也。五数其主，以三配之，《河图》之用八也；以四配之，《洛书》之用九也；以五配之，《太元》之数十也。文王重之，则六十四也；老氏重之，则八十一也；谁将重之，则百百而不可御。曰：俗之所谓三凶、五吉则因于吉，三吉五凶则因于凶。然山水之形势、吉凶之态度，变动不常，安可执数而语？此亦声言之复①熟，在条理而不龃龉。

齿一前一却曰龃龉，言不相值也。《太元》疑《大衍》。管氏之意，谓吉凶不一，不可以三五拘之。以三而配五得八数，《河图》之用也；以四而配五得九数，《洛书》之用也；以五而配五得十数，《大衍》之数也。文王以八数重之，得六十四；老氏以九数重之，得八十一；谁将以大衍之数重之，则百百而不可御也。朱子曰：《河图》、《洛书》皆圣人所取以为八卦者，而九畴亦并出焉。今以其象观之，则虚其中者，所以为《易》也，实其中者，所以为《洪范》也。又曰：太阳数九，少阴数八，少阳数七，太阴数六。初不知其数如何恁地，原来只是十数。太阳居一，除一便九；少阴居二，除二便八；少阳居三，除三便七；太阴居四，除四便六。老阳、少阴、少阳、老阴除本身一、二、三、四，便是九、八、七、六之数。

樗里不云乎：短、杂、散、逆、乱，网不纲，本不于；远、深、真、活、顺，有堂宇，有门仞；镜、楞、偏、仄、兀，非凤窠，非龙窟；盘、伏、踞、端、容，应星列，辅云从；枯、丑、卑、囚、侧，源之穷，谷之极；丰、巧、秀、驯、安，幅无类，玉无痕。

短，促而不长也。杂，参错也。郭氏云：参形杂势，主客同情所不葬也。散，分离而不聚也。逆，情不相顺也，与逆水之逆不同。乱，不理也。凡网得其纲、本得其干者，其来自然长远，其止必有住将，其左右不分散，其随者皆顺从。明堂案应，自有条理。远者，其来遥也。深者，其往邃也。真者，萝伪之反、神之聚。活者，生动而曲屈。顺者，奔赴于一群也。其来既遥，其止既邃，自有若堂宇之藏者。然其真者、活者、顺

---

① 一作习。

者，不求于门仞之内未可得也。镵，锐刺也。楞，如屋上瓦棱也。偏者，不中也。仄者，左右之倾敧也。兀者，高而不安也。五者皆指窝窟之形说。窝窟左右，不宜有刺当心，不宜有棱，不宜与脉不对。而敧侧突兀，一或犯之，非凤窠、非龙窟也。盘，曲也。伏，潜匿也。踞，兽直前足而坐端正也。容，受也。郭璞曰：容，如今之小曲屏风唱射者，所以自防隐也。五者指应案辅从说。其辅者，或龙盘虎伏，或龙盘虎踞。其应者，如执圭秉璧。其容者，如列屏列翰也。枯，水竭而不润。丑，石粗恶而巉岩。卑，下也。囚，幽暗而不明也。侧，水倒而不能蓄也。五者指穷源深谷说。泉脉既枯，山形必恶，其地卑下幽囚，边高而边削者也。丰，厚也。巧，人所不能为也。秀，其色粹也。驯，其意善也。安，宁静而止息也。五者指穴情处说。凡龙脱卸既净，刚戾之脉全无，纯是一段蔼吉和平之气，若帛之无颣、玉之无瑕也。

曰执方而理义未丧，何期五鬼而尔汝相仇。谲强谤真，岂达远来之理？贪迷信伪，遂求奴廝之投。况吉则三吉，以何止凶？岂五凶之不同拘乎数者？虽因剽窃之误，审其说者，则为纰缪之尤。

纰缪，舛戾也。方术惟理义是执，五鬼不达，一拂其意，遂尔汝相仇矣。于是起而谤之。抑知其理渊深，岂庸术所可测识者。

若曰地险于山，土石斯兼。土以石载，石以土函。载斯不陷，则不愆而不颣。函斯不露，则不丑而不镵。古人以石为山骨者，必有理脉以通天运、以达天暹。故曰惟石岩岩，其辩有三：似石非石，似土非土，割肪截玉。① 日不可烈而雨不可淹，此又毫 折之所堪。彼有顽不通气，坚不可凿，葬之如掷潭；崎岖突兀，立尸植符，棱棱飑飑，② 葬之如塞堋。此石山之葬，衢所不谈。

运，天造也。暹，日光升也。肪，脂也。毫，穿圹也。折，葬时所用之物，以木为之，其形如床无足，直者三、横者五，空事毕加之圹上，以承抗席者。堋，壅水灌溉也。衢，众也。地之险者莫过于山，而要非石不能成其险，亦犹人之非骨无以立也。石之有理有纹，而天运可通、天暹可

---

① 一本有"五色备足"四字。
② 开口貌。

达者，以天日之精气皆积于土，故草木间有生于石缝之中。曾见割肪截玉之石，五彩焕发，日爆之不裂，雨润之不泥，未可多得。其顽不通气、坚不可凿、崎岖突兀、棱棱甋甋者，必有水出其中，何异以棺而瓮之水也。

霜风剥裂而屑铁飞灰，草木黄落而涂朱散垩，春融融而脉不膏，雨淋淋而气不蕴，此童山之葬，衢之不允。

山无草木曰童，是山无皮毛，风可吹土成尘、雨得穿脉浸渍者。

发将无踪，过将无引。三形失势，孤遗独起以何依；五气施①生，四水一时而流尽。此独山之葬，衢之所短。

五气始生，由于四水环集；四水环集，由于形势交缠。今失势无形，四水一时流尽，五气安得施生乎？

洪伤界水，段藕而丝不留；崩破枯山，锄瓜而藤尽卷。金不隔于坑路，火即截于灶窑。截然人行之径，垦自积年之畚。此断山之葬，衢之不稳。

畚，盛土器，以草索为之。坑，堑沟也。金矿铜阬之属。段藕、锄瓜，二者丧之于水；坑路、灶窑、人行、畚锸，四者丧之于人。

来未辨于东西，横腰伸脚；去各趣于南北，臂脉虚钳。蜈蚣习习之丹趾，高栋牙牙之画檐。此过山之葬衢之所嫌。

习习，重复也。趾，足指也。譬蜈蚣东西为龙，则南北所伸之脚皆丹趾也；譬高栋南北为龙，则东西所落之臂皆画檐也。与乾流过脉有异，乾流过脉在身底下伏过，此则在背后横过。然亦有峡左右结地而大势回旋者，不得视为过脉而弃之。

山之不吉，其说固然；五数拘执，似亦未然。安得真儒大儒，迪以理义，开释心志，吉凶山水，斯其信然。

旧注曰：鳌屋发将，祖山也。龙楼行龙，发将之本。

---

① 一作绝。

山水释微第四十三

凸、阔、粗、蠢、暴，形不住，气不到。

凸，突兀也；阔，广大也；粗，不细也；蠢，动扰貌；暴，猛急也。求形之住，当观其气之到与不到，必坦夷含蓄者而后可以有容，若太阔，大难于收拾；必秀嫩者而后可亲，若蠢动刚急，皆非形之住、气之到也。

雄、尊、高、特、显，峻而平，隘而展。

雄者，气概之轩昂；尊者，星体之尊重；高者，不危；特者，不群；显者，显著而光明。五者皆见诸高处，故曰虽峻而平，高处之穴自是不宽，而又见其不隘者。当想见其优容不迫之义。

冲、枪、直、倾、脱，更崩唇，更夹胁。

水左右贵乎环绕，当面贵乎停蓄。若面前直流到堂曰冲，斜过曰枪，不曲曰直，一步低一步曰倾，径去而无关曰脱。凡此者，由水不能截于外，故其唇崩；亦由两水俱直奔到前，故其胁夹也。

急、反、分、枯、①割，源之渗、流之背。

水随山走，山急水亦急；山反水亦反；山分水亦分；枯者为其无源，割者为其扫脚。

横、长、弯、锁、绕，皆溪涧，皆池沼。

横者，与穴有十字之义；长者，源头远来；弯者，卫于左右；锁者，锁断山之去路；绕者，如带之绕于前也。皆指活流而言之。

平、宽、朝、泽、抱，山之限，气之造。

平者，水停而不流；宽者，汪洋无际之状；朝者，屈曲远来而到堂；泽者，众水所钟聚；抱者，拥抱于襟怀也。与上文弯义有别，要皆为山之限、气之造也。

曰：是则句读之五字，岂五数以尽吉凶之道？曰：儒者之术，亦当如是而稽考。

此言五吉、五凶因句读以成文，非谓五数以尽吉凶之道也。

---

① 一作技。

或问朝水、行水之辨。曰：朝如潮涨，博观海眼之临；行似衡平，横展虹襟之蕴。来虞冲突之镖伤，去忌枪斜之岐引。

博，广大也。镖，手镖枪也。岐引，分流也。朝是当面推来，行是面前横过。其朝之来，贵乎宽衍，庶无冲突之患；其行之去，贵乎内顾，庶无枪斜之病。

或问相土之法。曰：风霜剥裂似灰苏，水潦淋漓而沙汰。天和忤运，地淫作瘵。泽不容于膏脉，气不钟于荫荟。① 惟五色之元墟，茂千亿之丹桂。

风霜所剥之土，似灰之苏散而不成；水潦所淋之土，似沙之既汰而不合。穴内有一于此，非天之和乃地之淫矣。郭璞曰：“土欲润而坚，细而不泽。”即不容膏脉之义。荫荟，草深而多也。凡真穴未动之土，其性道紧，草不甚深，叶必细而蒙茸。《葬经》谓之郁草是也。求之于耕凿之所，了不可得。

或问隔案之水与隔砂之峰。曰：水抱案而案则真，水隔山而山不从。连身失顾②于气脉，隔沙徒贪于观望。逐一证之，虽未至于相悖；再三思之，亦不几于无用。亦有钳蔽明堂，应朝元圹，虽经隔沙，自相和倡。

隔案之水，案外暗朝之水；隔砂之峰，砂外旁朝之峰。有案则自有水抱于案外，不特案真，而水亦非无用也。隔砂之峰恐不我顾，虽尖圆可观，毋贪峰而失我真穴之近应。倘其与本主不甚相悖，可以朝迎，亦未可谓其无用。外有钳蔽明堂，穴上不见朝应，而朝应适当于元圹者，即明朝不如暗拱，尤所难得，虽隔沙而自相和倡也。古诀有云：“隔水唤山山不应，隔山唤水水来朝。”案外贵人斜侧，见状元出在过房家，亦可以为隔沙和倡之一证。

或问枉住与诡结。曰：有势无形曰枉住，有形无势曰诡结。枉住则前散，诡结则后绝。

枉住非正龙，故前散；诡结为水口用者多，故后绝。虢氏曰：有山而无水，有形而无势；内停而外驰，前趣而后背。嬴氏曰：盯瞳乾流而冈骨

---

① 乌外切。草多也。
② 一作连山必因。

不住，枝叶来山而气脉分布；内平而外不圆，后来而前不顾。曹叔曰：绝顶骑龙而钳浏直悬，当头宗龙而鼻吹双穿，半腰攀龙而八字披泻，没脚承龙而失势单寒。观此则知真龙、正穴自有其一定之应。凡无水、无应者，皆杠住、皆诡结也。

或问客土不仁。曰：陟巘著心，福有可期之数；司冥夺魄，灾兴不计之门。执方见鄙之所始，伺辞投合之相因。未必成形之改度，当悲伤脉之夷冥。①簣可进而气难橐，元一慾而寿非椿。赃贼沉机，巧谬固贤于精卫。然移山塞海，其愚不可以毫分。故曰：葬之自然，五福之阡；葬之入伪，六极之隧。是以窍混沌而聋天聪，砭胚腪而创天疾。修其凶而益凶，造其吉而岂吉。

凡司事于外者曰司冥，日入于地也，又昏蔽也。《淮南子》曰：天气曰魂，地气曰魄。地为客土所蔽，地中之气不得与天气上亲，谓之夺地之魄。盖来山之动静著于我心，福有一定之数。若培以客土，地魄既为所夺，灾祸之来不可以数计矣。方术必欲合山水之自然，不肯徇人造作，此见鄙之始也。圆术不过伺人之意向，务为投合而已。当知形虽可成，其在天之度断不能改。至于掘凿伤脉、犯明夷之象，更为可惧。譬鸟之精卫，然衔石填海无以异此。故葬而不假人力者，因其自然之妙；葬而培之、凿之者，所谓窍混沌、砭胚腪，徒损于先天，何益耶？

或问大地小地之间，曰：大地无形，融结气概；小地无势，精神聚会。此则险夷之不同，不论高低之宽隘。高山宽水，如凤翥龙蟠；低山隘应，如蛇蚹鱼队。或层层叠叠，象楼阁以连城；或隐隐微微，蜒江汉于一带。贵贱但分于清浊，聚散以商其成败。延促固观于长短，巧拙不论于小大。

大地不必在大山险处，即夷处亦有大地；小地不定在平原夷处，即险处亦有小地。大地非谓其明堂之宽，亦有大地明堂隘者；小地非谓其明堂之隘，亦有小地明堂宽者。总之，大地在气概处见，小地在精神处见。凤翥龙蟠，摹写其气概。蛇蚹鱼队，摹写其精神。楼阁连城，喻险而隘。江汉一带，示夷而宽。至于清者贵浊者贱、聚者成散者败，延者长促者短，

---

① 一作尖真。

无二致也。

或问左右偏枯。曰：左形全而右势就，左势就而右形全，是则刚柔相得、牝牡相成之道，未为一胜而一偏。惟左抱而右反，右住而左奔，左举而右掣，左抚而右刓，左停而右陷，左胜而右翻，左连而右断，右宽而左痕，左顾而右背，右去而左蹲，左防而右脱，右泽而左干。故曰：左势就而左形全，右偏休卜；右形全而右势就，左控难安。

左为刚，右为柔。左属牡，右属牝，即杨公之所谓雌、雄也。掣，曳也；刓，削也；翻，反也；控，其手空也。一边缺者，总谓之雌雄不顾。然有一边缺者，一边有水绕之，以当其一边之缺，亦结大地。但其邻水一边，必有小砂内顾，特无其大者耳。

倒栋悬檐，不知其绝顶；崩唇溜泮，不知其脱元。带剑斜倾，去不知其漏腋；云奔雷吼，来不知其激湍。漱齿泣泪，不知其悲嗌；田塘开垦，不知其乏源。心不任于目而任于耳，术不择于方而择于圆。罪莫大于夷天倪，贼莫大于投机先。岂知云势翩翻，散漫总收于咽结；珠形断续，元因发露于丝连。①

栋如后山之依，无其栋，则绝顶倾陡如檐。泮，散破也。面前崩破无拦，则元为之脱。凡带剑者皆在左右腋下，其两水之斜出者似之。云奔雷吼其声洪，漱齿泣泪其声细。田塘开垦，其水易干。任于目者，有形势之可观；任于耳者，惟言词之倾听。术之方者难合，术之圆者易投。天然之形胜而夷之，伺主人之意向而迎之。其罪莫大，其贼莫甚焉。岂知势虽散漫，而有咽结之收，咽结而形无不成，形虽似断而有丝连之续，丝连而势无不至。

此篇释山水之微，总结之以"罪莫大于夷天倪"一语。盖天然之山水，五鬼不能合于法者，由于主人之无福或造化有待于人，未可知也。而强为之掘凿，丧其天真，不但有害于人，并失造化生成之意，故其罪为莫大。

《庄子》曰：何谓和之以天倪？是不是，然不然，是若果是也，则是之异乎不是也，亦无辨；然若果然也，则然之异乎不然也，亦无辨。化声

---

① 倪音崖，天然也。

之相待，若其不相待，和之以天倪，因之以曼衍，所以穷年也。

降势住形第四十四

　　来山为势，结的成形。势如根本，形如蕊①英。英华则实固，根远则干荣。形曰住者，盖来远而住近；势曰降者，盖从高而降平。势止形就，形结势薄；势欲其伸，形欲其缩。势如将军戒道，有旌旗辎重之随；形如刺史临藩，见仓宇城郭之郭。②

　　的，实也。辎，载衣物车，前后皆闭，所谓库车也。的在来山之下，而穴以此为的实。势则如根，形则如蕊，须放倒看，其理甚近。英之华者，见其实之固；根之远者，见其干之荣。住曰近穴，在平易处者多；降曰平结，在险隆处者少也。势非伸无以见外之备，形非缩无以显内之凝。势似将军戒道，盖谓其威。形如刺史临藩，有类乎肃。旌旗辎重，见其后来之层叠；仓宇城郭，见其侍卫之森罗。

　　远以观势，虽略而真；近以认形，虽约而博。降之真，则一气敛集而不分；住之博，则四应咸庇于一萼。降则后降而来，住则前住而回。山来水来，气钟一魁；山回水回，元魁之才。形承势降，惟虑其纵；势随形住，惟虑其去。降则气聚，聚则众所辅；住则气停，停则众所凭。

　　魁，首也。才，用也。言势不过其大者远者，似略也，而必求其真；言形不过其小者近者，似约也，而理为最博。势之真者，其降无一之或岐；形之博者，其住无一之不附。势欲其来，形欲其回。山来水来，其大者远者也；山回水回，其小者近者也。一言气之魁，其气钟而才降。再言元之才，气至于元墟之魁，而山水皆效用矣。形虽承势之降，又恐其势之过肆；势虽随形之住，又虑其形之或迁。惟降则无不住矣，惟住则无不止矣。

　　是则原其起伏，察其关节，审其逆顺，防其逾越。若住则降，若降则住。其降如赴，其住如遇。如主遇宾，如亲遇故。如鸾遇凤而必鸣，如虎

---

① 一作跌。
② 郭即郭也。

遇牛而必顾。酌其容受，依其环护。看其精神，目其气度。寻仰掌之掌心，寻献掌之窠洿。

有起必有伏，以见其来之真；起不能伏、伏不能起者，非势也。有关必有节，以见其落之自；其结处脱关峡之气者，非形也。有逆必有顺，以见其自然之理。盖顺龙之结穴必逆，逆龙之结穴必顺也。逾官越分，恐犯阴阳，惟爱真纯，最嫌驳杂。《经》曰：占山之法，以势为难，而形次之，方又次之，故官分序在势与形之下。观势与形之妙，在其"住如遇之"一语。求其穴之形，在乎抑掌、献掌之内，盖诸如所遇之类非仰掌、献掌，个中皆不可以言其遇也。

故曰：旋天机，妙天目。助天工，修天禄。安天造，假天福。

假音格，至也。天机不转，山水有遁之形；天目不神，形穴有遁之迹。天工不赞，无以见人之代天；天禄不修，忾躬有愧天之德。惟安于天造之自然，无意于邀福，而天福无不至矣。

古人以发将为祖，以降势为宗，以住形为己身，以应案明堂为子孙。亶斯言之至确。

上而祖宗，下而子孙，总以己身为重。

离实亲伪第四十五

古人设棺椁，以代警鸢之弹；后世象形势，以术寻龙之诀。

旧注曰：上古父母之丧，束帛茅弃之野，乌鸢啄之，于是孝子遂作弹以警之。

方术执之，犹未离于五形二气；圆术诞之，乃神于九星三吉。吉何吉而区区，星何星而屑屑。妄人自衒其聪明，叨心绝耻；凉嗣亶然其元妙，提耳不回。虢力驱之而不远，嬴公释之而不开。

虢有《驱五鬼论》，嬴有《释圜歌》。

掬脊占巨贪之门，脤胖翻辅弼之钗。天蓬镇五形之垒，天英钟三杰之魁。望隔涉之闲峰，指为气应；见抛踪之诡结，道是龙来。长槽直溜兮不知其愈①元，云奔雷吼兮不知其伤臆。钳头开爪兮不知其分尸，腕里分流兮不知其溜腋。露绝不知其气凌，沉绝不知其气寂。形之四散，不知其五凶；势之四背，不知其六极。兔唇兔耳，不知其争主；马蹄马鬣，不知其无的。

　　此一节总言圆术之诞。掬脊，起不能伏。脉胖，臃肿板直也。天蓬，子也；天英，午也。古人立向，单取干维，以支为老阴、老阳，在所不取，而圆术用之，举子、午以概其余也。杰，特立也；三杰，贪、巨、武也。隔涉之峰，非吾一气；抛纵之结，失势孤遗。元，下元也；臆，胸臆也。水前脱则伤下元，水冲心则伤胸臆。钳头、腕里皆言其切近者。太露则气上凌，太沉则气卑寂。凌者其气升，寂者其气降，皆非生气之所。形散者无势，势散者无形。兔唇直裂，兔耳直长，无牝牡交媾之情；马蹄陡立，马鬣横披，非星辰凝结之地，皆不可穴也。

　　蒙主听之而耳聋，愚妇闻之而心悦。讳冲曰朝，不道明堂之破碎；嫌横为过，宁知海眼之宽博。虽由目之不习，亦在心之所作。有鬼神以夺君魂，妒君福；乘君信兮，秽君志，翳君目。高绝欢心于观望，低绝怡情于藏蓄。是以世世修德莫如周，果应食龟之洛。

　　上文言盲术之离实，此言蒙主之亲伪。术者之盲于目，由于主者之丧其心。故求地者莫如修德，观于周之食洛，其累积大可见矣。

寻龙经序第四十六

　　寻龙必有经，②有经必有序。乘其宗，原其祖，据其荡，审其气。③在险以明堂为限，在易以冈脉为主，④次之以朝应几案，又次之以左右门户。⑤以企以蹲，以仰以俯。陟其咽关，知其结聚；巡其肘臂，知其外

---

① 步拜切。羸困也。
② 或作径。
③ 一作主。
④ 一作以水城得所。
⑤ 一作辅门夹室。

御。① 御无他之，② 聚无他与。③

序者，所以别内外也。荡者，窝会之所。子孙贵乎祖宗之嫡派，故寻龙须问祖寻宗。据其荡者，得外气之凝，但恐内气不至，亦是无用，故又须审其内气。此"气"字，根脉甚细，蔡氏曰：盖有脉无气者有矣，未有无脉而有气者。故葬脉不如葬气，脉有形、气无形，非细心体会，其不陷于脱气者寡矣。险，山谷也。山谷属阴，有明堂则阳气聚。易，平原也。平原属阳，有冈脉则阴气敛。阳以阴为德，阴以阳为德也。朝应几案，非无自而生；左右门户，非无故而设，此寻龙之经也。企者，举踵而望之。蹲者，踞也。企以望其远，蹲以觇其微，仰以观其星之形，俯以察其穴之理，四者皆看地之法。特咽关为第一紧要，何等咽关结何等穴法，故必先陟其咽关，次巡其肘臂。若咽关与穴法不相一，其肘臂不必寻，此寻龙之序也。

因首尾以辨肢足爪鬣，因臂腕以辨腰脐腋乳。因浅深以辨腹肠，因藏露以辨胸腑；因高下以辨颡角，因低昂以辨唇辅；因盛脱以辨耳目，因盘伏以辨踝股；因左右以辨端侧，因污突以辨容拒。

因者，因此以辨彼。龙首当镇，龙尾当避。因首尾以推之，则肢为首、足为尾；爪为尾、鬣为首也。然肢足爪鬣又当有异于首尾，盖有坐龙腕、镇龙脚、避龙爪、坐龙鬣之辨。臂腕所以卫腰脐腋乳者，臂腕在外，腰脐腋乳在内。然非臂腕无以别其内外也，盖有避龙腰、坐龙脐、避龙腋、坐龙乳之异。腹为五脏之总，肠为水、谷二道之分。腑者，以其受盛也，胸露而腑藏。龙颡可坐，龙角当避，颡在高而平，角居下而危也。唇者，一级低一级。辅者，其止处复昂，亦有止处之昂。自左右至者坐龙耳、避龙目，耳盛而目脱也。踝盘于外，股伏于内；端居左右之中侧，当左右之不正。污则有容，突乃见拒也。

凡相山之行止，必以水为去取。水有内外，山有行伫。见其精神，见其气宇。门当丁④下，固是倾而不倾；路入之元，虽然去而曷去。肩项分

---

① 一作抬举。
② 一作聚无他储，言气不他结也。
③ 一作举无他与，言气不分别也。
④ 或作平。

流，装臂可并；胁腋分流，抛踪欲举。① 源头分派，黄泉之脉归宗；水口开岐，苍造之原别谱。② 是以元土鉴于高章，③ 清流转于洪造。悠扬钟庆之源，盘礴孕和之府。决一元之理者，人心巧契于天心。即五脏以观之，便道岂④同于碛道。

此一节承上文而言。穴法既有所得，亦必观其水之符合以为去取。盖水不特有外之横截者，便以为真；内必有其停蓄者，方以为的。门当丁下，是外水横拦内堂，水直下，不可以其内直而弃之；路入之元，是外虽无水横拦，而内堂水曲折而出，不可以其无外而弃之。盖无内者有其外拦，无外者有其内折也。若肩项分流，得左右开胂，其流尚可归并；若胁腋分流，其龙身方在奋发，势难骤止。源头之水分无不合谓之归宗，水口与外水相会曰开岐。别谱云者谓非其同源也。要知下土受上天照临，则凡在下之水无不上原于天，非悠扬盘礴无以见在下之情，非八干四维无以决在上之理。元者，始气也，始气在于维。脏者，藏也。水、谷二道在大小肠，水道从阳，谷道从阴也。

旧注曰：行水以砂碛渗流，自古之法式也。缘五鬼辈不知聚气之法，或决阳沟则裂破明堂，或以炭渗则火气太重，故嬴、虢有云"一气侵凌、五行灭绝"，正此谓也。

旧注谬。便道，内水口也；碛道，外水口也。误以外口作内口。

故曰：神明宅于心、含于目，俯仰由于正、见于独。矧经纬常宪，各有攸属。在野象物，⑤ 在墟象岳。在心象事，在朝象爵。顺天而行，⑥ 躔度靡错。

此一节根上文而言。山川变化不测，自非其心有定见，目无由以识之。然其理出于至当而不可易，亦非人人所共知者。经，二十八宿也；纬，日月五星也。在野、在墟，各有其象。在心则为事之向往，在朝则为

---

① 或作难御。
② 音补，籍录也。
③ 天文。
④ 或作渗。
⑤ 言四方二十八宿，分野之物。
⑥ 或作旋。

爵之尊卑，随所遇则随所属。盖天无度，以二十八宿为度；地亦无度，以天之度为度而已矣。

八卦九章，数呈河洛。虚中建中，天文①寥廓。变八卦，作九宫，皆五行之大统，反一心而归宿。惟公生明，惟明斯瞩，②利欲翳心，五鬼倚伏。噫，有心而后有人，有地而后有天。道由近而致邈，理会约而至博。《孟子》曰：其心正则眸子了焉，其心不正则眸子眊焉。③亶斯言之至确。

《河图》象数一与六、二与七、三与八、四与九、五与十者，上下之对待也；一与二、三与四、五与六、七与八、九与十者，反覆之对待也。于是交互变化，即数立象。兼三才而成卦，以爻尽于三为法。以一、二、三、四、五，阳之用事也，故奇多而耦少；六、七、八、九、十，阴之用事也，故耦多而奇少。乾卦画起于天一，中于天三，成于天五，五、三、一成乾三；坤卦画起于地六，中于地八，成于地十，十、八、六成坤三。此乾坤卦为象之始，其初乘也。盖一、三、五阳之本数，四、二阳之合数；六、八、十阴之本数，七、九阴之合数。谓乘其本数、除其合数也。其六子之卦，则以天地乘数除画之二。法以中为乾坤之体，犹太极之中为本体也。故天三为阳之本体，以地二为初爻，地四为三爻，而成坎四三二☵；故地八为阴之本数，以天七为初爻，以天九为三爻，而成离九八七☲。天一，太阳也，故为震之初爻；地六，太阴也，故为巽之初爻。天五少阳，故为艮之三爻；地十少阴，故为兑之三爻。于是震、巽、艮、兑有朕兆矣。此其中乘也。再以天一为数之始，地十为数之终。阳无首，阴无足，变通者也。然后以地二为首而画于震之中、天三画于巽之中、地四画于艮之中、天五画于兑之中、地六画于震之三、天七画于巽之三、地八画于艮之初、天九画于兑之初，此上下反覆，一阖一辟之道。于是，六、二、一而震☳，七、三、六而巽☴，五、四、八而艮☶，十、五、九而兑☱，此三乘三除之道也。《洛书》：戴九履一，左三右七，二四为肩，六八为足，数终于九。故一、九、三、七奇数相对，居乎四正，而为乾、坤、

---

① 或作地。
② 音烛，照也。
③ 眊，目少精也。

坎、离之卦；二、四、六、八偶数相对，位乎四隅，而为震、艮、兑、巽之卦。圣人法阳法阴，纳干配支，因象会意，以入于用。是故皇极建中，背一面九而治。南面向明，左日右月，去阴趋阳，法乎四奇。于是导风雷以动荡，列山泽以生成，所以辟阖阴阳，法乎四耦也。故其入用之卦，以乾、坤老亢，居无用之地；坎、离交极，居中正之位；艮巽不杂，致代用之权；震、兑始交，禀生成之机。此一、九、三、七以为体，而二、四、六、八以为用也。

胡氏曰：五行质具于地，气行于天。以质言则曰水、火、木、金、土，取天地生成之序；以气言则曰木、火、土、金、水，取春夏秋冬运行之象也。

《河图》以五生数统五成数，而同处其方，盖揭其全以示人，而道其常数之体也；《洛书》以五奇数统四耦数，而各居其所，盖主于阳以统阴，而肇其变数之用也。故《河图》五行为数之体，《洛书》五行为数之用。《河图》，老五行也。《洛书》五行，《洪范》是也。不知《洪范》本于《洛书》，诋为灭蛮，误矣。

八卦由《河图》而生，九章由《洛书》而见。则《河图》者虚其中，则《洛书》者总其实。天文虽寥廓不可测，而虚中建中之法，天亦不能出于范围之外也。八卦本乾在南，当戴九金之成数，九章则变为六数；坤在北，当履一水之生数，九章则变为二数；离在东，当左三木之生数，九章则变为九数；坎在西，当右七火之成数，九章则变为一数；巽西南，当二火之生数，九章则变为四数；震东北，当八木之成数，九章则变为三数；兑东南，当四金之生数，九章则变为七数；艮西北，当六水之成数，九章则变为八数。《洪范》五行之理统焉，不可不知也。管氏恐人为利所翳，遗本逐末，特又从人心说起，言未有人先有心，未有天先有地，是人生于天而心生于地。地必先求龙穴真正，而后得论以八卦九章之法。若非地而漫以经纬之说加之，是道失其近而理未会于约也。故引孟氏之言以深警之。

管氏地理指蒙卷六

望势寻形第四十七

穴以形造，形以势得。无形而势，势之突兀；无势而形，形之诡怼。夫指形必因势者，方术之廉贞；话形不指势者，圆术之荧惑。荧惑是主而沉，赃墨极弊之说，则曰：降势迢迢，起伏过关，有类于蜂腰；结穴隐隐，污藏夹室，何殊于凤翼？

贪以败，官为墨。贪则污暗不洁白也。势曰望，谓远者著而易见；形曰寻，谓近者隐而难知也。龙在势中，势无形者，非龙穴居形内；形无势者，非穴方术因势。求形圆术，不知势安知形，一味荧惑于人，纵其贪墨之说而已。过关，势所自潜；夹室，形所自卫。非蜂腰无以见起伏之奇，非凤翼无以见污藏之异。

四水不妨天地集，依归六替之流清；三形须发祖宗来，融结一区之真宅。

旧注曰：天地者，支干也。六替流清，必择八干八卦之宫吉者。杨王孙云：真宅，圹土也。

四水言四面之来水，不妨干支并至。其出口，当贵在干维耳。三形非一体者皆谬，如一花之瓣，必自本蒂生来者方是。若别枝之花相倚附，非其瓣也。

又况形乘势来，形完穴著。魁术有见而不见，魁才有才而不才。覆奎当门，后拥推车之势；画屏匡上，前凭捍脚之阶。

全重在势，故郭氏谓：占山之法，以势为难。非得夫势之真，形与穴茫不可问。然术有能见有不能见者，有有才有不才者，未可概论也。奎，两髀之间也。西方十六星有象两髀，故曰奎。覆奎谓两股当前如覆之奎也，其后贵乎丰厚，真气乃融会于窝。画屏，言到头之壁。立匡上，言壁立间忽开窝窟即俗所谓壁上灯盏之类。若前无捍脚，穴前倾脱难收，故以阶为凭。二者非有见有才者，未易测识也。

山突住而水冲来，且道宽中有意；水直流而山夹去，犹云缓处堪裁。

此承上文覆奎、画屏二义说。覆奎一穴，其山非突然而住，漫开两股中有阳会水，故宽中有意。若山突住，则其性急而水自冲，宁得为宽中有意耶？画屏一穴，壁间开窝之后，其捍脚之阶两山夹住，其水必曲折而去。若水直流，由于其脚之不捍，尚可裁欤？

角敧危而目悬空，当锋难立；颡广平而鼻端的，正面何猜？

此承上文而言。覆奎一穴，其后拥如车若角之敧危者，不可穴也；画屏一穴，其匡前有脚若目之悬空者，不可穴也。必如颡之广平而后奎可安，必如鼻之端的而后匡可藏也。

又况术有巧拙，形或不常；若术拘一律之目，则铁从①九炼之钢。

术之巧拙不同，形有能辨不能辨者。若天下之目皆一，则凡铁皆钢，便无所谓铁矣。

驼背可以旁肩，②谓弓身而头不拱；象鼻不如垂耳，绿环准而肘无防。

此一节言直来横受、横来直受之穴。然横结者每恐明堂不畅，故下文以阳曜阴华结之。

旧注曰：大率驼穴肉鞍之背，象穴卷草之鼻。然驼弓身而背露，象环鼻而外单，故穴于攀肩、穴于垂耳，横以取向则为得法。

开阳曜而廓阴华，明堂通运；振天维而衍地络，元室凝光。气积地而应天，光芒经纬；福司神而顾德，嗣续繁昌。

阳曜，日也。阴华，月也。振，收也。络，脉络也。明堂开扩，日月照临。若幽暗抑塞，与天运不能相通，故出口贵乎干维明堂之腹，贵乎广衍而平夷也。盖积气成天，积形成地，凡在天之气，皆地之升。故地之灾祥，一准之日月星辰，而鬼福及之，谓非神以司之乎？彼积不善者，未可以幸致也。

又况，顿格定针，而偏中何的；易节转宫，而分野多讹。圆术无拘于纵指，方术有持而取差。风门及应案之形，可居皇而问言姓；水口与后龙

---
① 一作徒。
② 或作何侣攀肩。

之势，宜离穴而审经过。水下重重脚手回，捍门拥节；荡畔环环头面顾，堡壁排衙。承祖脉之真纯，爪牙有意；遇孙枝而驳杂，肩项堪夸。

此一节辨形势、阴阳、宫位之法。格龙要在龙上，格水要到水中，非可漫然而指者。二十四位，应二十四节气，故曰易节。风门应案，应于穴者有定，故居堂可格；水口后龙，转于宫者靡常，故离穴乃针。捍门在水口外，堡壁在罗城内。譬祖脉属阳，遇爪牙亦属阳，虽微有用。孙枝，即爪牙也。遇孙枝而忽阴，当于肩项纯阳处求之，自有真结。

又况，坐卧异形，不可不察；横直异穴，不可不悉。横穴虑其过去，直穴虑其偏兀。弯弯腹上，顾垂乳以回头；宛宛脐间；保丹元于盘膝。

坐者其气浮，卧者其气沉。横穴须要贴脊，直穴偏则气脉不贯，兀则危而不安。乳在腹之上，其乳虽垂而头复昂起内顾；膝在脐下，其脐宛蓄而膝要环抱内收。

又况，降龙之势，贵于住穴；应龙之势，贵于有情。非端崇而顾主，虽层叠以何凭？应龙降势，似行龙爱其趣进；去水款城，如揖水要得宽平。

降者，自高而降，平也。应龙，非无故而起，有真龙必有真应，若无顾主之情，虽层叠非应也。

又况，高坎曰露，低坎曰藏。低而不沉者穴之显，高而不暴者气之钟。高冈融结于停储，洿中蓄气；迫案幽囚于卑隘，绝下亏阳。

坎，窝窟也。低而不沉者，面前明堂开畅，案应不塞；高而不暴者，左右从佐等齐，窝口内蓄。

又况，罗列千峰，应无端的；周回一水，气乃盘旋。异世俗之小见，宜神明之大观。群圆秀而耸烟云，丹青眼界；赚横流而经日月，涵养心源。

上文言应龙贵于有情，此言罗列千峰应无端的，即所谓"非端崇而顾主，虽层叠以何凭"也。然得一水周回于外，虽无真应之峰，而真气未尝不聚。即前案若乱杂，但求积水之池，不可因世俗之小见，而失此神明之大观也。盖千峰耸秀，见烟云出没之奇；一水周流，显日月升沉之异。此其大者远者，宜庸人所不识矣。

又况，五行造命，五气孕行，清浊寿夭，穷通贵贱，已定于始生之旦。何鬼术之圆机，敢托一偏而肆诞。仰不鬻之术，执方而宗儒贯史。必参三而论，故曰：有时命、有相貌，贵贱攸存；何形势，何阴阳，吉凶难断。

五气孕行之行当作形，相貌也。参三而论，谓时命天也，相貌人也，形势之阴阳地也。方术宗儒贯史，必兼三者以论，而贵贱不爽。圆术惟知一偏之见，亦何异于寻形之不原夫势耶？故其吉凶不可信尔。

水城第四十八

以容穴言之水者，山之佐；以应运言之山者，水之辅。山随水行，水界山住；水随山转，山防水聚。山水相得，如方圆之中规矩；山水相济，如堂室之有门户。徒知山之不可偏、不可颇，罕知水之不可淫、不可蛊。无佩剑之腋溜，无偏锵之面去，无隔胸之建瓴，无分臂之墙瓦，无蛙背之披淋，无鸡胸之两下。横琴卧笏，精神有类于环襟；新月长虹，气象不同于反弩。六相西朝而不空其右，六替东行而不虚其左。来如展席之平，去似铺帘之锁。

水城之内，所以容穴也，而水不过为我佐耳。然水之吉凶，上应五运，而山又为水之辅者，水出乎两山之内也。偏、颇，不正也。淫、蛊，阴阳杂也。佩剑者，两腋之直去。偏锵者，当面之斜流。建瓴者，当面冲来。墙瓦者，左右不并。蛙背，鸡胸，山之孤露无防，水散而不可收拾。琴者，横于前；笏者，拱于内。新月长虹，其意皆可想见。相、替者，生旺之理。其左右之无空、虚者，下手之关为重也。展席之平，言乎其宽漫；铺帘之锁，言乎其曲折也。

又况来不论于地浊，去必择于天清。曰朝宗者，取合川归海之义；曰入庙者，推配神通运之灵。入首寻①龙，荡②必分于内外；随形拟穴，应当复其污盛。

袁天纲曰：八支谓之地浊，八干、八卦谓之天清。万水以海为宗，明堂为众水朝集，故曰朝宗。入庙者，三合化气之类。曰配、曰通者，龙要

---

① 一作成。
② 一作荡。

与水为配，水要与向相通也。荡者，明堂也，有其内又欲有其外。应者，案应也，案应能见元室之污盛，污盛能见案应之朝集。

李淳风曰：复者，往复也。拟穴之法，先于落头认其洿窟，然后复推其向首望其落头窊①窟，如所认处，乃其真耳。

阳明造作第四十九

配祀黄钟者，必达黄钟之气；经理阳明者，当正阳明之方。虽寻龙而一律，其在律则不同。揆日而作室，定中而作宫，乃声诗之至训，岂蛮经之可簧。晋天聋而地哑，诳玉犬以金乌。三吉、五凶，既无端而说数；九宫、八卦，遂翻变以为星。

配祀者，遗骨与青山相配，从而祀之。黄钟、阳明，见前律法也，谓阴阳两宅寻龙之法虽同，而其所以致于用者，一以始气，一以中气也。日，太阳也。环宫之房皆曰室。定，营室星也。宫，中宫也。揆日作室，揆太阳所在之方而作之。定中作宫，十月小雪后昏室中。《国语》云："营室之中，土工其始。"盖为冬官司空役民之时而言也。是亦不必楚宫，而皆可以兴作，重在揆之以日上。晦庵《诗传》曰："定，北方之宿，营室星也。此星昏而正中，夏正十月也。"《诗》云："定之方中，作于楚宫；揆之以日，作于楚室。"既言作室，又言作宫，取句读之叶声也。误矣。

旧注萧吉曰：定星乃天库星，即室星也。仲冬见于午，而丙午丁方利造作；季冬见于巳，而巽巳丙方利造作；孟春见于辰，而乙辰巽方利造作；仲春见于卯，而甲卯乙方利造作；季春见于寅，而艮寅甲方利造作；孟夏见于丑，而癸丑艮方利造作；仲夏见于子，而壬子癸方利造作；季夏见于亥，而乾亥壬方利造作。孟秋见于戌，而辛戌乾方利造作；仲秋见于兑，而庚兑辛方利造作；季秋见于申，而坤申庚方利造作；孟冬见于未，而丁未坤方利造作。萧吉因天道左旋，遂以定星所至之宫而推广之，不知失中星之义矣。

《国语》曰："营室之中，土工其始。"《诗》曰："定之方中，作于楚宫。"不闻定适他宫而亦有工作之兴也。

---

① 一作穴。

天聋日：丙寅、戊辰、丙子、丙申、庚子、壬子、丙辰，皆阳日。

地哑日：乙丑、丁卯、己卯、辛巳、辛亥、癸丑、辛酉、辛丑，皆阴日。金乌鸣、玉犬吠：庚午、壬申、癸酉、壬午、甲申、乙酉、庚寅、丙申、丁酉、壬寅、丙午、己酉、庚申、辛酉。

按尧时冬至日在虚，昏昴中；今冬至日在箕，昏室中。中星不同，由于岁差之异。

死生有命，富贵在天。则身黄身黑，年杀月杀，古人知之而不全；流财退财，蚕命蚕宫，古人推之而不失。诠太史之志天文，亦懵懵之尤然。心盲书史之源流，笑淳愚之易惑耳。

东汉张衡变九章为九宫，名一白、二黑、三碧、四绿、五黄、六白、七赤、八白、九紫；分三元六甲：上元甲子生人，一十起三碧，二十起四绿，三十为身黄；至九十为身黑；中元甲子生人，一十起九紫、二十起一白，三十为身黑，至六十为身黄，下元甲子生人，一十起六白，二十起七赤，六十为身黑，至九十为身黄。顺行，零年亦顺、紫、白值年为吉路，谓之"天元运身"。岁杀，子年未上起，逆行四墓之位，四年一周；月杀，正月丑上起，逆行四墓，四月一周。流财，子年在戌、乾，丑年在未、坤，寅、卯、辰年俱在丑，子、巳、午、未年俱在戌、乾，申年在子、丑、酉、戌，亥年俱在未、坤。造门九，《星经》以艮为进财、离为火殃、坎为横财、坤为退财、震为昌盛、巽为官鬼、中为禾谷、乾为典库、兑为金银，不问上中下三元，皆顺行。九宫遇行年，到坎、震、中、乾、兑、艮六位皆吉，到坤、巽、离三位皆凶。如角姓生人，木也，生亥属乾，就乾宫起甲子飞，到生年起一十零年，相继数去。蚕命，子年在未，丑年在午，寅年在亥，卯年在戌，辰年在巳，巳年在丑、午年在寅，未年在申，申年在卯，酉年在辰，戌年在子，亥年在酉。蚕宫，亥、子、丑年在未，寅、卯、辰年在戌，巳、午、未年在丑，申、酉、戌年在辰、巳，上八者，古人有知之详者，有知之未详者。至于太史之志天文，本于历代史书，其不识根源、谬为诠解者，亦无异痴人说梦矣。

剽媪①婺之谶忌，陷圆术之粗顽。孔子曰："富与贵是人之所欲也，贫

---

① 乌考切，女老之称。

与贱是人之所恶也。"矧圆术张之,习俗移之,嫠①妇恃之,慈母惧之。虽明理达义之刚介,亦将安守而不从。是以农星见而东作兴,犹逛田痕、地火;家道昌而群畜行,何为马井、牛黄?是以赵兴违妖禁,而三世为司隶;伯敬避归忌,而一旦坐连刑。信乎,章子渊、卓思明辈妄造星名,果不足以为凭。

农星,农祥房星也,立春之日晨中于午,农事之候也。田痕:大月初六、初八、廿二、廿三,小月初八、十一、十三、十七、十九日。地火:正月戌、二月酉、逆行十二辰。马井,马胎也,十月占井。牛黄,一十起坤,二十居震,顺行。

旧注曰:赵兴,章帝时人。陈伯敬,桓帝时人。出闻凶禁,则解鞍而止。还遇归忌,则寄宿客舍。后亦坐事连刑。

天象见于上,人事应于下。星之所至,尚得以应其事,况太阳所至之宫?有不宜于造作者乎?是揆日作室,为一篇之章旨。而定中作宫,不过言司空之候耳。

择日释微第五十

《礼》曰:内事用柔日,外事用刚日。冠婚丧祭,内事也。经营名利外事也。柔则静而安,刚则动而用。国家马政修武备,外事也,必禁螟蚕,虞其窃马气。亦以所属推之。《诗》云:"吉日庚午,既差我马。"午,马属也。土庶之家,火舍爨灶,内事也,必用壬癸水日,以御灾也。亦以所事推之。蛮经所谓土龙者,果何义也?若夫东作西成,是则天时地利,又何择焉?官符之号,失理尤甚。国家设官命爵,所以养民也,官之符命,果何忌焉?

《曲礼》曰:甲、丙、戊、庚、壬为刚,乙、丁、巳、辛、亥为柔。内事用柔,外事用刚。圣人则天地以顺阴阳也。螟蚕,晚蚕也。司马政禁螟蚕,盖国家养马,与蚕同盛衰。《天文》:"辰为马。"《蚕书》:"蚕为龙精,月直大火,则浴其种,"是蚕与马同气。物莫能两大,禁螟蚕者,为伤马也。《诗》曰:"吉日维戊,既伯既祷。"伯,马祖也。天驷,房星之

---

① 一作婺。

辰也。此宣王田猎将用马力，故以吉日祭马祖而祷之。"吉日庚午，既差我马。"差，择也。按天文辰为马，故用戊日祀之，戊、辰同类也。"大火，则浴蚕种"，大火，天驷房星之次，与马同气也。辰用午，从其属日，用庚取马力之必克也。立灶用壬癸，井纳音水日，所以御火灾也。外有春为土公，正、二、三、八月为宅龙，八、十月为游龙，正、八月为伏龙之类，皆禁立灶，即蛮经之所谓土龙也，于义何居耶？东作乘天之时，西成收地之利，乘时就利固无忌耳，又何择焉？官符之说不一，有天官符，岁三合之临官也。有地官符，岁建之定宫也。《六甲奇书》：散讼用天官符上修报。然则官符之说其来已久，管氏则以其义为未妥耳。他如十年一换官符、田官符等，未见古本，要皆未可尽信也。

况亲者子之先，子者亲之遗。子之奉亲，果内事耶？果外事耶？

凡葬用乙、丁、巳、辛、癸阴日，见于《春秋》。

谨按：《武成》曰："越一日戊午，师渡孟津。"是知外事用刚日也。

《泰誓》曰："惟戊午，王次于河朔。"以《武成》考之，是一月二十八日。"时厥明，王乃大巡六师。"厥明，戊午之明日也。《牧誓》曰："时甲子昧爽，王朝至于商郊。"今考定《武成》曰："既戊午，师渡孟津。癸亥，陈于商郊，俟天休命。甲子昧爽，受率其旅若林，会于牧野。""戊"字，《说文》曰："戊在中极，钩陈之位，兵卫之象。"故用戊日伐商。①

又按：《春秋·隐公三年》：癸未，葬宋穆公。

八月庚辰，宋公和卒。冬十有二月，齐侯、郑伯盟于石门。癸未，葬宋穆公。是癸未日，合十二月癸未也。诸侯五月而葬，八月公卒，十二月葬，合五个月。

《桓公十五年》：己巳，葬僖公。

在夏四月。

《十七年》：癸巳，葬蔡桓侯。

六月丁丑，蔡侯封人卒。秋八月，蔡季自陈归于蔡，则癸巳之葬疑十月也。

---

① 注疏：戊午是二月四日。

《十八年》：己丑，葬我君桓公。①

冬十有二月。

《庄公四年》：六月乙丑，齐侯葬纪伯姬。②

九年丁酉，葬齐襄公。

秋七月。

《二十一年》：秋七月戊戌，夫人文姜薨。

《二十二年》：正月癸丑，葬我小君文姜。

《三十年》：癸亥，葬纪叔姬。

八月。

《闵公元年》：辛酉，葬我君庄公。

在夏六月。

《僖公二年》：夏五月辛巳，葬我君小君哀姜。③

《十七年》：冬十有二月乙亥，齐侯小白卒。

《十八年》：八月丁亥，葬齐桓公。

《二十七年》：乙未，葬齐孝公。

在秋八月夏六月庚寅，齐侯昭卒。

《三十三年》：癸巳，葬晋文公。

《三十二年》：冬，十有二月，己卯，晋侯重耳卒。是癸巳之葬，揆诸诸侯五月而葬，合是四月。

《文公元年》：丁巳，葬我君僖公。

书夏四月。

《五年》：三月辛亥，葬我小君成风。

《十七年》：癸亥，葬我小君声姜。

声姜，文公之母，书夏四月。

《十八年》：六月癸酉，葬我君文公。

《宣公八年》：己丑，葬我小君敬嬴。雨，不克葬，庚寅，日中而

---

① 公薨于齐，夏四月丁酉，公之丧至自齐。
② 原本阙。
③ 原本阙。

克葬。

宣公母也，敬讳嬴，姓也。书冬十月。

胡传曰：夫丧事即远，有进无退。浴于中霤，饭于牖下，小殓于户内，大殓于阼阶，殡于客位，迁于庙，祖于庭，堋于墓，以吊，宾则退。有节以虞事，则其祭有时不为，雨止，礼也。雨不克葬，丧不以制也。或曰：卜葬先远日，所以避不怀也。诸侯相朝与旅见天子，入门而雨霑服，失容则废。矧送终大事，人情所不忍遽者，反可冒雨不待成礼而葬乎？潦车载蓑笠，士丧礼也，有国家者乃不能为雨备，何也？且公庭之于墓次，其礼意固不同矣。不得不可以为悦，无财不可以为悦，得之为有财。古之人皆用之，而不能为之备，是俭其亲也。故《谷梁子》曰："雨不克葬，丧不以制也。"厚葬，古人之所戒。而墨之治丧也以薄，又君子之所不与。故丧事以制，《春秋》之旨也。

《传》谓敬嬴逆天理，拂人心，其于终事而不克葬，著咎征焉，而谓无天道乎？

《成公元年》：辛酉，葬我君宣公。

宣十八年冬十月，公薨于路寝。书二月辛酉。

《三年》：辛亥，葬卫穆公。

在正月。

乙亥，葬宋文公。

在二月。按《左氏》：文公卒，始厚葬，益车马，重器备，君子谓华元乐举，于是乎不臣至于秦汉之间，穷极民力以事丘陇，其祸有不可胜言者。

《十五年》：六月，宋公固卒。八月庚辰，葬宋共公。

杜预曰：三月而葬，速不择日也。

《十八年》：丁未，葬我君成公。

成公八月薨，十有二月葬。

《襄公二年》：己丑，葬我小君齐姜。

夫人姜氏，襄公适母也。夏五月庚寅薨，葬在七月。

《四年》：辛亥，葬我小君定姒。

姒氏，成公妾，襄公母。定，谥也。杞姓。秋七月戊子，夫人姒氏薨，八月辛亥葬。

《九年》：秋八月癸未，葬我小君穆姜，成公母也。

《十五年》：十一月癸亥，晋侯周卒。十六年正月，葬晋悼公。

杜预曰：逾月而葬，速也。书春王正月，不书日。

《三十一年》：癸酉，葬我君襄公。

书冬十月。滕子来会葬，是十月癸酉也。

《昭公七年》：葬卫襄公。

书十有二月癸亥。

《十一年》：己亥，葬我小君齐归。

归氏，昭公母，胡女，归姓。书九月己亥。

《定公元年》：癸巳，葬我君昭公。

公名宋襄公，庶子。书秋七月。

《十五年》：丁巳，葬我君定公，雨不克葬。戊午日下昃，乃克葬。辛巳葬定姒。

夏五月壬申，公薨于高寝，九月滕子来会葬。

秋七月壬申，姒氏卒。定公夫人、哀公母也。

《公羊》曰：有子则庙，庙则书葬。曾子问：并有丧则如之何？葬，先轻而后重；其奠也，其虞也，先重而后轻。注曰：葬是夺情之事，故先轻；奠是奉养之事，故先重也。虞祭，亦奠之类，故亦先重。

是知内事用柔日也，则《礼经》所载，纪于《春秋》。及获麟之笔，亘古之道欤！然亦必以事类所属而推之，或以五行相替而参诸，何蛮经撰集妖名怪号而虚拘。

刚柔之日，著于《曲礼》。祭马伯用戊日，择马用午辰，从其类之所属。火舍用壬癸水日，师渡河用戊土日，午又生戊土，益得旺；取其事之所宜，参诸相替之理也。然唐、宋诸造命古格，葬不尽柔日，为其符于相也。杨公谓造命之妙莫切于乘旺，其妖名怪号可不驱而自却矣。

迷徒寡学第五十一

造蛮经之鬼，明明贪诈之呆；①习蛮经之徒，恍恍元微之仰。恨京、卓之始诞，嗟田、虞之终罔。机关不传，形势失象。但数星辰之数，岂相江山之相。

旧注曰：京夷、卓思明，皆造蛮经之五鬼。田枢、虞崧，皆习蛮经之徒党。不传者，谓不得其传；失象者，谓失其所象；得其传便不失其象矣。星辰之数用之于江山，入相者始得有准。盖非其地，不可以言天也。

《内经》曰：七曜纬天，五行丽地。天有宿度，地有山水。是当审原巘之仪，以辨吉凶之轨。然天地运动，五行迁复，奥区犹不能偏明，亦止望②候而已。

"七曜纬天"，《内经》作"纬虚"。地者，所以载生成之形类也。虚者，所以列应天之精气也。形精之动，犹根本之与枝叶，而后知天之宿度皆地之形气为之形气有美恶，宿度有吉凶。苟不审原巘所宜，亦安得其宿度之吉耶？岐伯曰："天地动静，五行迁复。"虽鬼奥区其上候而已，犹不能遍明。

夫人托生于地，命悬于天。天地合气，命之曰人。阴精所降，③其人寿；阳精所降，其人夭。谓阴方之地，阳不妄泄；阳方之地，阴散而毁；是皆以气而言，难达星辰之表里。

《内经注》曰：阴精所奉，高之地也；阳精所降，下之地也。阴方之地，阳不妄泄，寒气外持，邪不数中，而正气坚守，故寿延；阳方之地，阴气耗散，发泄无度，风湿数中，真气倾竭，故夭折。即事验之，今中原之境，西北方众人寿，东南方众人夭，其中犹有微验耳。此寿夭异也。

兼并改度，荣门早悟于钟山。

旧注曰：钟山富大士、吕大同，秦人。

兴造有期，夹墓先期乎樗里。

---

① 五来切，象犬小之时，未有分别。呆，痴也。
② 或作修。
③ 一作奉。

《史记》：樗里子，名疾，秦惠王之弟，居渭南阴乡里，故俗谓之樗里子。武王立以为相，及卒，葬渭南章台东。曰："后百岁，是当有天子之官夹我墓。"至汉，兴长乐宫在其东，未央宫在其西。

《内经》曰：五运更治，上应天期；五运之政，犹权衡也。东方生风，风生木，其德敷和，其化生荣，其政舒启；南方生热，热生火，其德彰显，其化蕃茂，其政明耀；中央生湿，湿生土，其德溽蒸，其化丰备，其政安静；西方生燥，燥生金，其德皓洁，其化擎[①]敛，其政劲切；北方生寒，寒生水，其德凄怆，其化清谧，其政凝肃。故物由之而人应之。故曰：善言天者，必验于人；善言气者，必验于物。微夫子，孰能言至道也？乃择良兆，而藏之虚室。[②]

高者抑之，下者举之，权衡之理也。化者应之，变者复之，生长化成收藏之，理气之常也。失常，则天地四塞矣。敷，布也。和，和气也。荣，滋荣也。舒，展也。启，开也。彰，著也。显，明也。蕃，多也。溽，湿也。蒸，热也。备，具足也。安静，不扰也。擎，收束也，亦敛也；一本作紧敛。劲，锐也。切，急也。凄怆，一本作凄沧。薄，寒也。谧，静也。肃，中外严整也。东方其令风，其变振发，其灾散落；南方其令热，其变销烁，其灾燔炳；中央其令湿，其变骤注，其灾霖溃，又作淫溃；西方其令燥，其变肃杀，其灾苍陨；北方其令寒，其变凓冽，其灾冰雪霜雹。黄帝曰：善言天者，必应于人；善言古者，必验于今；善言气者，必彰于物；善言应者，同天地之化；善言化言变者，通神明之理。非夫子，孰能言至道欤？乃择良兆，而藏之灵室。

夫登松埏、披蓬颗，便能泄一时之隐密。稽义理以无垠，必机轴之探窃。习唯习于贪叨，传不传于智术。是以观山玩水，则不识其散乱，不识其融结，岂唯有欺于人，抑亦自欺于天。

埏，墓道也。蓬颗，蔽冢也。凡到人之墓所，便能言其休咎之所以然，由于义理图书之秘，非不习不学者所能知。世之庸术唯习于贪叨一途，无智术传授，焉识其所谓散乱、所谓融结？凡此者，不特欺人，实所以欺天。

---

① 音邹，聚敛也。
② 黄帝之书府也。

凡发势住形，皆积气于融结之初。凶不可造，吉不可诬，因其自然，惟天道乎。起骊山而造天星，尚不明于客土；改五父而称神祀，尤必介于元庐。

山川形势，积于太始之初。窟不可造，的不可培。而谓可逆，其自然之道乎。骊山在陕之临潼，左曰东绣岭，右曰西绣岭，下有温泉，其清澈底，不火而热，秦始皇陵在焉。《刘向传》曰："秦始皇葬于骊山之阿，下锢三泉，上崇山坟。石椁为游宫，人膏为灯烛，水银为江湖，黄金为凫雁。"孔子少孤，不知其墓。殡于五父之衢。问于聊曼父之母，然后得合葬于防。曰："吾闻之，古也墓而不坟，今丘也，东西南北之人也，不可以勿识也。"于是封之，崇四尺。介，助也。元庐，墓也。介于元庐，即封坟。积气之谓，其意谓骊山之墓，侈役客土，祸不旋踵，岂若防墓之少，助其元庐，至今称神祀乎？

又况形不逃于目，目不逃于心。目有神而有鬼，心有巧而有拙，有邪而有正，有智而有愚。

形不逃于目者，在一心之能得其理。然目复有鬼有神，心复有巧有拙，邪正智愚之不一形，非不可恃也。

山则贵于盘礴，水则贵于萦迂。萦迂则山与水而气聚，盘礴则水与山而气孚。孚不由于聚气，是亦疾而不徐。去激无城，必定明堂裂破；之污经滀，自然宗庙停储。

盘礴，广被也。不失其期曰孚。水聚山孚，山水之不期而会。若山虽似止而外气不交，则水急而不舒，明堂亦为之裂破。污者，恐闺壶有不洁也。盖无城之水，性恒奔放易竭；其有城者，必有关锁在外，骤然不得出口，故其去悠扬，生盘旋屈曲之状，而明堂必圆净停储，五行得其生旺也。

又况目力有所不及，心观未及无虞。重复登陟，顾盼踌躇，必得千山拱护。四水而归一途，固无见与不见之殊。

凡观山水以目，而此曰以心者，何也？盖心之所及而目始及之。若胸中本无此丘壑，虽视之亦未必得见；况目有所不及，能保其无虞乎？必重复顾盼，慎之再四，庶乎无失耳。

拶汇阑城，内不伤于圆荡；乾流隔案，前欲散于投裾。

拶，枪也。汇，水回合也。圆荡，内明堂也。拶汇者，言外之大水横亘外阑，内堂无倾脱之患。裾，衣后裾也。乾流隔案，是乾流隔在案内，其身后之水俱欲其入于乾流之内而气始全焉。

经曰：上合昭昭，下合冥冥。何贪狼之不令，其欲犯于廉贞。宜守方而博学，无自惑于蛮经。

昭昭，言五运；冥冥，言六气。昭昭在天，冥冥在地，其理具见《内经》，何赃墨之徒不察，而反欲诋夫廉正之士耶？方，犹定也，学无定在志所专，而学之则为守其方也。若迷徒者，惟惑于蛮经而已。近世又以宗庙五行为灭蛮经，弃而不用。不知灭蛮者，灭彼蛮经之谓，非灭所谓外国之蛮也，可以悟矣。

旧注曰：上古三皇之书，于《内经》书册中尤备。《玉册》本于太古，《内经》本于天师问答之语。《内经》七篇，实五运六气。《玉册》与《内经》，乃上古占候灵文。

《天元册》，所以记天真元气运行之纪也。自神农之世，鬼臾区十世祖始诵而行之，此太古占候灵文。洎乎伏羲之时，已镌诸玉版，命曰册文。

饰方售术第五十二

执方不圆，固不宜于求售；饰之以正，亦以见其知几。知几知微，果何是而何非？惟以理而起例，取经常之星以名之。虽则进身之伎，然最巧于规为。何谓名龙之号，爱称日火之奇。

《经》：星，二十八宿也。日为房、虚、星、昴，火为尾、翼、室、觜。

例曰：孰司天爵天？已定于生前，必合禽伎巧，必推于官上。用天道之左旋，布一星于一将。是以卜于木者，以奎而起寅；卜于金者，以角而起申。以井而起亥者，卜于元武；[1] 以斗而起巳者，卜于朱鹑。[2] 房、虚、星、昴之高冈，公侯诞节；尾、翼、室、觜之秀气，将相生辰。

显贵虽云人爵，然其命则无不定于天。既得地之后，则其人之得力于地，又于天匹。虽命不由其地而生，然无不贵显者于以见得地之力，匪细故也。例云定于生前之说，微似有辨。盖有日、火之峰峦而适与其命符

---

[1] 水土二山共此例也。
[2] 火山也。

者，不得以生前之说例之。奎不起于寅而起于艮，角不起于申而起于坤，井不起于亥而起于乾，斗不起于巳而起于巽；盖起于寅，日月不会于四正；起于艮，于以见四正之重光。

又例曰："各于本山生旺墓，① 起星处布九宫去。再入中宫出四门，从今飞布步星辰。两局星辰相会宫，五行二气一时通。若得此星应山水，节钺公侯万里封。"

前例用奎、角、井、斗四木宿起，皆本山之官位，实本山之生位而移于官位。故云公侯诞节、将相生辰也。奎近亥，木生也；角近巳，金生也；井近申，水土生也；斗近寅，火生也。虽四生，实四墓之地，盖奎为火墓、角为水墓、井为木墓、斗为金墓，若以四墓之地起，虽官位实旺位也。故曰："各于本山生旺墓，起星处布九宫去。"起星处，即木以奎宿起寅其处也。寅属艮八宫。

木生在乾六宫，旺在震三宫，墓在坤二宫。

水、土生在坤二宫，旺在坎一宫，墓在巽四宫。

火生在艮八宫，旺在离九宫，墓在乾六宫。

金生在巽四宫，旺在兑七宫，墓在艮八宫。

① 一作处。

木从奎起艮,① 火在乙辛丁癸。木从奎起寅。不合，用天道左旋。

```
         九宫图
    巽四        乾六
         中五    兑七
    震三        艮八
         坤二    离九
              坎一
```

凡是局例，固非五行二气之法程，然来山去水，亦不淫而不杂。是为衔术之机缄，庶速人之见纳。异五鬼之蛮言，乃一时之魁甲。虽然荧惑颇精，售术之门。何以廉贞自宝，家传之业。虽不爽于投凶，或可期于吉叶。《记》曰："居丧读丧礼。"亦圣人教人之捷。

《曲礼》曰：居丧读丧礼，既葬读祭礼，丧复读乐章。

局例起法，当合第八十七篇《会宿朝宗篇》看。

① 日月会于四正。

木生翼　奎柳尾

水
土之生气巽庚癸　奎柳尾

火生室

火之生气乾甲丁　　旺在巽庚癸　　墓在坤壬乙

鑫生毕　翼斗胃　　旺在乾甲丁　　墓在艮丙辛

金之生气艮丙辛　　旺在坤壬乙　　墓在乾甲丁

木生尾　室井房　　斗翼胃　　　　胃斗翼

木生之气坤壬乙　　井室房　　　　房井室

　　　　　　　　　旺在艮丙辛　　墓在乾甲丁

　　　　　　　　　　　　　　　　墓在巽庚癸

管氏地理指蒙卷七

亨绝动静第五十三

《内经》曰：善言天者，必验于人；善言人者，必证于己。证于己者，知其己也。知己而后知人，知人而后知天矣。且以一己而言之，有左右以分清浊、以分动静；有头足以分上下，以分首尾。浊则动而凶，清则静而吉。首而上则奋，足而下则止。奋则亨，亨则无绝之理；止则绝，绝则无亨之理。

天道左旋，其气清；地道右转，其气浊。天动而地静，轻清者上为天，重浊者下为地，首尾之辨也。浊则动而凶，清则静而吉，山水贵清而喜静也。诸阳之气皆聚于上，故奋；群阴之气皆萃于下，故止。奋则亨，止则绝，皆自一己言之，可以通于天地也。

何为气库，江湄有浮鳖之融；不辨风城，水尾认行龙之起。

气库，喻首之奋；风城，喻尾之止。气库，亨处也；风城，绝处也。凡贮物府藏曰库；曰气库者，气之所积聚也。城以盛民也；风城，所以蔽风之入其城。江湄，水尾，皆是滨水之地，浮鳖见乎近者，行龙见乎远者。浮鳖，俗谓之螺星。风城，捍门之类是也。

动则忌于持刀，静则嫌于杖匕。辨其内外，分其远近。辅门权杀，东西当辨其两端；夹室镞尖，左右亦同于一轨。虽天道之甚悬，即吾身之一唯。

动在右，静在左。刀、匕者，皆尖利之器。内者、近者，其害重，外者、远者，其害轻。然亦有外者、远者居穴见之甚明，不可谓其害之不重；有内者、近者居穴隈藏不见，不可谓其害之重也。唯，应也。以一身言之，故以右为动、左为静。

李淳风曰：辅门，左尖为权，右尖为杀。夹室，左右尖皆为杀。左右之形谓之夹室，左右之势谓之辅门。

师聪师明第五十四

假术叨赃，作聪明而贼主；任术无学，或谀顺以丧经。不熟于耳，听之而不聪；不习于目，视之而不明。非不明也，不明于三形、四势；非不聪也，不聪于二气、五行。盖听不聪则耳不熟，心无师传则五鬼易中；视不明则目不习，心无师传则五鬼易惑。五鬼之中人也，中以形；五鬼之惑人也，惑以星。星不志于天文，形常矜于自能。

此篇重在吾人之闻见。上闻见不广，未有不为庸术所误者。故须得师之聪明者而师之。师之而明，则三形、四势、二气、五行，五鬼不得而诬之。

水畔干流，泽不源于发脉；钳中诡结，肘失顾于沿藤。

随龙发脉之水为源头。水畔乾流，非祖宗之一气。内砂虽抱而外砂不顾者，沿藤之谓也，沿藤肘之分擘处。

《曲礼》曰：未葬读丧礼，此孝子事也。一物不知，君子所耻。不可不游于艺。惟见闻之熟，则五鬼安得而纵横？必守廉以济本，而术斯慎；习正以择术，而术斯诚。将慎将诚，亶是术之可凭。

守廉者不悭，习正者达道。

达五行之相替，乘二气之纯清，钟和发秀，凝神降灵。真宰攸司，以诞豪英。背少阴、少阳，构淫殒伤山水。不造五气，不成六相，流荡六替侵凌。猖孙劣子之所孽，离宗绝业而不承。是则反本归藏之大事，其旨何昧；而吉凶祸福之先期，其心曷轻。

达五行、二气之理，能钟和、能发秀、能凝神、能降灵。真神主宰，豪英由是而生也。其次必副少阴、少阳。而推阳生于子、阴生于午之法，如壬、癸、甲、乙，阳之位也；艮、巽则伏阴之微；丙、丁、庚、辛，阴之位也。乾、坤则愆阳之施，其背乎少阴、少阳之理，则顺逆不明，相替颠倒，其祸可胜言哉。

何必易名应秀，防胡筑城。申申然，淡淡然，修身慎行，慕声容于翼京。春秋洒扫，以配其常祀，真宰岂不简①其精诚？

刘秀为天子，不知其为光武，国师公更名而应之，几致身于一死。亡秦者胡，不知其为胡亥。是皆极意于图福，而不知修身慎行之所当务也。翼京，汉之翼奉京房也。欲知真宰之简其精诚，读《祭礼》、《祭义》自悟。

近代五鬼所学益伪，其夸益精。勇以贪资，任二兆五行之弃背；巧于词色，但九宫八卦以翻誊。

旧注曰：少阴、少阳，谓之二兆。五行则应于五星。

五行之应五星，见于《内经》之五运。

明如翼奉，聪似京房。即游魂而起变卦，由生气以择明堂。② 是特黄钟少质，不错不戕。虽有一偏之得，不虞六击③之攘。琴鸣苍鹘之双翎，岂便奋击；锦籍骅骝之四足，恐误腾骧。

乾变坎则为游魂，变兑则为生气。即乾游福天，五命体生之诀，以乾、坎、艮、震为序，故以兑终之。琴鸣、锦籍四语，喻游魂之动则掣肘，不可为用也。

旧注"逐官返吟"之说大谬，不录。

彼有气库，成龙九龙未该。如蛇怒项，④ 如牛壮颏，⑤ 如木之瘿，⑥ 如鱼之腮。⑦ 是皆气库之积聚，非人力之所可培，必也。势迢迢而入路，形单单而结魁，此乃运灵盘礴之大造。襟江枕涧而周回不有，学焉。虽耳虽目而闻见不开，故虢公论之以极前作，樗里著之以遗后来。予执其左手而咳。⑧

---

① 阅也。
② 或作"游魂而生气，变化例以择明堂"。
③ 一作替。
④ 一作顶。
⑤ 颐下也。
⑥ 瘤也。
⑦ 鱼颊也。
⑧ 父执其子之手而命之曰咳。一本作孩。

气库结于水际，如江湄浮鳖之融也。九龙者，曰降龙、腾龙、蟠龙、出洋龙、卧龙、生龙、飞龙、领群龙、隐龙。第江湄浮鳖之类，恐人以打水孤遗等误为气库，故曰：必也以势迢迢言其远，以形单单言其众，非单独龙头之可比也。其曰：如蛇怒项，如牛壮颏，如木之瘿，如鱼之腮，摹写其坚凝有力之象，非天之运灵、地之盘礴，乌可得耶？然此势此形未易测识，不有师授，虽有耳目不可得而闻见也。故虢公著之于前，樗里遗之于后，予将执其手而命之。

贪奇失险第五十五

谨按：《春秋左传·僖公三十二年》：秦大夫杞子自郑使告于秦曰：郑人使我掌其北门之管，若潜师以来，国可得也。穆公召孟明使出师于东门之外，蹇叔哭之曰："孟子，吾见师之出而不见其入也。"公使谓之曰："尔何知？中寿，尔墓之木拱矣。"蹇叔之子与师，哭而送之曰："晋人御师必于殽。殽有二陵焉，其南陵，夏后皋之墓也；其北陵，文王之所辟风雨也。必死是间，余收尔骨焉。"

管，钥也。孟明，百里奚之子。合手曰拱，言其过老不可用。殽，在弘农渑池县西。自东殽山至西殽山，相去三十五里，地极险峻。大阜曰陵。皋，夏桀之祖父，孔甲之子，在位十一年。皋之子发在位十年。发之子帝履癸，是为桀，力能伸铁钩索，宠妹喜，为琼宫瑶台、肉山酒海，贪虐荒淫，天下怨恨，汤放于南巢而死，在位五十年。二陵之间南谷中谷深委曲，两山相嵌，故可以避风雨，古道由此。魏武帝西讨巴，汉恶其险，更开北山高道。必死是间，以其深险故。明年晋败秦于殽。

杜预曰：

不应有"杜预曰"三字。杜预，晋武帝时人；管公明，三国魏人，其先后不侔，当属后人所添，然其文义相接。

二殽谷深委曲，两山相嵌。① 嵌则岑，② 岑则险，险则危兀囚隘。不夷不荡，不容不居，夏桀由之，以丧天下；孟明登之，以丧师旅。坟冢类之，其证可数。矧送终之大事，非一时之簀聚。下应三泉，上通五祀。祸福所缘，真宰所主。清浊二气，相替五土。固非下学之所可能，亦非赃奴之所可语。

嵌者，欹仄不正之貌。若二殽之险，至于亡国丧师，可为趣险者之一鉴。所以穴必贵于平夷也。

簀，运土之器也。言坟冢，必待天地之真气而应，非一时簀聚可成。而谓不学者能之乎？其赃奴益未可与语矣。

《尔雅》云：滥泉正出。正出者，从下上出也。

沃泉垂出。垂出者，下出也。

氿泉穴出。穴出者，仄出也。

郭璞曰：正出，涌出也。下应三泉，指地德上载，说地之下莫非泉尔。

鹜术狡狯，有此胸臆，入之而不知其来，中之而不知其所。

牛鼻穿风，驼背泄水，方诡后龙之容而不可拒。骑龙杵握而三形虚设，攀龙檐牙而四势不利。方夸明堂之容万户，是以轻重之心一摇，则迷神夺魄、倾耳注目，信任之而不可御。

卖术一流，既不知山水所从来，又安知山水所自止。故人之中之而皆在不可问。牛鼻，当风也；驼背，决脊也。而以为可容杵握，水分流也；檐牙，脚倾陡也。而以为有畜听之者，心既无主，目又无识，未有不因富贵之念而为其所惑者，故信任之而不可御也。

嗟乎，夏历偶穷，天禄永终。谋之臣邻，草偃随风。占之太史，龟筮叶从。或疑或二，罪延尔躬。匪天之力，乃人之工。

夏历之丧虽天，而恶德之积由于人也。

《书经·虞书·益稷篇》：帝舜曰："吁，臣哉邻哉，邻哉臣哉。"禹曰："俞。邻，左右辅弼也。臣以人言，邻以职言。"俞，然也。

---

① 嵌，岑也。
② 山小而高。

草偃随风，皆顺从其德之义。

《虞书·大禹谟篇》：禹曰："枚卜功臣，惟吉之从。"帝曰：禹，"官占惟先蔽志，昆命于元龟。朕志先定，询谋佥同，鬼神其依，龟筮叶从。卜不习吉。"禹拜稽首固辞，帝曰："毋，惟汝谐。"

益告帝舜曰："任贤勿贰，去邪勿疑。疑谋勿成，百志惟熙。"

故曰：积之累之，攀悬立溺，以望闲峰。

拨沙有裸，婆立溺形。

积之累之，贪狼必会，而廉贞不逢；积之累之，左避右著，必受樊笼；积之累之，亲朋荐引，莫得明公。

夏历之丧非天也，人也。故曰积之累之，言积不善者所必至之数。

悬，处高而危者；溺，处卑而沉者。立身于不可穴之地，徒望其闲峰已耳。

贪狼，污浊之徒；廉贞，端洁之士。

左避者，惟恐蹈其凶；右著者，仍不免于难。樊笼，牢狱之象也。

端洁之士，非必不可逢吉，凶非不可趋避。亲朋荐引，或亦有明公。而均不可得者，由于积不善之故也。

通世之术第五十六

曹叔曰："通世之言术者有五：曰葬、曰医、曰卜、曰命、曰相。"夫医以疗病，葬以送终，理固不可得而免也。龟筮之意，亦慎重之事。而相、命之学，则无补于吉凶之机。虽有时而幸奇中，经俗之道，则无补于维持。况坟墓之法，非孝子之所习；吉凶之应，非仓卒之可期。故贪噬之豺狼，武健之曲厮，诡诞欺迷，靡所不为。前伪既骋，后艺宗师。以伪传伪，而伪乃即真；以伪即真，而真无不遗。主方慕其有传，身惟咎于不基。故赢虩悯之，因设矩以陈规。

通世之术，皆不能外五行，而别有其说。但就中颠倒纵横，非大解悟者未易臻其妙也。

相、命定于先天，而改天命、夺神功，非地之力莫能转也。特伪者驰骋既久，其相沿流毒之弊，反以真者为伪，反以伪者为真。嬴虢，于是乎悯之，因陈其说。

若曰：中央之土出于东南而生金，乙、巽、丙、丁、坤、庚茌之六相，辛、乾、壬、癸、艮、甲流六替以兴衰；金至西南而生水，坤、庚、辛、乾、壬、癸茌之六相，艮、甲、乙、巽、丙、丁流六替以依归；水至西北而生木，乾、壬、癸、艮、甲、乙茌之六相，巽、丙、丁、坤、庚、辛流六替以返之；木至东北而生火，艮、甲、乙、巽、丙、丁茌之六相，坤、庚、辛、乾、壬、癸流六替以相宜。火复中央而生土，土旺四季而寄理于坤。维则相替之道，与水而同仪。①

万物以土为体，故从中起，五、十不用，故寄理于坤。水贵干维，故相替，不以支论。

土者气之体，气者水之母。水土相依，其实一气，故同生。

循环之理，金生于木之后，水生于火之后，木生于金之后，火生于水之后。一为我之所克，一为克我，而要非土则无以成之也。金生于木之后，是得父之力；水生于火之后，是得官之力；木生于金之后，是得财之力；火生于水之后，是得子之力。是父以生我、官以泄彼、财以助我、子以救我而生者，乃得其平。

虽然天地无全功，葬坟之法，必副少阴少阳而推。阳生于子，故壬、癸、甲、乙，阳之位也，艮、巽则伏阴之微；阴生于午，故丙、丁、庚、辛，阴之位也。乾、坤则愆阳之施。

八干、四维，分阴阳之位也。

毫兆取黄钟之气，即血气未定之时，是亦未艾之时也。

又尝稽之于"降原陟巘"之诗，观流泉相阴阳，亦必以三形、四势而著其纲维。

少阴、少阳，所以佐造化之不逮。壬、癸、甲、乙居阳官，艮、巽属阴而居阳位，故谓之伏阴。

庚、辛、丙、丁居阴官，乾、坤属阳而居阴位，故谓之愆阳。

阳生于子者，壬、癸、甲、乙皆顺行，艮、巽为顺中之逆，其例如壬

---

① 法也。

火生寅、癸土生申、甲水生申、乙火生寅、艮木生午、巽水生卯。

阴生于午者，丙、丁、庚、辛皆逆行，乾、坤为逆中之顺，其例如丙火生酉、丁金生子、庚土生酉、辛水生卯、乾金生巳、坤土生申也。

窀，穿圹也；兆，茔域也。黄钟之气在干维，如壬为亥末子初，未交子，亦未脱亥，故曰未定。未艾，论阴阳相替以此。若形势不备，虽合相替，取黄钟亦是无益，故引公刘"降原陟巘"之诗以明之。

如曰将星符①德，虎啸龙吟，岂知曳紫腰金之士？苟非凤目龟纹，猿臂犀停，② 亦未鉴其将相之姿。

将星以天言，自有生而得于天者曰德。符德，是于天命相符合也。虎啸龙吟，言人之声。通世之术曰命、曰相，此言命虽贵、相不贵，亦未必贵。故目必如凤之目、手如龟背之纹、臂如猿臂之长、天庭如伏犀骨起，是命与相合而后见其为将相之姿也。

是以牛肋装钳，来历不承于正派；兔唇争主，结宎何取于分枝。案忌捶胸之袖，臂防理发之钗。当知散气之披，但在双钳之外，岂审绝元③之的，徒贪一距之垂。

牛肋，似桡棹而小，一顺不顾。兔唇是两钳相斗，内水直倾，二者映上文"无主星、无龙虎"说。捶胸，案面山撞穴。理发之钗，左右尖垂也。凡大聚之地，必内钳而外卫。若外驰则内气已散，虽有双钳奚益耶？绝元之的，龙身所带之仓库耳。一距，言其细、其大者、远者胥失之矣。

故曰：青龙带刃，白虎衔尸。元武斩头，朱雀负褰。

刃，尖利也。衔尸，头上开口。元武，欲垂头，斩是后断。朱雀欲翔舞，负褰山背碎小而丛附也。

白虎带刃，青龙号饥，元武倒笔，朱雀乱衣。

号饥，亦是开口之意，但龙不衔尸，故云"倒笔"，直硬也。乱衣，无伦也。

左手垂钗，右手掷箸，背后不来，面前直去。

---

① 一作相。
② 一作鹅肩犀准。
③ 一作元。

钗，妇人歧笄者，似钳而直长。垂钗、掷箸，左右皆不顾也。背后不来是空窝，面前直去是倾脱。

旧注曰：多是内案遮面前，了不知案外之去。

虎腕抱戬，[①] 龙肘连云，元武呕溺，朱雀抚篡。

腕，宛也，言可宛曲也。戬，大脔肉也。记左骹右戬，肉体曰骹，切肉曰戬。抱戬，言虎内有堆阜之属。连云，言其高。呕，伛也，将有所吐。脊曲，伛也。呕溺，气泄于水。抚篡，其指乱也。

元武出水，朱雀上山，青龙东去，白虎西奔。

元武止处，众山包藏，若走入水中，第为人之卫，人不能卫我。上山，言高压于本山也。东去西奔，皆反背之象。

元武垂尾，朱雀开骹，青龙掷笔，白虎抛刀。

元武贵乎垂头，尾尖而不可纳。刘熙曰：尾，微也。承脊之末稍微杀也。尾既微细，自不能有窊会之容。骹，胫骨近足而细于股者，于义不合，骹，当作脚，《说文》："胫"也。刘氏曰：脚，却也，以其坐时却在后也。开骹，犹言其开两脚羞淫之象。掷笔，斜窜势；抛刀，刑伤势。

青龙管笛，白虎曲尺，元武抬头，朱雀折翼。

直者曰管，横者曰笛。曲尺乃为方之器，皆不圆之物。抬头，其意他去而不垂；折翼，不能翔舞也。

青龙叛头，白虎缩脚，元武吐舌，朱雀生角。

龙、虎俱在头、脚上辨其真伪。叛头，跋扈之象；缩脚，不适于用也。吐舌，前生尖嘴于外；生角，头生恶石于上，一云生角，岩峰石笋也。

青龙折腰，白虎破脑，元武胖开，朱雀尸倒。

折腰，便有风入；破脑，其位有伤。胖开，似剖腹。尸倒，横卧如尸也。

元武邋遢，朱雀唧嘈，青龙濒水，白虎戤刀。[②]

元武欲端崇不侧，邋遢行不正貌，亦不洁净也。以水为朱雀者，贵乎

---

① 则史切，大脔肉。
② 邋，乌没切。戤。渠害切，倚也。

澄静停凝，若唧嘈，便有声而急。濒，纳头水中也。戤，倒倚也。

前筑乾流，后培客土。有人无天，有今无古。

筑者、培者皆人也。人胜则亡其天，亡其天则失其古矣。

形不展腕，势难转肘。内看如住，外看如走。

形小而势大，腕运于肘。内势不顺者，其形自背。

脑如爬①殳②，臂如弗③棶④，明堂椿戤⑤，来龙趆⑥趑。⑦

爬殳，其纹直裂；弗棶，其破纵横；椿戤，坑小而深；趆趑，气促不追也舒。

元武不仁，臂连朱鹈，内案前去，分水脱身。

仁，如果核中之实，不仁虚壳。"不仁"四句一串，盖元武仁，则左右臂环护朱鹈外，朝内案伏，而案内之水与后龙之水相会聚而出口。

主山不义，客山连臂，无水界脚，⑧如何聚气？

《洪范》曰："无偏无陂，遵王之义。"不义者，主山偏陂而不正也。客山连臂，即臂连朱鹈也。无水界脚，与内案前去，亦是一义。

已上二义或居大龙之左腋，或居大龙之右腋。

右手拖椎，左手抱鼓，元武投矢，朱雀反弩。

右手欲其东来，拖椎则西向矣。抱鼓者，挟私之象。投矢，形直而锐；反弩，势背居阴也。

臂直拓弓，臂折捶胸，袖披拭泪，袖反鼓风。

拓弓以左臂，捶胸以右臂。或云：右亦可拓，左亦可捶，但非理之自然。旁持曰：披山一边高压曰拭泪。袖反则水去，水去则风来也。

雨打虾蟆背，风吹牛鼻头，来龙不住穴，无后归荒丘。

虾蟆背，小墩露处。牛鼻头，大山尽处。二者虽有来龙，并无包裹结

---

① 音把。
② 音孥，以收除也。
③ 音划，燔肉器。
④ 七玉切，炙具也。
⑤ 音创，又霜，去声。船首一窍通水，所以下捍船木也。
⑥ 小儿行貌。
⑦ 追也。
⑧ 或作脉。

作，后世沦作荒丘而已。

一本增有"龙拱则气停，龙流则气脱；伏犀风急，背负无屏；银海浪崩，脚前倾斗。"

四兽之法，三形应合。界水内横，宾主不杂。内案臂连，水无发源。江涧前抱，气势完全。水内认形，三方窊污；水外朝应，四兽以俱。凤盖中央，黄帝之墟。裸①奉中藏，卜吉元墟。五章奠位，五造攸居。明堂运转，源派萦迂。或连内案，不其侈乎。钳里破相，②抑亦防虞。忽然突起，八字分萧。聋哑淫瞽，鳏寡嫠孤。贫贱夭绝，五福全无。

观四兽之法，惟在乎得三形之全。界水内横，而宾主自然皆序。上文云"臂连朱鹨"，又言"客山连臂"，此复言"内案臂连"，总言其水之无发源耳。若有江涧前抱，内源虽短，得与外水为呼吸，亦为气势之完。然内水发源既短，其内形须要认得真正，必求其窊而有容，仍要观水外朝集乎应、四兽咸会，是即凤凰翠葆之宅。中央黄帝之墟，拜扫灌祭之场也。盖五方之章采既奠，厥位五行之肇，造得其所居；且明堂水行转折，无倾脱之患，其臂虽与内案相连，不愈见其地之大乎。然明堂为第一紧要，设或钳口破相，是又所当虞者。否则忽然突起水或八字分散，是无外气之畜，其聋哑淫瞽等弊均所不能免也，安望其五福之臻耶？

耳通于肾，肾属水。明堂，水之藏也。突则塞，故聋。《洪范》："二曰火。"火主扬，言明堂突则暗而不明，故哑。又戌主喑哑。戌，火之库也。明堂污会为牝之象，突则臁理，故淫。离为目，主明，突则失其明，故瞽。又曰：形如覆碗，孤眠无伴，故又主鳏寡嫠孤等，非臆说也。

三停释微第五十七

西北宽容，息道便当于鹑首；东南秀发，明堂自属于元墟。

鹑首，未次也。元墟，子也。子为元枵之次，故曰元墟。宽容、秀发

---

① 祭也。
② 六相也。

皆指穴地说，言穴在西北而水从左倒右，由未丁出口，此乾甲丁局也；龙自东南来而水自左倒右，由子癸出口，此巽庚癸局也。此篇释三停穴法，先提其水口之大要。

亦有四势融结于一气，五方盘礴于一壶。是则穴法骑龙，内既乾流于池疃；① 水城限骥，② 外须拥抱于江河。尔或不学，则知一水之外，虽三阳之峰、五星之岳，皆不应运于黄区。③ 盖前水断山骨而分地脉，则前案已间隔其方诸，徒知日月之照临，而水火之凭虚。

上文言案应在水外，此言案应在水内。由是而知骑龙穴皆一气而成。古诀云：凤凰衔印，龙吐珠天，马昂头，蛇过路，皆形容其尾之掉转而拦截内堂之水。地之大者，案外仍有水城，不然恐有若骥足之驰而不可御耳。故须得江河拥抱于外，而内气斯久远勿泄尔。或不学，是不识骑龙之法，则水外之峰峦不能为我用也。盖一水之外，于本龙之骨既不相续，而欲其气之与我相通，若方诸。然方诸在地，日月在天，毫厘有偏，水火之应，而谓此一区之穴，不学者能乎？

方诸见月则津，而为水注。方诸，阴燧，大蛤也。热磨拭向月下，则水生。又云：方石，诸珠也。又：方诸，鉴名，以取水于月。

矧其相穴之法，如相儿郎。祖功宗德，积累延长。三停丰满，宾从堂堂。

相山即如相人儿郎，喻穴之近祖宗；积德累仁，喻来历之远。三停分三才：额为天，欲阔而圆，名曰有天者贵；鼻为人，欲旺而齐，名曰有人者寿；颏为地，欲方而阔，名曰有地者富。又以身分三停：头为上停，自肩至腰为中停，自腰至足为下停。三停盖言穴之高下。宾从则言前后左右之拥簇。堂堂者，盛也。

天停之穴，发势自天，降势云垂，住势城完。横埏望之，危若莫攀。门户周密，应对不闲。精神气概，有仪有权。层叠四起，居之自安。俯而揖之，明堂养元。天停之败，来历何之。应对无权，出入无仪。浏无盛④

---

① 音坦，贪兽所践处。
② 骥能行，如山脚之走。
③ 黄土之穴。
④ 一作乘。

荡，扬①无掩吹。肢脉俱散，② 肩背俱垂。登之愈高，俯之愈危。乾源流竭，明堂不归。

埏，地际也，扬眉目之间也。天穴上聚，城郭门户应对皆显于上，穴地安闲，明堂则仍聚于下。

"天停之败，来历何之"与"降势云垂"二句反，"应对无权"与上"应对不闲"反，"出入无仪，浏无盛荡"与上"有仪有权"反，"扬无掩吹"与上"门户周密"反，"肢脉俱散，肩背俱垂"与上"层叠四起"反，"登之愈高"二句与上"居之自安"反，"乾源流竭"二句与上"明堂养元"反。

中停之结，水山盘踞。内方外圆，内停外住。虎伏犀驯，龙骧凤翥。精神发秀于先天，气概兆基于太素。水北山南而三形卫主，水南山北而四势朝墓。应星斗之昭回，永子孙之福祚。或恃人为，欲夷天度，偏而不通，执而不悟；促不可延，去不可阻；流不可塞，源不可住。虽有朱亥之力、秦皇之势，山水可为而星躔如故，则皮毛可伪而骨脉不具，故曰：百金售山，愈险愈悭；千金顾簣，愈费愈欢。轻重不审，后人之缘。

中停结者，内停而面前恒豁、其下恒去而外住，其流不能骤止，其源未免过迅，势使之然也。而俗眼必欲延之、阻之、塞之、住之，其如上不应于星躔，而骨脉不可改也。

至于地停平洋，脉理经络；蚓陌贝隧，③ 蛇蚹④蛙跃；如蛛经丝，如蚊隐帛；藕断丝连，瓜采藤缠；仰掌金盘，水城亲切；宽兮而虹，近兮而月；惟忌其冲，惟忌其割，惟忌其枪，惟忌其脱；道其一贯，理其一诀；嗟五鬼之无传，徒纷纭乎谰说；主不稽于文书，卒然以大事任之，是其信人也何拙。

脉，血理之分衺，行体中者。理，纹也。经络，相连不绝之义。陌，东西道也。贝，紫贝，海介虫也。隧紫，贝所行之路。平洋，止有影可认，非躁妄者得窥其端倪。穴法在"仰掌金盘"一句，其真假视水城之亲

①　一作散。
②　一作寂。
③　一本作鱼队。
④　音夫，蟠也。

切何如耳？如虹、如月，即天停之"住势城完"、中停之"内方外圆"也。冲、割、枪、脱，即天停之"明堂不归"、中停之"水北山南"，不能卫主，不能朝墓也。

企眕①第五十八

元女一曰企②眕③二致。

旧注曰：企，以望远；眕，以察迩。

企其气于险隆，眕其脉于夷易。夷易之结水，限势而应就形；险隆之钟水，限形而应就势。

企，举踵而望之也。眕，斜视也。平夷之地，须旁观方见其起脊，故用眕，非若险隆者之可望而知也。应或就形或就势者，夷易非无势，险隆非无形，以其企之所见者恒在势，眕之所见者恒在形也。

如鑿带锁腰而扦鱼垂，如长虹轮额而防云际。如珠贯璧联，如瓜藤鱼队。遁踪晦迹以难明，必两水夹辅而远至。

此一节申夷易之结。鑿，大带也。轮，回旋也。额，两腮也。锁腰者，湾绕当前。轮额者，环抱左右。珠贯璧联者，一系之接。瓜藤鱼队者，断续之奇，维察其水之所归，而知其气之所会。

如长城郭露而厦夏街旋，如万骑出关而旌旗翼曳，如鸾扬凤举而霞灿云敷，如虎屯象驻而林丰草翳。④力强步骤以难羁，一水横流而环制。

此一节申险隆之结。长城郭露，谓长城之露于郭外也。夏，大屋也，如大厦之旋绕于街也。万骑出关，鱼贯而不乱。旌旗翼曳，夹卫而不纷。鸾凤之翔，云霞掩映；虎象之伏，林草郁荟。望一水之横流，以知其不可越焉。

是以五气积而有光，八风扦而不吹。长生之位雄踞，谁云鹦鹉之殇；

---

① 一作瞻。
② 去智切，举踵也。
③ 莫单切，相也，又相视也。
④ 翳，草盛貌。

冠带之位尊崇，休说鹅头之秽。既非池沼之乾流，何虑屠沽之速退。

此一节总结夷易、险隆，不能外五行生旺之理。凡五气之积，应七曜之流行。故云：有光夷易，则以水为风之捍；险易之止，均不能外水以为止。特夷易气沉、无大水、有冈阜者，亦发；险隆气浮、无大水、不开阳者，不发。池沼易竭，故易退，若池沼为真应，流泉便非乾流矣。

旧注曰：殇，未成人丧也；年十六至十九为长殇，十二至十五为中殇，八岁至十一为下殇，七岁以下为无服之殇，生未三月不为殇。少死之山如鹦鹉，淫秽之山如鹅头。

又况，地有险夷者，天之造穴；有洿隆者，水之配必也。分二少以顾愈，校五兆以审害。四势外周，三形内会。迁就其包容亲切，反覆其端圆尖锐。结虽寡特而周遮，荡虽缩陕而明快。水淘沙石以弯环，宾肃威仪而应对。委蛇①入路，应轨格以端中；起伏过关，齐腾骧而沛艾。②

险之穴恒在洿处，夷之穴恒在隆处。地非天不造，穴非水不配。水非二少，无以别其相替；地非五兆，无以论其生克。结虽寡特者，夷易之结；荡虽缩陕者，险隆之钟。委蛇入首言夷易之从来，起伏过关言险隆之入首。沛，仆也；艾，息也。

凭伪丧真第五十九

葬者，反本而归藏也。奉先以配五土，而一体于青山。

众生必死，死必归土。骨肉毙于下，阴③为野土。其气发扬于上，而一体于青山。

山者，地崇而势，水限而形。五气精积，五运通灵。气概融而下符地络，辉光发而上普天星。

普，同也。青山非一概之山，其来有势，其止有形。五气，金精鳌、

---

① 委音威，蛇音移，行委曲貌。
② 一作降外。
③ 去声。

极之五气；五运，《洪范》变遁之五运。

甲、寅、辰、巽、戌、坎、申、辛属水。①

丙年水气大过，大雨至埃雾朦郁，上应镇星。

辛年水气不及，为涸流之纪。是为反阳，藏令不举。

化气乃昌，长气宣布，蛰虫不藏。

艮、震、巳属木。②

丁年木气不及，为委和之纪。生气不正，化气乃扬，长气自平。

收令乃早，上应太白星。

壬年为木气太过，甚则化气不政，生气独活，云物飞动，草木不宁；上应太白星。

离、壬、丙、乙属火。③

戊年为火气太过，收气不行，长气独明，雨水霜寒，上应辰星。

癸年为火气不及，长气不宣，藏气反布，收气自政，化令乃冲，上应辰星。

兑、丁、乾、亥属金。④

庚年为金气太过，上应荧惑星。

乙年为金气不及，收气乃后，生气乃扬，长化合德火政，乃宣庶类，燥烁以行，上应荧惑星。

丑、癸、坤、庚、未属土。⑤

甲年为土气太过，变生得位，藏气伏，化气独治之。泉涌河衍，涸泽生鱼，风雨大，至土崩溃，鳞见于陆，上应岁星。

己年为土气不及，化气不令，生政独彰，长气整雨，乃愆收气平，上应岁星。气交变大论曰：岁土不及，风乃大行；化气不令，草木茂荣。飘扬而甚，秀而不实，上应岁星。

丘延翰曰：地法以二十八宿之经分度，分配八方，推之为二十四路。

---

① 乘金相水。庚年上应太白星。
② 穴土荫木。
③ 火以木富。
④ 金以土积。
⑤ 土以火著。

又以二十八宿分配日月五星，纬星之气，分而隶之。就分配分野，天禽、地兽，在人各有所主。

一清一浊，已昭回于经纬；一赏一罚，已司属于法程。清者干也，浊者支也。清者五运，浊者六气也。其见于经纬者，丹天之气经于牛、女、戊分，黅天之气经于心、尾、己分，苍天之气经于危、室、柳鬼，素天之气经于亢、氐、昴、毕，元天之气经于张、翼、娄、胃。戊、己分者，奎、壁、角、轸，天地之门户也。赏者以德，罚者用刑。司者，司天在泉之气也。喻少阳司天，火气下临，白起金用；阳明司天，燥气下临，苍起木用；太阳司天，寒气下临，火明丹起；厥阴司天，风气下临，土隆黄起；少阴司天，热气下临，白起金用。用谓用行，刑罚也。其赏者可知矣。

岂人力之可伪，而篡进之可凭？虽盈亏乎地理，而高下乎天然。果有造龙之匠石，则当创端于夷坦之野、浑成之先，何交相于已胚已孽之京？① 形且难伪，势奚以营？恐乏修女转男之药、医耆再少之龄。

葬虽方寸之土，其气上通于天，不可以人力为之增益者。人第知日月星辰之为天，而不知山川夷险之形皆天也，故龙之不可造，犹药之不可转男为女、医耆再少。然则砂水之损益，亦因其自然可耳。匠石，古之工师也。丘之高大者为京，已胚已孽不可凿也。

是以，治霸陵而不伤，文帝兴汉；造骊山而具象，胡亥亡嬴。

汉文帝遗诏曰：霸陵山川因其故，毋有所改。霸陵在长安东南，乙巳葬霸陵。古者墓而不坟，聚土使之高大也。汉长陵高十三丈，阳陵高十四丈，安陵高三十余丈，则不度甚矣。

秦始皇葬骊山，下锢三泉，奇器珍怪，徙藏满之。令匠作机弩，有穿近者辄射之。以水银为百川江河大海，机相灌输，上具天文，下具地理。后宫无子者皆令从死。葬既已下，或言工匠为机，藏皆知之，藏重即泄大事，尽闭之墓中。

---

① 山也。

过脉散气第六十

三形未住，四势随去。住不界水，五气不库。三形融结，四势环顾。四势外驰，三形内吐。三形伸而未盘，五气散而多露。五气乱而未凭，三形指而何据。凫兮不栖，牛兮不污。

过脉之所，形所未住而四势随之。形住必界以水。过脉之所，水尚未停，是为散气之场也。形结者不内吐，势顾者不外驰。大都因脉之止以见其气之凝，亦犹夫势之归以见其形之宿。禽兽得气之先，观凫、牛之栖污，知其风所不及矣。

李淳风曰：凫栖临水不污者，被风所吹。[1]

黄钟之道，阳明各步。火守金流，金刚木蠹；木荣土虚，土实水腐；水流火灭，火以木富；木以水殖，水以金著；金以土积，土以火著。彻气之悖，开心之悟。导其相替，由其交互。干维向首，经常宪度。真纯一气，无向背之春风；驳杂两逢，见凋零之寒露。

道，方道也。步二举足也。黄钟论葬，阳明论造作，一在乎山，一在乎向。黄钟在干维，阳明在地支，其用不同，故曰"各步"。火守者，赫曦之纪也。黄钟而葬于兑、丁、巳、丑之山，阳明而造作于兑、丁、巳、丑之向，则金流矣。他如木山向而乘坚成之纪，则木为蠹；土山向而乘发生之纪，则土为虚；水山向而乘敦阜之纪，则水为腐；火山向而乘流衍之纪，则火为灭。故火山向而当发生，则火富；木山向而当流衍，则木殖；水山向而当坚成，则水著；金山向而富敦阜，则金积；土山向而当赫曦，则土著。知气之悖我者，则知其气之益我矣。此得于天者然也。水则导其相替，必由于二少之往来；向则贵乎干维，务合于阴阳之纯粹，五气庶无散荡之虞尔。

此篇论过脉散气，而忽及于五行生克之理者，谓造、葬不得其时，即

---

[1] 一作牛污无风。

为散气之时；而初葬、初造之日，即为过脉之日也，其旨遐矣。

左右胜负第六十一

　　闻之曰：形止三奇，势全四应；宾主相登，左右相称；一应或偏，三形不令。余尝申之曰：宾主不登，礼固不恭而不情；左右不称，犹或未详而未证。一印一笏，岂不相宜？一钩一权，如何相胜？端坌①何愧于长冈，小隋②尤胜于曲径。扞其内而不吠，扞其外而不阱。天象开而天荡宽，地幅方而地心正。魏珠照乘，大阐邦光；赵璧偿城，永膺天命。佳邓侯之卧虎尾，周匝于虹轮；误苏茂之飞猿③臂，偏垂于斗柄。或左抱而右水湾，或右拱而左水迎。古人著之，虽含意而甚该；后人诵之，何探源而不竟。此所以不识龙之奇、不识龙之病，惟以意逆意、以心逆心，则寻龙之目，夫谁与竞？

　　三奇者，山、水、案也。左右前后曰四应。案外之应，其一也。一有不全则三形俱漏矣。然左右有其胜者、有其负者。印可以配笏，钩可以配权，所勿论也。端坌小隋，为力甚微，能为我用，亦为有益。但形小者恐内逼，必求天荡之开而地心正大者，乃为的焉。譬珠璧之为物甚细也，一能阐其邦光，一能永膺天命，其小为何如？又有左右之臂，如卧虎之尾绕于当前，尤为奇特。其或如猿臂之直长则懒而无力，又非所贵外有。无左砂而左水来左，不得谓胜；无右砂而右水揖右，不得为负。是为龙之奇也，而或以为病者，是不识古人之意矣。

　　魏惠王曰：寡人"有径寸之珠照车前后，各十二乘者十枚"。

　　赵得和氏璧，秦昭王愿以十五城易璧。相如视秦王无意偿赵城，完璧以归。

　　邓侯，光武名将禹也。

---

① 房粉切，与《禹贡》坌同，尘坌也。
② 徒果切，小山长而狭。
③ 一作鸢。

苏茂，光武时寇，后为张步斩。

星辰释微第六十二

望远势以认山，要得古人之训；审近形以指穴，当资廉者之为。凡弃势造形之举意，皆伤龙速咎之迷痴。主既强能，爰失色于无学；术欣速售，惟趁色以投机。岂有文书，死死星辰而自诳；曾无天理，生生局例以相縻。

凡造形者必开挖山垄作为洿窟，未有不立见其凶者。盖星辰局例非概不可用，但非势非形，星辰无处著落，故一曰死死，一曰生生，惟知此而不知彼也。赵汸曰：形势其言相也，星辰其推命也。然言相者，因百物之异形而极其情状，以察造化之微；而知吉凶，必不以相人者相六畜也。推命者，以生年月日时论祸福吉凶；犹或失之者，由其为术之本，不足以范围大化也。移之以推六畜辄大谬者，六畜之生不同于人也。夫星辰是有一定之准，不得形势之真而概以其说加之，则亦何异以虚中子平之术而推六畜、以论牛马者而论人耶？庸术之例星辰，大率类此。

登朱门而即指黄祥，盛夸后裔；见白坟而便期苍碛，咸许先知。窃射卜之三传，笑谈自若；斗弟兄之二位，气义俱非。

九州惟青州之土白坟。射卜即六壬之射覆。不知形势者，惟窃气数以动人而已。

萧吉曰：坟土，坏土也。白埠之下必有青苍石，谁能先知也。

今也心仰虢公之极，志存樗里之遗。

李淳风曰：虢公著《极心论》，樗里之作号曰《遗书》。

山喜二少以育粹，水延六替以扶危。上则炳于天文，何假天文之奥，下则形于地络，当详地络之仪。可见土中之四兽，必由水内之三奇。

山喜坐八干四维，水要归衰病死绝。水出干维，即所谓炳于天文也。恐值生旺之方，非地络之宜，故须详之。土中四兽，青、朱、白、元也；水之三奇，横、朝、绕也。甲向青龙起亥，顺行；乙向背龙起未，逆行；丙向青龙起寅，顺行；丁向青龙起戌，逆行；庚向青龙起巳，顺行；辛向青龙起丑，逆行；壬向青龙起申，顺行；癸向青龙起辰，逆行。诀云：发福久长，定是水缠元武；为官福厚，必然水绕青龙。其例如甲向青龙起亥，则子属朱雀、丑属螣蛇、寅属勾陈、卯属白虎、辰属元武。他向仿此。金书八字秘本：甲向青龙，不起于亥而起于戌，丙向不起于寅而起于丑，庚向不起于巳而起于辰，壬向不起于申而起于未。合阴干共八向，皆起于四墓，故曰：土中四兽。然不合水之三奇，究无以用之也。

曰华盖者，魁钟天覆之象；曰明堂者，荡钟地载之规。至若元武之号，亦由垒土之为。水口固防于水散，风门切忌于风吹。内形之奇，斯因以告。外势之奇亦类而推。

魁，斗首四星也。凡为首者皆曰魁。华盖，首之所在，故曰象天。荡，水势广平也。明堂，足之所应，故曰象地。垒，斟垒也。元武出华盖之下，亦具有首之义。水口外有山拦截，水始不散；风门外有山障蔽，风始不入。此以其内之小者言也，其外之大者可类推矣。

左限苍龙之肘引，右防①白虎之肩歧。② 松埏前束③其过脉，蓬魁④中积以盘基。五鬼不学，诞擎一掌以转璇玑，故曰：山不闲生，有形势以彰星象；术难遽晓，窃气数以卜兴衰。挺特有权，可见灵官之造；纵横失统，当悲散去之披。

引，开弓也。肘引者，其肘如引弓之形而抱也。物两为歧，歧肩者，其一枝他去不为我卫，故宜防之。埏，墓道也。蓬，蓬颗也。水界于墓道之前，无脉可过墓居于四兽之内气积以凝四者，皆本于形势之自然。五鬼不学，惟以一掌论星，不亦谬乎？故山不徒自而生，必得形势之真者而后星辰应。术者不知也，惟窃月将日时之气、一六二七之数以卜其兴衰而已，岂知挺特有权者，星辰之发露；纵横失统者，形势既不可得，星辰焉得而应之？

龙或双来，必统八方之中正；水宜远赴，宁论两腋之偏裨。瓜藤不附

---

① 一作裁。
② 一作垂。
③ 一作速。
④ 一作颗。

于蒲藤，味甘一实；萍稚难希于莲稚，香馥端彝。手擅①马之四蹄，何当远迅？腋脱鸿之双翮，曷任高飞？妄指来龙，背后不知其水截；盲寻驻穴，面前岂识其纲维？②

双来，是两宫并至，必取其中者、正者以为的，如壬子以子为中，丑艮以艮为正也；远赴，是一水当前，必取其大者、远者以为应。其双来者，如瓜藤与蒲藤，然瓜实甘而蒲实苦，瓜圆正而蒲偏直也；其远赴者，如萍稚与莲稚，然萍生水中，莲开水际，萍萼小而莲瓣大也。故龙之行，必分牙布爪而后能见其奋发，无若蒲藤然；必开嶂出峡而后能见其翱翔，无若萍稚然。倘本体不施、左右不展，如马擅其蹄、鸿脱其翮，冀其高远也难矣。

蒲藤，壶卢之藤。壶卢，一头有腹；长柄者为悬瓠，无柄而圆大形扁者为匏。匏之有短柄大腹者为壶，壶之细腰者蒲卢。

萍有三种：大者曰苹，中者曰荇，小者即水上浮萍。

谁谓抱养过房，非吾骨肉；当知戴天履地，尽尔宗枝。神岂妄于倚附，享必致其依归。虽形骸之已化，配江山之莫违。螟蛉祝子兮，必感音声而肖天质；接木遗本兮，亦合理脉而荣春熙。乔山虽葬其衣冠，随形衍姓；真宰必歆其拜扫，敦义延禧。

抱养过房，是集义所生之气。未有天地之先，亦无有人；既生人之后，众莫知其为天地之生。原其始则一本而万殊，会其终则万殊而一本。神者，非不歆不羞之神，而其抱养即有其倚附，况已配祀于青山者。观于螟蛉、接木，皆是异类，一以声感，一以脉续，要之声亦气也，脉亦气也。气至而理存，可无疑于抱养之非其类。乔山，黄帝所葬。黄帝乘龙上天，群臣以其所遗衣冠葬于乔山。姓以统系百世，乔山虽葬其衣冠，尚随山川之形以布演其祉于无穷。况形骸有在，能不歆义以延禧乎！

螟蛉，桑虫也。《小雅》："螟蛉有子，蜾蠃负之。"蜾蠃，细腰蜂，无雌。捷土作房，取桑虫负之于其中，教祝七日，化为己子。一名蠮螉。

此篇释星辰也。而及于抱养过房者，何也？盖星辰为天地之气，而吾

---

① 左氏注：若今之揖。
② 按《鳌极》：一卦三山，以占五炁。

人莫非天地之生。但山川非融结之所，星辰不应其位，世之生生局例者，可以返矣。

预定灾福第六十三

或曰：反蘽椢掩之后，嬴虢未生之前。二少六替之未述，徒为棺椁而通阡埏。贵贱寿夭，古今而亦然。亦有百人不偶一人，遭之而庆；百人所竞一人，得之而冤。形势虽由于天创，向背皆生手气偏。小往大来，固异往来之数；轻清重浊，本同清浊之源。是以彭越功臣，窆戌辰而遭戮；留侯世相，埂辰戌以迷仙。失姓丰功，丙辛附茔于谁氏；真王重典，午丁双向于期年。信吉凶之在我，故祸福之由天。①

或人之意谓灾福自有一定之数；若古无其说，而贵贱寿夭亦未尝有异于今。况形势天造，何向坐独在千维？不亦气之偏乎？小往大来者，固是其阳在内、其阴在外之数，然轻清者为天，重浊者为地，其始本于一原，何以独弃夫支也？若以支为凶，则彭越之窆戌辰而遭戮，宜矣；然留侯之先则崩辰戌矣。若以干为吉，卫青之母附葬后夫，而丙辛不居于郑墓；韩信之父附葬田茔，而午丁遂致于夷族。此其说甚不可知，而祸福之由，岂非天定耶？黄帝始造棺椁，有虞瓦棺，殷周易之以木。天子之棺四重，水兕革棺被之，其厚三寸；杝棺一；梓棺二。四者皆周。

彭越，昌邑人也。佐汉灭楚，封梁王。反，废为庶人，吕后诛之，夷三族。

留侯张良者，其先韩人也。大父开地相韩昭侯、宣惠王、襄哀王，父平相厘王、悼惠王，五世相韩。从高帝定天下，封万户，位列侯。常学辟谷、导引、轻身。后高帝八年卒，谥文成侯。子不疑代侯。文帝五年，坐不敬国除。

大将军卫青者，平阳人也。其父郑季为吏，给事平阳侯家，与侯妾卫媪通，生青。青同母兄卫长子，而姊卫子夫自平阳公主家得幸天子，故冒

---

① 埂音崩，束棺下土也。

姓为卫氏，字仲卿。

太史公曰：吾如淮阴，淮阴人为余言：韩信虽布衣时，其志与众异。其母死，贫无以葬，然乃行营高敞地，令其旁可置万家。余视其母冢，良然。汉四年，信平齐，使人言于汉王曰：齐伪诈多变，愿为假王便。汉王曰：大丈夫定诸侯，即为真王耳，何以假为？汉五年徙齐王为楚王。都下邳人有告楚王反，遂械系信。至雒阳，赦信罪，以为淮阴侯。汉十一年，陈豨反，事泄，遂夷信三族。

旧注曰：卫青母野合得子，母附后夫葬辛山丙向。韩信以父棺附田墓，方得期年而信夷族。

按：信夷族在汉十一年。其汉四年在齐，若以为期年而信夷族，则是信为淮阴侯，在汉之九年、十年之间，而附葬田墓乎？未可知也。

曰：孝子之事，至情所根。草未眠于白鹿，弹已惊于乌鸢。诚岂专于邀福，义合严于奉先。应之虽由于后召，积之亦本于前缘。见挑悦之白杨，无非鼠窃；闻列旌之苍柏，管是龙蟠。亦有因葬而得良嗣，亦有因嗣而得佳山。钳口浅深，须辨明堂聚散；穴场宽紧，但求一气真纯。

或人惟论灾福，管氏重在奉先。应之者虽曰在天，积之者实本于人也。白杨如挑悦，萧索之象。苍柏似列旌，郁茂之征。因葬而得良嗣，地灵而人杰；因嗣而得佳山，人谋之叶天。钳口无论浅深，惟以明堂之聚者为的；穴场有其宽紧，但以到头不杂者为奇。

后拥前呼，定是八干向冢；背驼肩负，元来四墓安坟。四维向坐则犯断例，四正坐向则犯支辰。坎壬离丙，则六替不顺；艮甲坤申，则二少不纯。茫乎其说之如此，恍乎其应之如神。

干者斡也。《禹谟》曰："舞干羽于两阶。"故主后拥前呼之应四墓藏、四金杀。有残疾之应，故有背驼肩负之形。

旧注曰：古人制字，必按阴阳物象。故《拆字林断例》谓乾、坤、巽、坎二字为一字，断双生合活；丑、辰字病；申字断扛尸；寅、庚、辛、亥字断点头之秃；艮字眼目不全；乙字曲脚；己字自经之类。《元黄数书》曰：丑申为破田杀；寅为白虎；卯为悬针；辰为厄之首；巳为厄之足；午阳极阴生；象冲逆也；未言万物皆有滋味而未成也；酉字配尊医；戌形象战伐。

坎山放壬水，离山放丙水；不论水之左旋右旋，皆破旺地，故云："六替不顺。"艮龙作甲山，以伏阴而作阳山；坤、申当作坤、庚，坤龙作庚山，以恣阳而作阴山，故云："二少不纯。"二少以子午为界，子之东属阳，子之西属阴。杨公云："宗庙本是阴阳元，得四失六难为全。"总之，立向消水，别有异书，非此本所尽也。

曰：惟羸惟虩，谓山必应于星文；惟虩惟羸，谓穴必推于气数。顾始说之甚夸，何后言之不副。噫，葬者，藏也。子孙之事，初无所与。星者山之发挥，山者地之积库。配天之遣，乘气而墓得气之清、锡天之祚。上下交通于一窍，子欲岐之于两路。是则生生之道塞，送葬复弃于中野，而祸福之心，肆然而无所惧。或者心开意悟，越席而起，欣欣而谢去。

曰惟羸惟虩，至言之不副，又述或者之辞，管氏则以藏亲为本末。尝及于子孙之事，而或者惟曰灾福自天，不涉于地，而不知星之在天，皆山之精积而成；山之在地，又为地之积库而起。其气皆上升，故曰"配天乘气"者，是乘其方与时之气。地之气浊，天之气清，故葬虽藏地，其实统天。或人岐天地而二之，公明统上下而一之。盖葬死一事，为反本还元之理，所以生之也。或者以为灾福无关于地势，愚夫愚妇必流至于不葬其亲矣。则生生之道塞，更何有所谓祸福耶？或者乃大悟而谢去。

五行象德第六十四

谨按《尔雅》：东方之象为青龙，西方之象为白虎，南方之象为朱雀，北方之象为元武，中央之象为凤凰，位正黄钟之区宇。

龙，鳞虫之长，能幽能明，能细能巨，能短能长。春分而登天，秋分而潜渊。八十一鳞，九九之数。有鳞曰蛟龙，有翼曰应龙，有角曰虬龙。

虎夜观，一目放光，一目著物。猎人射之，光堕于地，成白石，金象也。

朱雀，天文取象于鹑。南方七宿，有喙有噣，有翼无尾，象鹑也。元武象龟。《大戴礼》曰：甲虫三百六十，龟为之长。上穹象天，下平法地。千载神龟，问无不知。广肩无雄，以蛇为雄。

凤，神鸟，其象鸿。前麇后蛇，颈鱼尾鹳，颡鸳腮龙，文龟背燕，颔鸡喙孔。《演图》曰：凤为火精，生于丹穴。非梧桐不栖，非竹实不食，非醴泉不饮。身备五色，鸣中五音。有道则见，飞则群鸟从之。雄曰凤，雌曰凰。黄钟者，阳气踵黄泉而出也。五气莫盛于黄，故阳气钟于黄泉，孳萌万物，为六气之元。其在声为中，声在气为中。气在人，则喜怒哀乐未发与发而中节也。黄钟为首，其长九寸，各因而三分之。上生者益一分，下生者去一分。上生者为阳阳，主息，故三分益一；下生者为阴阴，主减，故三分去一。

又按《黄庭经》：东方为虫鳞，西方为虫毛，南方为虫羽，北方为虫介，中央为虫裸，象其德之在我。是皆以五行方位而寓言之，其说已亘于上古。

《内经》与此有异：东方其虫毛。万物发生如毛，木化宣行则毛虫生；南方其虫羽。参差长短象火之形；中央其虫裸。露皮革无毛介也。又曰无毛羽鳞甲，与土形同；西方其虫介。介，甲也。外被介甲，金坚之象也；北方其虫鳞。谓鱼蛇之族类。《黄庭》以象言，《内经》以气言。

及考《月令》，则眷之三月，其帝太皞，其神勾芒，其虫鳞，其音角而属木；夏之三月，其帝炎帝，其神祝融，其虫羽，其音徵而属火；秋之三月，其帝少皞，其神蓐收，其虫毛，其音商而属金；冬之三月，其帝颛顼，其神元冥，其虫介，其音羽而属水。而四季所司，其帝黄帝，其神后土，其虫裸，其音宫，最灵于万物而经纶天地者，则不可以一方一气而语。

太皞，伏羲，木德之君。勾芒，少皞氏之子，曰重木，官之臣。鳞虫，木属。五声角为木，单出曰声，杂北曰音。角调而直也。炎帝，大庭氏，即神农也。赤精之君。祝融，颛顼氏之子，名黎，火官之臣，徵和而美也。少皞，白精之君，金天氏也。蓐收，金官之臣，少皞氏之子该也。商，和利而扬也。颛顼，黑精之君。元冥，水官之臣，少皞氏之子，曰修、曰熙，相代为水官。羽，深而知也。黄帝，黄精之君，轩辕氏也。后土，土官之臣，颛顼氏之子黎也。勾龙初为后土，后祀以为社。后土官阙，黎虽火官，实后土也。裸露见不隐藏也。宫，大而重也。五行惟土最尊，于四时之末而现，故其神称后，实兼四气焉。

兆宅之日者，惟指朝对。以宾以主，左右卫扦；以门以户，象德之兽。惟举其四以宗于五，是以山南之明堂、水北之元庐、凤凰翠葆之真宅，皆默统乎五行之数而不数。故择葬之事为阴阳之伎，而嬴虢之书与吕氏之令，皆齐规而并矩。

日者，汉司马季主一流。每兽得五气之一，偏凤凰得五气之全。盖居左之兽其气恒归右，居右之兽其气恒归左，山南之兽其气归明堂，水北之兽其气归元庐，而无不归于凤凰翠葆之真宅，故曰得五气之全。葆，文彩也。

又况五行之数，三才之枢。损之则不足，益之则有余。不幸沿臂过脉，吐舌抬蒲，或突明堂而内乱，或戗明堂而外驱。环抱横塍，分面高洋而散水；斜欹双堕，牵盲沃野以号孤。是则数之隘者，不亦道之伤乎？①

五行之数为三才运用，增不得亦减不得。若沿臂者，真气循左右而去，过脉者，真气向脚下而行。吐舌气不能内缩，抬蒲穴无有宽容。明堂、内室之象，突则其乱不在外，戗则其水直而奔走他乡。环塍二句是高处一块平地，有分无合，与穴场地面相平而水各四散。"斜堕"二句是旷野中双堕斜列，若牵盲然。为其茫无著落，故又有号孤之应。凡此者皆不得谓之有兽，无其兽则无其数矣。故若沿若过、若吐若抬、若突若戗、若高洋双堕，皆真气所塞而不通者，宁不为理之害乎？

必也如虎环视，如蛇坠珠，如龙显尾，如凤携雏。如卧虹之博带，如乘蛙之信符。外绝源于来脉，内乾流于仰壶。必得临江之都护，可知隔涉而成虚。如是而裁论之，则真龙融结一体，自全于五岳，而五数亦缩而不舒。庄子曰：骈拇枝指，出乎性哉，而侈于德；符赘悬疣，出乎形哉，而侈于性。亶斯言之不诬。

虎视，专一而不他，必也。六句形其左右顾盼之真、前后朝迎之的。来脉既止，其外必有水以界之，其内必有水以畜之。然一水之外，又恐峰峦不为我朝。要若都护之尊严，而一水之内乃可得为黄庭之真宅。然一水之内，又恐充塞而不明，必若临江之都护，在水外，斯得以成水内之虚明。以天下之大势揆之，嵩岳居天下之中，东泰、南衡、西华、北恒，四

---

① 隘一作溢。

兽也。五数居天地之中，恒缩而不伸。一有其伸，即犯吐舌抬肩、明堂突截等弊，而穴便不成矣。骈拇，足大指连第二指；枝指，手有六指，出乎性哉，生而有之而侈于德，比于人所同德则为剩矣。附赘，余肉也；悬疣，瘿瘤也，出乎形哉，生于有形之后而侈于性，比于初生则为剩矣。二者或有余于数，或不足于数，其余忧一也，是皆伸而不缩之病也。都护，汉武帝时内属者，三十六国直使者校尉领护，宣帝改曰都护。

管氏地理指蒙卷八

阴阳释微第六十五

　　东南相得于深窔，避其形之峭急；西北所宜于高荡，缘其势之平夷。盖地不天则因于水渗，天不地则绝于风吹。必著人中之正，始居天下之奇。如人端坐之脐府，如龙远降之肩脾；虽深而不僻，虽高而不危。

　　东南方，阳也，阳者其精降于下。西北方，阴也，阴者其精奉于上。又崇高则阴气治之，洿下则阳气治之。今东南而避其峭急，是崇高也，而以阳乘之；西北而宜于高荡，是洿下也，而以阴受之。皆随其地之精而因之也。盖天之高，所以暴夫地；露则显烁而不幽囚，晓畅而无渗漏。地之厚，所以镇夫天；镇则中气有凭，而位乃宁静。六虚旋转而不至飘忽，天形之峭急也，地势之平夷也。东南而取深窔，则风不吹；西北而取高荡，则水不渗。是即人中之正，天下之奇也。然深而僻者囚于水渗，高而危者绝于风吹；如人之脐则深而不僻，如龙之肩则高而不危。陴城上之女墙，城处高有女墙以蔽之便不危，故曰"肩脾"。以其陴之，可及肩也。

　　衢目所见，主目所疑。何天停地停之分，何南北而分东西。[①]故虹梁降于白杨，城东南斗岫；蚁脉临于青蒿，道西北临溪。

　　天停穴结在上，地停穴结在下。高贵藏风，故曰斗岫；低贵得水，故曰临溪。《险夷同异篇》曰："东南兮不贵于案应，西北兮不贵于明堂。"

[①] 一本：何天地人停之分，南北而分东西何天地人劫之辨，震兑而辨坎离。

东南之案应非不贵也，紧欲其宽，故以明堂为贵；西北之明堂非不尚也，宽欲其紧，故以应案为真。此云东南斗岫，是西北之夷易而得东南之案应；西北临溪，是东南之险隝而得西北之明堂，故一曰虹梁，一曰蚁脉也。白杨、蒿里俱指墓而言。古诗曰："驱车上东门，遥望郭北墓。白杨何萧萧，松柏夹广路。"

又况，东南之高，不高于绝。后降不住，① 前斗不杰。盛笕涮②莆，扬飙荡窟；西北之平，不平于囚。左水不绝，③ 右水不周。面前直泻，背后分流。绝风囚水，五气不委；四兽不防，天章不指。谨重所疑，狂荡所喜。

天穴虽高，其住处平坦，风不得绝。前峰秀拱，去水和缓，犹若夷易，全以地为用也。地穴虽卑，其止处高燥，水不得囚。左水萦绕，右水周回，无异险隝，是以天为用也。绝风则高而不藏，囚水则卑而洿湿。凡此者，五气不随，四兽不守，日月星辰所不照。谨重者疑焉，而狂荡一流反以为高，可观望低能藏蓄也。

闻之曰：混沌开辟，江山延袤。融结阴阳，盘礴宇宙。冈骨既成，源脉已透。以钟形势，以通气候。以清以浊，以奇以耦。精积光芒，呈露星宿。以孽衰微，以孕福寿。

有天地即有江山，融而化者为水，凝而结者为山。充塞于天地之间，靡远勿届。冈，言骨肉有核也；源，言脉血有派也。形势与气候相通，非形势，气至而凶至；是形势，候临而吉临。清浊与奇耦相对，一、三、七、九配先天之卦而奇，二、四、六、八照洛书之位而耦。其精积为光芒，其呈露为星象。衰微、福寿，皆二气为之也。

客力徒伤，天工自旧。一割一痕，如肤④如腠。⑤ 铅⑥华不可以掩丑，

---

① 降势如水注下。
② 生患切洗也。
③ 一作抱。
④ 革外薄皮。
⑤ 肤理也。
⑥ 铅粉也。

肉膋①不可以肥②瘦。残耳鼻者，百药莫瘳；戕丹元者，一命难救。

阴阳之气出于天造，非人力所能成。一有增损，不但无益，且所以伤之也。肤、腠，割之小者。耳、鼻，伤之大者。伤至于丹元则无用矣。铅华、肉膋，言增饰之无益耳。鼻穴，面要地；丹元，小明堂也。凡浚挖内堂者，多暴亡之患。戒之戒之。

龙体不真，穴法难就。虽分三停，必具四兽。一兽不完，三形俱漏。地犹界水，天则悬浏。内案不连，外应不斗。不连不斗，五气不构；不荡不润，葬之投柩。葬之不法，形如泛筏。③ 居虽具兽，势无所发。夹水环锁，兴衰一歇。胜于投匮，相朝替没。④

浏，风疾貌。龙真则穴正，龙不真则随往皆伪穴，无可就之法。四兽，所以卫区穴，一有不完，非风之吹，即水之渗，故曰漏也。地不完，必受卑湿之侵，故犹界水。天不完，必受飙飑之害，故犹悬浏。若悬之于风也。内案与外应相一气，有诸内必见诸外。内案之内又有荡，有荡则润而不枯。盖气者水之母，有气斯有水，若无荡者，穴内之无气，可知亦何异于弃掷其柩耶。然亦有龙真穴正，而葬非其法，东西上下茫无一定如泛筏然；亦有四兽俱备，第势无所从来，纵得夹水环锁以顺其相替之理，仅可暂兴，宁免速退，胜于弃掷其柩而已矣。

---

① 肠间脂也。
② 一作包。
③ 海中舟大曰筏，小曰桴。
④ 匮，匣也。

差山认主第六十六[1]

　　谨按《戴记》:"未葬读葬礼。"将卜葬,主人乘垩车,诣宅兆所。抑谨重其事,而未敢妄举。盖古人奉先之诚,务得所以归藏,而祸福之私,亦淡淡然任之。

　　垩,涂也。先泥之,次以白土涂之,素车也。淡淡,无欲之意。葬以宁亲为本,不求利达。而利达,实由亲之宁。

　　蘖似以积善而昌,不善而殃。缘在前而未露,应后时而孰拒。

　　蘖,萌也。积善之家,必有余庆。恶不积,不足以灭身。要其积之,皆在可知不可知之间。若以为善而必期,有以暴之,亦未必善矣。

　　何今世之衰,轻视先人,不啻于一物。伤风害教,莫甚于此。心果蔑于祸福耶?必驯三月、五月,逾月之制,营高燥之元宇。心果在于祸福耶?必寻访通术,稽其文书,以理义而许与。岂容豪戚强娅,举其赃徒;游朋交友,荐其贪伍?翻八卦以花言,讹九宫以鸟语。鄙售真龙,侈役客土。

　　蔑,无也。驯,从也。娅,两婿相谓也。今世重在祸福,不重在葬亲。然有贫不能葬者矣,有择地而不得者矣,有得地而泥于公位之说者矣,有弟兄多而贫富不等相为推委者矣。其始也,子不能葬父;其究也,孙不能葬祖。愈久愈忘,竟无异委之于壑。此伤风害教之甚者也。古者天子七日而殡,七月而葬;诸侯五日而殡,五月而葬;大夫士、庶人三日而殡,三月而葬。《左传》大夫三月、士逾月,俱以奇月为制。通术稽于文书,通于义理。赃徒贪伍不知形势,为何惟托之八卦九宫、侈役客土而已矣。

　　幸而抑壬崇坎,坎属正宫;凿丑益艮,艮为真主。至若移乾起亥,不亦侵凌;诛兑归庚,分明跋扈。并丁合午,阳火不喜于阴金;悖午依丁,

---

[1] 差,错也。

阴金致仇于阳火。不喜不福，致仇致祸。

此申言侈役客土之害抑按也。崇，聚高也。《星辰释微篇》云："龙或双来，必统八方之中正。"坎、壬俱阳，丑、艮俱阴，得二卦之体。若乾、亥，阴阳杂；兑、庚，虽俱属阴，起亥归庚，俱失本卦之正。故一曰侵凌，一曰跋扈，是忘其主也，并丁合午，虽曰正官，而阴阳杂。悖午依丁，不但阴阳杂，又非正官，祸较重。

旧注曰：不喜者不为福，亦不为灾；致仇者，则必为祸患。

是以八节各统于三候之数，亦有邻宫犯者之双辰。丑淫于癸，而坎、艮有缘。辰侵于乙，则震、巽相惹。

八节：立春、春分、立夏、夏至、立秋、秋分、立冬、冬至。每节有三气，三八二十四气。每气有三候，二十四气共七十二候。每候五日，七十二候共三百六十日，为一周之期。统于三候者，是一节管十五日之数也。丑与癸为驳杂，然丑与艮有缘；癸与坎有缘；辰与乙为纯阳，然辰则扰于震，乙则扰于巽，其未丁、辛戌可类推矣。

旧注曰：丑属艮宫，癸属坎宫，辰属巽宫，乙属震宫。

《字林》断法，推缺漏于偏旁；气蛊山头，应迍邅于孤寡。水南山北，应须体地以先天；水北山南，亦乃幽囚于暗哑。干维分至，既言清独从违；配祀苍生，当思重轻取舍。

丑为破田杀，辰为缺唇蛊。为先甲三日，后甲三日。先甲三日，辛、戌也；后甲三日，丁、未也。与丑癸、辰乙同是卦之边旁，皆主孤寡之应。故无论水南山北、水北山南，皆当以干维为用。若以丑辰、未戌立向，未有不幽囚喑哑者。

五行变动第六十七

　　大人者，悬命于天，托生于地；体魄降地，魂气归天。有生乘五土之融结，变五运之盛衰。

　　未有命之先，由天而得之命；既有命之后，托地以生。夫身有生必有死，死则魄降于地；有魄必有魂，魂则复升于天，原其生乘五土之融结。考其盛衰之故，则由于五运之变化也。黄帝曰：太虚寥廓，五运回薄，盛衰不同，损益相从。运有平，气有不及，有太过，而变化生焉。

　　樗里不云乎：人者，二气钟之，五行之裔也。

　　二气，阴阳也。五行，一曰水，二曰火，三曰木，四曰金，五曰土。二气生五行，合五行之气而生人，故曰裔。董仲舒曰："为生不能为人，为人者天也。"人之生本于天，天亦人之曾祖父母也。此人之所以上类天也。

　　五神命之，五行之秀也。

　　形者，神气之舍。神者形气之主。形气非神，块然一物；神非形气，茫然无归。呜呼，寄神性也，寄气命也。圣人忘形养气，忘气养神，忘神养虚。形神俱妙，与道合真。

　　神者，阴阳不测之谓，得于五行之至清，故曰秀。

　　五常性之，万物之灵也。

　　五常，性所自有，于理无不备：仁者，不忍也；义者，宜也；礼者，履也；智者，知也；信者，诚也。人生得五气以为常，最灵于万物。

　　五事役之，五行之运动也。

　　五事者，一曰貌，二曰言，三曰视，四曰听，五曰思。貌曰恭，言曰从，视曰明，听曰聪，思曰睿，皆所以役之也。貌泽水也；言扬火也，视散木也，听收金也，思通土也，亦人事发见先后之序。人始生则形色具矣，既生则声音发矣，既而后能视，而后能听，而后能思，此五行之运动也。

　　五福六极舒惨之，五行之亏盈也。

五福，一曰寿，二曰富，三曰康宁，四曰攸好德，五曰考终命。六极，一曰凶短折，二曰疾，三曰忧，四曰贫，五曰恶，六曰弱福。舒而极惨，福盈而极亏也。

死者无嗜欲泪之，五行之已息也。

死者，无所谓五神，无所谓五常，无所谓五事，无所谓五福、六极，故曰息。

魂气散之，五行之变化也。

死者魂升于天，若云之游而无所不之。其变者忽异其形，化者不可得而见也。

骨肉归之，五行之清浊也。

死者骨肉毙于下阴，为野土；其气发扬于上，为昭明焄蒿。此清浊之辨也。

管氏之意，以骨肉分清浊。

葬者，乃五行之反本还元，归根复命，而教化之达变也。

人本五土之融结，以生死葬于土，是反其本、还其元、归根以复其命，而后知葬之一端为死者生之之。自圣王教化，无处不有，此非教化之常，由常以达于变也。

嗣续因之，而盛衰消长、舒惨往来，而感召之逆顺也。

其子若孙因五土之吉凶，以为盛衰消长、舒惨往来者，死者无其心也。五土盛则以为长，五土衰则以为消，盈以为舒，亏以为惨，其感召之逆顺，存夫五土而已。

操九者而全之，其惟君子乎？五福常自若也；并九者而丧之，斯为妄人乎？六极焉所逃哉！葬者，特反本还元之一节耳，知其一而不知其八，其亏绝于五行者亦已多矣。望六极之消、五福之臻也难矣。

九者，阳数之极。操者，操其理之全，曰气、曰神、曰五常、曰五事、曰福极，皆天所赋于人。曰无嗜欲、曰魂气散、曰骨肉归、曰葬之而嗣续因，皆人所复于地。君子体天之赋于人，而不散或戾于天。凡养气、存神、明五常、敬五事，皆所以遵五福、避六极之道；体人之复于地，而不敢或戾于先，故先王立祭统祭义，所以交神明、事上下。夫祭者，非物自外至生于心者也。心沐而奉之以礼，是故惟贤者能尽祭之义。

贤者之祭，必受其福，非世所谓福也。福者，备也。备者，百顺之名也。无所不尽之谓备，内尽于己，外顺于道也。方氏曰："魂气归于天，形魄归于地，故必合鬼与神，然后为教之至。"是即五行之既息，而归之于变化，形之于清浊。至于返本还元，而皆不失五行之变动，其惟君子乎！君子未尝有意于邀福，而五福常自若也。不知九者之谓何，六极焉所逃哉！故葬者反气纳骨，特五行之一节耳。知葬而不知即气与神以养我身，知葬而不知五常五事以正我身，知葬而不知事死如事生、事亡如事存之道。死者自死，生者自生，其亏绝于五行者亦已多矣。望六极之消不可得也，况五福乎？

逾宫越分第六十八[①]

　　针指坎、离，定阴阳之分野；格偏[②]壬、丙，探僭越之津涯。丧家矢柄于群奴，化国总归于一德。是以坤、艮向宅，祸萌于丑、未、寅、申；乾、巽安坟，灾伏于辰、戌、巳、亥。元辰巳水，巽兴合活之悲；向首艮山，丑起缺唇之祟。皆由驳杂，执断例以言凶；若是真纯，岂《字林》之可断。

　　针指子、午，万古不易，阴阳之定位也。格偏壬、丙者，非天也，盖子之西属壬、午之东属丙，以子午而较之，则有壬子、有丙午。五行各异其用，其原出自上古，非后世所可臆度者。或谓臬影较偏于壬、丙，纷纷争论。不知此羲和之术，所以正四时者，而移之以推地气，则谬矣。两间之理，天动而地静。唐虞至今四千余年，日之躔次相去已五十余度，又安得而齐？故岁差之法，岁岁有变，非若地之凝然不动也。此书以《洛书》五行为用，专重元女，净阴净阳。在探其津涯者，恐干支阴阳相错，便有群奴丧家之祸。必纯粹无疵者，乃可得其化国之权也。故坤以未、申为奴，艮以丑、寅为奴，乾以戌、亥为奴，巽以辰、巳为奴。若元辰巳

---

① 一作差山认主一作字林断例一作形势纯驳。
② 一作侵。

水，巽为两巳相共，故犯合活；向首艮山，丑与辰宫相破，故犯缺唇。巳水则为乾山，艮山则为坤坐，故云驳杂不得真纯也。

又况阳宫属左，右位居阴。推孟仲季之三宫，分长、中、少之诸子。果不淫于一气，何自启于五凶？故艮、辛、兑之来山，叶巽、丁、庚之去水，得壬、子、癸之坐穴，宜坤、离、乙之朝山。棣萼联芳，曷有枯荣之辨？原鸰栖翅，曾无飞伏之偏。

自子至丙，属阳宫；自午至壬，属阴位，此左右一大阴阳也。然阳中有阴，阴中有阳，故自子至癸、丑又属阴，艮、寅、甲属阳，卯、乙、辰又属阴，巽巳丙属阳；自午至丁、未属阴，坤、申、庚又属阳，酉、辛、戌属阴，乾、亥、壬又属阳。阳左旋，阴右转，而孟仲季之三宫，则由于八干之阴阳而定。然果得一气纯粹，又何有其凶者？故艮、辛、兑之来山，阴龙也；而巽、丁、庚之去水，阴水也；壬、子、癸之坐穴，阴穴也；而坤、离、乙之朝山，阴应也。阴阳纯粹，公位自然停匀，故引《棠棣》、《脊鸰》之诗以喻之。

五凶：疾厄伤痕、生离死别、刑辟患难、夭折鳏寡、暴败猖狂也。

《诗》云："棠棣之华，鄂不韡韡。"① "脊鸰在原，兄弟急难。"脊鸰，水鸟也，其飞则鸣，行则摇，有急难之意。

顾瞻四势之精神，来龙有穴；夹带两旁而妒忌，去水为妖。二用不倖，一例奚既。

来龙出四势之中。来龙夹杂则为妒忌，去水夹杂则能为妖。二用者，阳明、黄钟也。上文言坤、艮向宅，复言乾、巽安坟，一重在向，一重在山，故曰不倖。一例云者，非上文一例所得尽其义也。

---

① 又云。

五行正要第六十九[1]

茔冢兮，乃造化于黄钟。区穴稍不广兮，异阳宅之占方。东南西北兮，各分六气之运。每方七宿兮，亦以见四正之重光。参之以四维八卦兮，皆具三爻之位。有子母牝牡兮，于以消长其阴阳。

按：此图解已统附此段总注内，不复另标图说

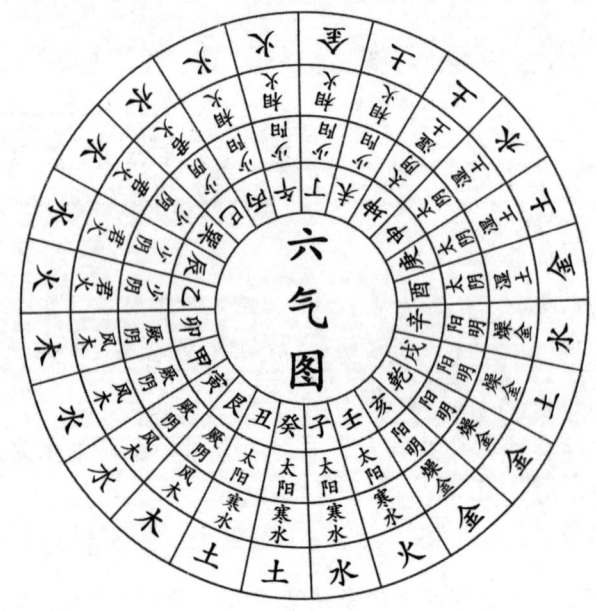

---

[1] 一云四正释微。

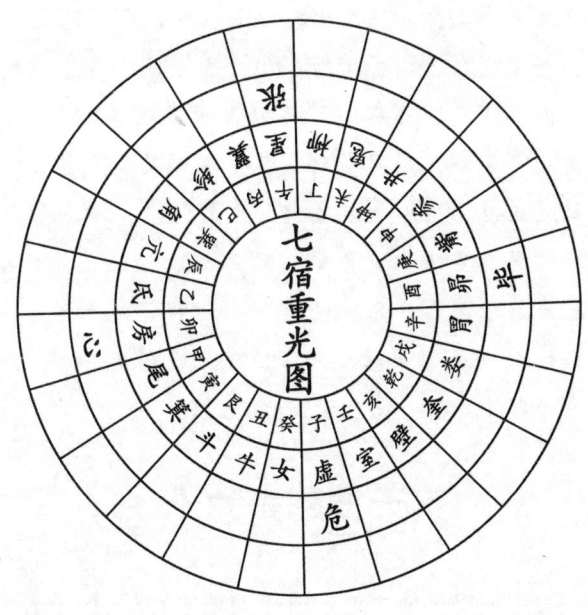

　　黄钟，黄泉始萌之气。横量曰广，不广，左右不甚阔也。方，向也。阳宅以向为主，非若茔冢以山为用也。六气分于四正厥阴。风木起于艮之半，见唐丘延《翰天机类辰图》。每方七宿者，二十八宿入于二十四位，余四宿重于子、午、卯、酉之四正，其所重者皆日月之宿，故曰重光。参之三分之也，一卦三爻，二十四位，八卦，统之三八得二十四爻也。我生者为子，生我者为母。阴曰牝，阳曰牡。阴消则阳渐长，阳长则阴渐消。《史记》以十干为子，十二支为母。

　　震为雷兮，必奋收于庚土。土有所出兮，必乔木之苍苍。母甲子乙兮，气必均于一体。兑为金兮，亦庚辛母子之宫。二分之气兮，平阴阳之正候；二至之气兮，见阴阳往复之穷通。阳生于子兮，壬分相剥之火；阴生于午兮，丁金出剥极之中。阳维取相于未复，阴维取相于未藏。始生未离于元气，淫泆必有以堤防。既达乎四正之造化兮，然后四维之义亦可以类而研穷。

　　雷出地奋二月春分后令也。至八月而雷始收声，当庚之末。故震属木、庚属土、水属木。木生火，故甲为震之母，乙为震之子也。土生金，金生水，故庚生兑，金为母，辛受兑，生为子也。二分，日夜，等其时为同度量，正权衡之候。二至，阴阳极往而必复穷，则必通之候。故壬火位于水之中，丁金居于火之内，壬阳而丁阴，壬左而丁右也。乾以戌水亥金为相，是金犹未复、而水方在往也。艮以寅水丑土为相，二气犹未藏也。巽以辰水巳木为相，是水方藏而木犹未藏也。坤以未土申水为相，二气方在往也。此阳维之未复、阴维之未藏也。然其间未、坤、申、庚为始生之气。壬防燥金之泆丑，癸防水之淫巽，巳防相火之泆是。乾以戌水为子；以亥为兄弟，艮以寅水为母，以丑土为子；巽以巳木为子，以辰水为弟；坤以未土为兄弟，以申水为子；而二十四位无遗蕴矣。①并丁合午，阳火必索于阴宫；舍午归丁，阴金必仇于阳火。

夷天发越第七十

《易》不云乎："裁成天地之道，辅相天地之宜。"扬子云所谓："天不人不成，人不天不因。"兼斯二者之殊轨，当审两家之情亲。虽符衢之臆见，未契余之私心。必也亏盈乎天理，高下乎天然。旺相则五帝宿其位，囚谢则五正有所不安。人力徒戕其正气，客土第知其不仁。

《易》曰："天地交，泰。后以裁成天地之道，辅相天地之宜。"天位乎上，地位乎下，此其宜也。泰则地在天上，卑高失宜，不得不财成以制其过，辅相以补其不及。天不人不成者，天亦有时而穷；人不天不因者，人不因其天之固然，人亦无所施其用，人特体天之意以完天耳。故旺相之位，或缺陷，则培之，五帝守其位也；囚谢之位，或有所益之五正不安其位者，譬火之所喜者木，而益之以水则不乐矣。若亏盈不合天地自然之理，是亏者徒戕其正气，盈者第知其不仁也。

李淳风曰：自养至旺为有气则可用，自衰至绝为无气不可用。胎养半吉，凡秀峰在纯阳纯阴，方乃为得其应。故裁剪妆补止于左右案应明堂之内，施工可也。若四势不顺难于妆补，或若培客土于来山，则未见其吉，必有不测之凶。

骨肉既割分，非脂膏之可补；剖竹已解兮，虽胶漆已难完。故曰"使

---

① 一本云。

然自然"，此天人之所以分。

既剖、既解之不可补、不可完，其理固然。然亦有伤之久而气复渐完，未可概以既剖、既解者而视之，为使然也。

穴龙之皮，污壤浮湿，主气未至，客气侵欺；穴龙之肉，二气皆蓄，割肪切玉，五色备足；穴龙之骨，膏髓发越，生气绝灭，死脉流血。

蓄，聚也。皮浅，肉适得中，骨则侵石过深。皮为客气，肉为聚气，骨为绝气。然有浮葬者不可以皮论，有沉葬者无石，不可以骨论。盖浮葬者，略掘则水至，势不得不浮皮。即其肉地也，沉葬者虽深而不至膏髓，皆二气所会之地，不得谓其气之绝也。

四穷四应第七十一①

险隑兮，尤须一亩之明堂。易野兮，无过一里之应案。乾流兮枯竭其气脉，飘风兮荡散其根源。又况一亩明堂，钳欲流长；一里应案，钳欲朝水。流长则明堂不倾，朝水则应案相迎。应案相迎，气不散乱；明堂不倾，气乃相乘。相乘则嗣续绵远，不散则停蓄繁衍。

险隑属阴，阴以阳为德；明堂平敞属阳，阳舒而阴不塞也。易野属阳，阳以阴为德，应案隆起属阴，阴敛而阳不散也。一亩、一里云者，约略言之耳，若过大过远，反旷荡而难于凭藉矣。盖明堂不聚，则内脉枯竭；案应不集，则真气飞扬。然明堂又恐其倾，必欲其流；长案应又恐与穴不相逆，必欲其相乘而始得阴阳交媾之理。嗣续以子孙言，停蓄以财富言。

心目之妙，止于四要。故曰：天光发明，坦然而邃；不测之源，积于生气。派宗于旺相之途，朝集于大旺而至。止地形而限天经，泽将衰而流既济。反因谢而通之，则丹元而必毫。横乎其形，逆乎其势，纳乎其喉衿，脱乎其裙袂。是以阴极生阳，阳极生阴。惟纯粹而发光芒，忌淫蛊而残凋瘵。

旧注曰：四要，一曰来山，二曰去水，三曰明堂，四曰应案。

---

① 四穷即四极，东西南北也。

四要即四应。天光发明，明堂之不幽。坦然而邃，明堂之不窄。不测之源，明堂有渊停若鉴者。原其故，皆气之所积。盖气者水之母，水者气之子也。亦有各派会集于此，止地之络、限天之经，必泽于将衰而流于囚谢之地，乃得山川交媾之理。若立向有失，反从囚谢流来、生旺流去，犹之用克泄药石于胃腑，而丹元为之惫矣。然立向之道，贵形与势相逆，以理具于天地之最始。若水口如裙袂之散者，不足言矣。阳极、阴极，左右逆顺之生死；纯粹、淫蛊，前后山向之纯驳。

《海赋》曰：天网淳濔，为涠为潆。

二气从违第七十二[①]

判一气而形五体，乘五胚而运三精。有生兮禀五气之清浊，反始兮因五土之盛衰。五事五常兮，虽已息而已革；五配五正兮，必有从而有违。顾五福、六极之舒惨，亦依五服、九族，以次而归之。故育子承宗之义重，岂五配五神有所不知？达者释然而悟，昧者懵然而疑。

一气既判，气实生形。形生而具元首、四肢之五体，非三精以运之，五体皆虚具也。魏伯阳曰：耳、目、口曰三宝，即三精出入之地。耳乃精窍，目乃神窍，口乃气窍。体言其外，精言其内也。人之生也，五气之清者为肉，五气之浊者为骨，皆禀自天。死而葬之日反始，其配于五土之盛者福，配于五土之衰者极，所固然也。然有育子而承其宗者，不可谓五配、五神遂无其凭藉也；亦有无其嗣而乏其承者，又必因五服、九族之近者而依之，五神非不知之也。

人有嫡而有从，木有干而有枝。嫡嗣而从不续，嫡绝而从犹跻。枝蠹则木必朽，心朽则根必枯；枝戕而干必腐，干伐而根犹复。梯人和而义合，义乖则亲离。断木则根本顿异，接木则脉理相比。司福相投，志清而意解；司灾分付，目眩而心迷。

五祀所在，五神归之。亦有祀废而神不废者，所谓不殀不羞之神也。然其神则已得五土而附之，故杨子曰：情通则气通，义绝则荫亦绝。是情

[①] 一本作五气衰旺。

通在应嗣，义绝在不应嗣。应嗣而绝，则不应嗣者又属应嗣，而荫亦不绝。所谓人和而义合、义乖则亲离，可以知从之续乃嫡也。譬之木然，一为断木，一为接木；断木为一本之木，接木为他本之木；一本之木断是嫡绝也，他本之木续是从、犹不绝也。续之吉者志清意解，续之凶者目眩心迷，所必然也。

积气归藏第七十三

　　钳龙兮融结其气概，明堂兮发越其精神。旁立万象兮，潜逆不露；内乘五运兮，表里相因。腕向前趋，肘后休贪于后曳；面当应拱，背边要识于分枝。有势无形，非行龙则为辅从；有形无势，非打水便是孤遗。

　　此编论积气归藏，而以钳龙、明堂为积气之场。旁立万象，在钳龙之外。罗城密则其逆者潜也。内乘五运，在明堂之内。表者因其天之时，里者因其地之脉。无不以五运之盛衰为消长耳。"腕向"二句承钳龙说，后曳则其势不来"面当"二句承明堂说，分枝则其应不特。有势无形，有形无势，皆非积气之所不可归藏者也。

　　土地延长，常有兴衰之运；人情变革，岂无成败之期？若木火土金水之有气，亦水火金木土之非宜。是阴阳何关于造化，日月不见其盈亏。

　　此一段专言积气。有气则兴，无气则衰，此成败之期也。如木运得丙、辛为有气，得乙、庚为非宜。若以非宜之乙、庚，而用之于木运之地，则阴阳不关于造化，日月无盈亏之候矣。

　　夹辅既深，缓去不妨于脱气；闺房才露，冲来切忌于风吹。仰手掌心当拟环旋之的，覆手虎口但寻洿窟之规。

　　此一段专言归藏之所。"夹辅"二句承钳龙说。夹室所以卫区穴。夹辅深，由于其气之不能骤止，故不妨脱。"闺房"二句承明堂说。古诀云："好龙恰似闺中女，帐幕潜身不露形。"言明堂之口仅露内形，须要外山拦塞，否则便为风所漏矣。"仰手"二句言平洋之无钳。"覆手"二句言冈陇之贵窟。

　　旧注曰：管氏之意，谓仰手之掌心，必有四势朝应；或平夷之地，亦得藏车隐马，乃为真穴；覆手虎口，则左右钳抱，重重扈从矣。

旧注与本文不甚吻合。

天人交际第七十四

天文人事，用天正人正之殊；地理天时，兼地正人正之用。

天正，阳气始至；地正，万物始萌；人正，万物始甲。周用天正建子，商用地正建丑，夏用人正建寅。

时王授正，以人事为重。故用人正言地者，必合之天时。地正建丑，故冬至后有易墓之说，然不能外人正以为用也。

此篇立意重在以人而合天。天不可得而交，交之于时，即所谓交于天也。择术不精，其如天何？

寻龙择术，天道必赖于人成；侮术听神，人事已甘于天丧。物数亏盈兮，虽先天而定；人事惨舒兮，有回天之造。运有通而有塞，数有沴而有祥。泰通而否塞，祥盛而沴衰。

人与天、地并立为三。人非天、地无以见生成，天、地非人无以赞化育。寻龙择术者，知有其人；侮术听神者，不知其有人也。先天而天弗违，物数之亏盈已定；后天而奉天时，人事之福极当修。蔡虚斋曰：天之道，时焉而已矣。运虽定之于天，数可得之于人。天与地虽同一运，而有通有塞；虽同一数，而有沴有祥。天地交曰泰，不交曰否。如甲年土气太过，而用之于丑、癸，未则为泰；用之于坤，庚则为塞。已年土气不足，而用之坤，庚则为泰；用之于丑、癸，未则为塞。此盛衰之故，不可不辨也。

故曰：承金相水，托①土荫木。火利土息，木荣火族。葬水绝火，土金之福。②

此一节承上文运数盛衰之故，正天人交际之时也。承金，所以相水也；托土，所以荫木也。火炎，利土以息之；火弱，喜木以荣之。葬水则

---

① 一作穴。
② 其例如乙庚年葬甲、寅、辰、巽、戌、坎、申、辛八山，谓之承金相水；甲已年葬震、艮、巳山，谓之托土荫木。

火绝，土为金之福。故曰承、曰托、曰利、曰荣、曰葬，皆指天时言也；曰相、曰荫、曰息、曰族、曰绝、曰金之福，皆合于地言也。然曰承则谁承之，曰相则谁相之，曰托则谁托之，曰荫则谁荫之，曰利则谁利之，曰息则谁息之，曰荣则谁荣之，曰绝则谁绝之，曰福则谁福之，要之皆人也，此天道、地道之必赖人而成，其侮术听神者当何如耶？而或者以为承金大作员堆，穴土大开方口，相水大开员口，印木因山续脉。又或以谓浮阳之穴，非乘金不足以聚之；半阴半阳，非相水不足以发之。乳脉短小，必须印木因山续脉，皆为合以固之。独穴土之法，盖其所钟，肤乳粗大，阳藏于深，必须深取土作穴以通之；若培土太深，则气难发等语，不知其何所据。又托之司马头陀，亦甚不可解也。

小往大来，所异往来之数；轻清重浊，本同清浊之源。

小，阴也；大，阳也。甲消则乙长，丙往则丁来；子消则丑长，寅往则卯来。此小大往来之数。有如是者，其轻清者，为天干而五运寓焉；其重浊者，为地支而六气寓焉。然揆其本皆体于一元，无所谓大小，无所谓清浊也。

又况人有巧而有拙，术有方而有圆。巧者拙之佐，方者圆之先。方圆相胜，祸福相延。祸机相发则忠言不听，而必听于浮言。自非五配、五祀，密为之折衷；而八相、八命，又乌得而兼全？

此言人之遇术，各有其天。方术不多见，幸而遇之，福之基也。或又遭圆术以胜之，岂非祸机之发耶？八分相人也，八分命天也。苟非配祀之良是，徒有其天，徒有其人，于地有未备，五福终未全也。

此篇首言天之天，中言地之天，末言人之天。重在以人而合天。天之天，时也。地之天，因其方以配其天之时也。人之天，与天、地合其德也。

夷险同异第七十五

险隰之巅兮，以宽平为特结；易野之旁兮，以幽邃为特藏。洋洋万顷兮，敛集于一脉；层层万仞兮，平趣于四方。是以东南兮不贵于案应，西北兮不贵于明堂。欲其宽则特紧，紧则特宽。险隰以明堂为贵，易野以应案为真。

险黑，阴也，不患其不藏，宽平则得阳之嘘；易野，阳也。不患其不坦，幽邃则得阴之吸。洋洋万顷，阳也。敛集一脉，是阳中之阴。层层万仞，阴也。平趣四方，是阳中之阳。东南属阴，案应是阴而遇阴；西北属阳，明堂是阳而遇阳。宽则特紧，阳中之有阴；紧则特宽，阴中之有阳。故东南以明堂为贵，西北以案应为真也。

真纯一气，无向背之春风；驳杂两途，见凋零之寒露。

此一段见夷险之同。阴阳不杂，无论险黑、易野，皆见其荣；阴阳不纯，无论东南西北，难免于谢也。

泉脉枯竭兮，非立人之地；沙卤淋沥兮，非积气之墟。有山无水兮，则气散而不停；有水无山兮，则气凋而不结。故曰：穴为奇，水为耦。耦欲平兮奇欲阜。应案兮以分宾主，辅从兮以分左右。四势会集兮，疏漏为忧；三形洁净兮，杂冗为咎。

险黑易枯，易野近沥；高则燥，卑则湿，此其常耳。故有山无水枯也，而气散焉，为其无以止之也；有水无山沥也，而气凋焉，为其无以疑之也。故有山而遇水之平，则气停；有水而遇山之阜，则气结。案应辅从，则险者以之，易者亦以之。疏漏者，即案应辅从之不密。杂冗者，穴场参错而散剩也。

李淳风曰：源脉竭者，乃乾流穴也。有山无水，则人亦不立矣，况配祀乎？若有水无山、沙卤淋沥者，乃土脉不附于造化，其气飞散，皆非可卜之地。

形势逆顺第七十六

虢氏曰：远则观势，近则观形。左右前后，各有行止之程。水分向背，四势成形，封限其中，如堂之登。

远势恒行，近形惟止，兹言各有行止。则是辅门止于外，夹室止于内；以夹室而视辅门，则辅门为行而夹室为止矣。案应止于前，元武止于后，以元武而视案应，则是案应为行而元武为止矣。然止而不行者，非势；行而不止者，非形。水之向者，势亦向；水之背者，势亦背。形由势立，势背而形不成。四势成形者，山封于内，水限于外，如堂之可登也。

钳所卫者为穴，夹带杂类则沾惹私情；宾所应者为主，案前分沓则主被侵凌。

穴场贵平夷坦荡，若钳之中而含堆阜等类，便为沾惹私情，谓若有所挟也。宾贵端崇应主。若面山高大而各自分歧，主被其侵压也。

是以明堂者以洁净为德，以驳杂为刑。忌惟忌于隘陋，贵惟贵乎宽平。散如鸡胸兮，非雍容之相；陷如蟹脐兮，非衿抱之情。

明堂容不得一物。但有一物，便不洁净而驳杂矣。隘陋则气充塞，宽平则气雍容。若如鸡胸者，突也；如蟹脐者，坎也。突防内乱，坎犯污浊。

或曰法尤取于奇特。洋心圜秀兮，有海眼之名。

洋心圜秀，是明堂中水聚天心，或渊泉真应，皆是。命名海眼，为其不涸而长明也。

曰：镇流痕，卸①脱气，而反之不穷者，非凝非刚。方端固，则湛然上发于天英。此古人所以为城门之号，而异乎明堂之称。

流痕，水口也。穷，塞也。方，位也。端，兽名也。天英，离也。形势逆顺见之于水，水又在口上，见其逆之之情。卸言水之倾逝，脱言内无遮拦。水若曲折之元去而复返者，谓之去而不去。若水竟去而不能反之反矣，而不能塞之，非所谓结也。苟塞矣，非坚刚无以示不磨，非方位无以顺六替，非端兽之守无以见户之严，非固执之牢无以见内之密。四者得而水即澄然以安，上与天英相明发矣。盖明堂上应列星，若水口无山镇之，内虽有堂，终是暂荣暂落而已。

盛衰证应第七十七

二气判兮，五土为清；二气淫兮，五土为刑。源脉不续兮，流必竭；干枝不附兮，花不荣。朽樗蠹栎兮，不可雕；饰断缣败素兮，岂任丹青？

二气判者，得净阴净阳；二气淫者，谓阴阳驳杂。源脉自祖宗处分派

---

① 一作御。

到堂者为续，不自祖宗分派到堂者，自是短促而不续；故流为易竭。凡干必以枝为卫，其枝不附于干者，源派之所不滋，故其花不荣。朽樗蠹栎，喻险隰之枯索。断缣败素，喻易野之崩破。均不成毛骨者，皆衰之应也。

龙发迹而水归元兮，既纯一体；穴趣全而形避缺兮，始顺成形。水要环城，反背则不钟内气；山寻住脚，连延则不续他情。

盛衰之故系于龙穴。龙而发迹归元，见源脉之接续；穴而趣全避缺，见干枝之相附。水之环者气不背，山之行者气不止也。

尊不可居，卑①宁自抑？故阴阳以闰余成岁，而君子以谦虚为德。然形成表里。穴有浅深，在心目之自得，非口耳之可传。

尊处罡饱难容，卑处气定不去。闰者，一岁之余。谦者，君子退让不遑之美德。古诀云："古鼎烟销气，尚浮灵城精。"义葬脉不如葬气，皆尊不可居、卑宁自抑之意。然穴太低，恐又脱气。惟"闰余"二字极明。一岁而不积，十日有奇之剩，即非所以置闰。而其所以留有余之数者，即其气有不尽也。君子谦让不遑之意，为得其气之和，亦非脱气之谓。形有见于表者，山水案也；有见于里者，浅深之精妙也。穴于皮为过浅，穴于肉为得中，穴于髓则未免伤骨矣。

故曰：开新易故，土岂自然？送死伤生，物嫌非类。同穴同日，同凶同吉。同圹异时，漏泄根基。纵再生阳，先且罹伤。

凡初葬者皆新土，若既葬而复开之，则土不得如当日之新，谓非自然之土也。抑葬而得黄钟之生气，则生生无穷矣。今复送死而合葬，是与生之气有妨。物伤非类之死，况君子乎？同穴谓同此地，同日谓同此天，异时谓先后之葬，异其人。阳者，黄钟之生气也。既葬而复开之，故云漏泄。泄而后塞之，俟一阳再生之候，而黄泉之气复至也。然既有一泄，未有无一伤者，纵使复生，而先已罹其害矣。此盛衰之证也。

袁天纲曰：凡穿凿圹坏见遗物，必已穿掘之地，则是不祥之证，自非土脉之融结。或结三圹，一穴先掩则气已随生余穴，数年之后方发。或方发而开则漏泄，前气必至侵凌。见遗物为不祥，似属可议。

---

① 一作势。

孤奇谲诡第七十八

穴有洼隆兮，均欲贵其得气；气有祥沴兮，岂不习之能悉。土脉不附兮，气淘于沙石。

洼、隆，高下之别名。沴者，阴阳之气乱。淘，荡也。郭氏曰：气因土行，而石山不可葬也。

古人以石为山骨者，必有理脉以通天运，以达天遏。故曰：维石岩岩，其辨有三，似石非石，似土非土，割肪截玉。日不可烈，而雨不可淹。此又毫折之所堪。彼有顽不通气，坚不可凿，葬之如掷潭；崎岖突兀，立尸植符，棱棱甋甋，葬之如塞埔。此石山之葬，衢所不谈。

势降不续兮，气绝于来历。

郭氏曰：气因形来而断山不可葬也。然断有几等：有为水所冲者，有为路所截者。有为畚锸所伤者。龙行至此，未有不遭其害者也。

成形不界脚兮，气过前行。

郭氏曰：气以势止，而过山不可葬也。即《乾流过脉篇》曰：虽涉田濠，尚是乾流之水；未淘沙石，当知过脉之冈。

四势不会集兮，气之孤寂。

郭氏曰：气以龙会，而独山不可葬也。《三五释微篇》云：发将无踪，过将无引。三形失势孤遗，独起以何依；五气施生四水，一时而流尽。此独山之葬，衢之所短。

杞柏不植兮，气残于秃童。

郭氏曰：气以和生，而童山不可葬也。《三五释微篇》曰：霜风剥裂而屑铁飞灰，草木黄落而涂朱散垩。春融融而脉不膏，雨淋淋而气不蕴。此童山之葬，衢之不允。

左右芒刃兮，气镶于尖射。

五鬼克应曰形如芒刺，铜针刺字。

水城不禁兮，气竭于枯槁。[①]

[①] 禁一作抱。

水所以滋养元气，其不禁者脱也。

明堂不净兮，气翳于横逆。

不净，垢污而不洁。草木藤蔓所蔽曰翳。其暗而不洁者，皆主横逆之应。

茫茫无应兮，气散而不停。

凡气聚于四面之完集、但有一缺、不为风所乘便为水所脱，其茫茫无应者，益知其气之散矣。

潺潺而隘兮，气沉于凌逼。

潺潺，水声也。凡水非激之不能有声。山之隘者，其流不畅，故其声潺潺，而气为凌逼也。盖气无以聚之则散，有以聚之而太逼则沉，可以思气之凝结贵乎中和而不迫。

如摇旌反弓兮，气之背脱。

摇旌，其势飘扬；反弓，其势背。

如燕尾八字兮，钳之分析。

燕尾八字，皆不能内顾，故曰分析。

如佩剑兮，气之冲割。

佩剑，一边硬直。

如钗股兮，钳之拙直。

钗股，两边皆直。

气之短促兮，如鱼尾之截段。①

鱼尾内原短促，再截为段，其内之容益可见矣。

气之狂悖兮，如羊蹄之不躔。

狂悖者，不孝之象，羊蹄头开两趾不躔，是无其践履之痕也。

如囊粮②覆杓兮，气之壅滞；

壅滞者，其气不施生。

如乱衣投算兮，气之淫泆。

《葬经》曰：形如乱衣，妒女淫妻；形如投算，百事惛乱。

---

① 一作双分。
② 一作灰囊。

如死蛇弃匏兮，气之沉溺。

匏，瓠之属也。长而瘦上曰瓠，短颈大腹曰匏。古者佩以渡水。

死蛇亦水形，故皆主溺水。

如拘瘿负赘兮，气之残失。

山居多瘿，饮泉水之不流者。赘，疣瘤也。山之如拘瘿负赘者，则亦有是应。残失，谓其气之凋落而遗也。

势所忌兮，惟忌于多情。形所忌兮，惟忌于百出。

势向左，欲其无不向左，若右盼，便是多情；形之中，著不得一物，若一有所携拥，便为百出矣。

应案惟贵于四应、四集①兮，虽忌于杂应兮，有镇五方之中正。

应案贵于四集，然亦忌于冗杂。若冗杂之中而有应于中正者，存亦不害其为冗杂也。

左右惟忌于不掩、不抱②兮，虽贵于环抱兮，有赘附挟私之丑迹。

左右贵于环抱，然又忌于夹带。若环抱之内而有附赘悬疣者，存其环抱不足贵也。

是以势所贵兮，惟贵于四集；形所贵兮，惟贵于顿息。形之应势兮，不论其长短；势之就形兮，不论其曲直。势之拱兮，不论其不住；形之住兮，不论其飞潜。动植之可式。

集者，如鸟之集于木。四集则气非孤寂。顿，下首至地也。顿息，则气无前行。形成于势之内，而息于集之中。然形有其长者，有其短者，惟在乎与势相应，便为真结，其长短不计也；势有其曲者，有其直者，惟在乎与形相就，便为贵格，其曲直不计也。又有大势既拱，其爪脚恒有逆拖向外而不止；亦有正干既拱，而其去尚遥，皆所不计。惟在乎得形之止，而其飞者、潜者、动者、植者，皆得而取用之也。

《象物篇》曰：凤翔兮，背崦乃安；驼载兮，肉鞍尤特。蟹伏鳌强兮，眼目非露；龟圆头伸兮，肩足难易。蜈蚣钳抱兮，口乃分明；驯象准长兮，鼻乃端的。鱼额脱兮，尾鬣扬波；马耳峭兮，唇口受勒。项舒嘴锐

---

① 一作案。
② 一作辅。

兮，鹤何拘于耳顶；腹满准露兮，牛不堪于鼻息。皆动之类也。古诀云："草上露珠偏在尾，花中香气总归心。"《星辰释微篇》云：瓜藤不附于蒲藤，味甘一实；萍稚难希于莲稚，香馥端彝。皆植之类也。

案所贵兮，惟贵于方员，左右所贵兮，惟贵于从翼不漏而不刺。明堂所贵兮，惟贵于横衍而平夷；龙虎所贵兮，惟贵于不尖而不射。至于迂深蟠曲、去而不倾不促者，亦未为脱而为感。

案方则端正，员则洁净。尖恐贵而有刑，曲似敬邪，直为冲撞，故惟贵于方圆。左右如羽翼之卫，惟丰满则不漏，顺从则不刺。明堂贵乎含蓄，横则不直衍，若千顷之陂，平易无突兀之弊。龙贵蟠，虎贵伏。尖、射皆刑伤之象。明堂居龙虎之内，龙虎包明堂之外。明堂虽忌直长，若迂深蟠曲，龙虎为之纽襘，不见其倾、不见其促者，又不可谓其倾脱而弃之。

五方应对第七十九

来龙兮，欲其一气之真纯；应案兮，欲其挺特而不群。青龙兮，欲其蜿蜒而顾主；白虎兮，欲其蹲踞以朝身。明堂兮，欲其宽平而蕴蓄；宫城兮，欲其堡壁而周巡。

来龙、应案、青龙、白虎，才有其四，明堂居四者之中，宫城居四者之外，其内宽平蕴蓄，养一体之真元；其外堡壁周巡，防八风之箭浏。

六相兮，欲其含养而丰积；六替兮，欲其潴泽而无闻。四势兮，欲其钟秀而不悖；三形兮，欲其形就而相亲。

养、生、沐浴、冠带、官、旺，为六相。含养、丰积，静定而渊停也。衰、病、死、墓、绝、胎，为六替。潴泽、无闻，悠扬而缓曲也。钟秀、不悖，山无粗恶之态，而与形有情；形就、相亲，砂无他顾之意，而与势相逆。

今也经以《遗书》之旨，纬以樗里之文。

上文曰经，下文曰纬。

潭潭然主欲降而俟，堂堂然应欲趣而陈。枪枪然从欲环而卫，洋洋然水欲绕而平。荡荡然其气宇，集集然其精神。悠悠然吐凶谢而疏积聚，临临然纳旺相而见维新。生生然纯一气而不妒，澹澹然斯百福之是臻。

潭潭，深貌。欲降而俟，根上文来龙说，言龙至此而止，若有所待然也。堂堂，明正貌，根上文应案说，欲趣而陈其意向专一而不他去也。枪枪，盛貌，根上文青龙说。洋洋，宽大貌，根上文白虎说。白虎何以说洋洋也？举白虎内之朝水而言，若内无水来则天门为之闭塞，水绕而平，则虎为驯俯矣。荡荡，言明堂之广远。集集，言官城之会聚。悠悠，远也。临临，大也，根上文六相、六替说，其积聚者既疏，而所出者皆新矣。生生，秀美之色，根上文钟秀、不悖说。澹澹，恬静之气，根上文形就、相亲说，言形势均要得一气真纯，自然百福之咸集也。

旧注曰：澹澹然者，以福不可贪求，惟谨送死之节，守五行之正，然后得天付之自然，则百福自臻。

气脉体用第八十

夫行龙以势，住势以形；应龙以案，乘案以穴。①

龙非势不行，势非形不住。其行也，若江河之奔放。至或汇而为湖，或潴而为泽，即其止之义也。能既止，则无有或行之象。案，其止于前者也。龙能为案，而不能乘案；然穴亦为龙所生，究之龙亦不知案之何以必应夫龙，案亦不知穴之何以必乘夫案。是理在气之先，体得操用之理。

气钟四势，穴就三形。② 形欲住于内，势欲住于外。大地无形，融结气概；小地无势，精神聚会。融结则气钟，聚会则气止。

气钟于外者为四势，钟于内者为三形。势若果之核，形若核之仁。大地非无形，形大而势即其形；小地非无势，势小而形即其势。形大而融结者，气概自是恢宏；势小而聚会者，精神必然秀发。二者皆气之积，未可分优劣也。

夫势者，其体以土，其用以水。因体而行，乘用而止。其行也由势而来，其止也顺形而峙。

---

① 一作堂。
② 就一作聚。

郭氏曰：土者气之体，气者水之母。有土斯有气，有气斯有水。其体以土，其用以水。是体用实为一串。体属于阴，为静；用属于阳，为动。山本静，以动为用；水本动，以静为宗也。然动此气，静亦此气；势来此气，形峙亦此气也。

形欲住脚，势欲住郭。势行形止，行贵在迩；形行势止，止防为诡；势止形止，气之已委；势止形行，行之莫登，形止势行，行之在城；势行形行，气之始生。

脚言近，郭言远；脚系一身，郭在城外。形在势之内，形已止而势尚行；若行过远则与形为无力。形行而势未有不行者，其或势有止者，非真止也；势止而形未有不止者，势止而形止，其止为真止也。势止形行者，非形形止势行者不可以言非势为其势之行在城也。势行而形亦行者，是在发将之时，其去尚远，气之始生者然也。

势全形就者，气之旺也，是以五配、五祀以之命慈孙而锡孝子；**形残势背者，气之衰也，**是以五配、五祀之所不安，而丧家贼①子之所由起。

全者，言势之备；就者，言形之逆。势备而形与水逆者，体之旺也，天之所以命慈孙锡孝子者也。残者，言形之伤；背者，言势之反。形伤而势与水反者，体之衰也，丧家贼子之所由生也。人第知气脉之体用，而不知配祀为人之体、子孙为人之用、慈孝为人之体、富贵为人之用，今不先之以其体而徒于用求之，亦惑矣。

---

① 一作败。

管氏地理指蒙卷九

贪峰失宜第八十一

四势不集不蓄兮，五气散于八风。窔岩罅石之欹危兮，徒丑陋以腾空。

不集者，众山之不辅；不蓄者，众水之不停。四势虽曰众山，而众水亦在四势之内。窔，穴也。石窟曰岩。罅，裂也，言四势不集、不蓄，有危峰在前，徒显其丑陋耳。

内案兮所以卫区穴，外案兮所以应明堂。是以大姓世家不居于易野者，盖近案不真而远朝，徒望于千峰。

易野一望无际，有近案则易野之气为之一收；然终非悠远之地，必得四势环集之中。内案以卫其内，外案以御其外，大姓世家之所以永久也。然有无内案而外列千峰者，不知内气之固在乎。近案为之蓄外，虽有千峰环列，无补于坐下之气，竟何益哉？

或曰：然则险隘之地，乃富贵之钟。曰穷源僻谷者，重阴之积聚；雍容夷坦者，乃奋发于英雄。

或人以为易野不居，必居险隘，而不知阴阳不可相胜。险隘属阴，必得明堂为限，取阳也；易野属阳，必得应案为真，取阴也。若徒于险隘之地，不有明堂以限之，是以阴遇阴，为重阴之积，未有不败亡者。必得雍容夷坦之场，为阴得阳而昌，方是英雄崛起之地。

支亲谊合第八十二

人之有生兮，命五行而性五常；死而返本兮，贷五土而藏五气。因五帝、五正兮，配五运而分五祀；此五福、六极兮，所以舒惨乎吉凶。虽曰送死之礼兮，圣人所以行教化也；然教化与造化兮，亦先圣后圣用心之所同。

人禀二五之气以生，即具有仁、义、礼、智、信之五性。既死而反本还元，非五土无以复其命。于是即五帝、五正之位，配以五运而后祀之，此五福、六极所由生也。然圣人之意，不过为送死之礼，未常及于祸福之说，而不知教化之典实因夫造化之意以为心，非凡民所得而知者。先圣后圣无二致也。

子曰：气也者，神之盛也；魄也者，鬼之盛也。合鬼与神，教之至也。方氏曰：魂气归于天，形魄归于地，故必合鬼与神，然后足以为教之至。然则以地之五正配天之五运，是即不敢或戾于下阴之野土，而复不敢不上肃于昭明。祭义曰：圣人以是为未足也。筑为宫室，设为宗祧，以别亲疏远迩，教民反古复始，不忘其所由生。二端既立，报以二礼，建设朝事，燔燎膻芗，见以萧光以报气也。此教众反始也。荐黍稷，羞肝肺。首心觑以侠甒，加以郁鬯，以报魄也。教民相爱，上下用情，礼之至也。是以致其敬、发其情，竭力从事以报其亲，不敢弗尽也。

是以，支党兮，有昭穆亲疏之次；义合兮，无不传不嗣之宗。故曰胶漆异产兮，以相济而固；接木遗本兮，能比脉理而荣春风。

《祭统》曰："昭穆者，所以别父子、远近、长幼、亲疏之序，而无乱也。"礼因义起，义之所在，即礼之所宜。义合者，谓昭之绝，穆必有应嗣之，人无不传也。胶，作之皮角；漆，产于山木。其出处不同，而相济则甚固。接木遗本，非其本也，而以之相续，则无有不续。

《礼记·王制》：天子七庙，三昭、三穆与太祖之庙而七；诸侯五庙，二昭、二穆与太祖之庙而五；大夫三庙，一昭一穆与太祖之庙而三；士一庙；庶人祭于寝。周洪谟先生著《朱子家礼祠堂图说》，曰：古者，庙皆南向，而各有室则皆东向。先王之祭宗庙，有堂事焉，有室事焉。设祖南向之位于堂上，设始祖东向之位于室中。昭北穆南，左右相向，以次而东，此室事也。堂事、室事，皆父昭在左，子穆在右，则古之神道尚左矣。

自汉明帝乃有尚右之说，唐宋以来皆为同堂异室，以西为上之制。然古者室事，始祖东向，则左昭右穆以次而东者，不得不以西为上。后世南面之位既非东向之制，而其位次尚循乎以西为上之辙，则废昭穆之礼矣。

父为昭则子为穆，父为穆则子为昭。如文王为穆则武王为昭，而凡周公、管、祭一行皆昭也；武王为昭则成王为穆，而凡唐叔一行兄弟皆穆也。群昭群穆，不是昭一行之群、穆一行之群而已。周公一行，文之昭也；成王诸子，成之昭也；武王诸子，又为武之穆也；康王诸子，又为康之穆也。

设始祖东向之位于室中，则群昭之列于北牖下者皆南向，为向明，故为昭；群穆之列于南牖下者皆北向，北为幽阴矣，故为穆。而昭亦居左，穆亦居右也。但以左右为昭穆，而不以昭穆为尊卑。

盖五土五神兮，岂无所归？必原其氏族、依其承续兮，以衰旺而从违。

五土所以藏五神。人死而神息，骨肉毙于下阴、为野土，其气发扬于上为昭明。焄蒿凄怆，此神之著也。骨肉毙于下则土为魄所依，而即为其发扬于上之本。子产曰：鬼有所归，乃不为厉，我为之归也。然必原其所从出，依昭穆所应嗣。五土之衰者，六极不能有违；五土之旺者，五福不能无从也。

礼虽重于送死，法可易于寻龙。盖一气靡违于一物，故五行惟命一①于五常。达反本还元之道理，循归根复命之阴阳。降势成形入穴，荣枯其华实；流泉有路随形，变动其风霜。

易者，简易而不难也。天地万物皆感一气而成，设气于物有或遗，则五行必有其不全之五性，故往未有不还，剥未有不复，数之所必然者。降势犹木之有枝叶，成形犹枝叶之有华实。流泉合路者为雨露，不合路者为

① 作备。

风霜。支虽分而谊无不合者也。此书言继嗣之理，凡四见：第十二篇《支分谊合》言无不殼、不羞之神；第六十二篇《星辰释微》言抱养过房；第七十二篇《二气从违》言育子承宗之谊重；此八十二篇言支党昭穆亲疏之次。

因形拟穴第八十三

形乘势来，唯虑其止；势以形止，唯虑其驰。止则势聚，驰则势披。聚则众所辅，① 披则众所离。② 探其起伏，索其关节，因其逆顺，防其逾越。若止而来，若来③而住。趋其完全，避其嫉妒，全其天工，依其环护。钳口浅深，须辨明堂聚散；穴场宽紧，要看一气真纯。

拟穴必须辨形，辨形必先原势。势来形止，然后探索其来历之关节，因其逆顺之体，考其官分之纯驳何如。若止而来，若来而住，形容穴场将止未止、模糊不清光景，即郭氏之隐隐隆隆、微妙元通也。趋避虽曰在人，然在天则无不趣于完全、而避其嫉妒者，故工不曰人而曰天，务全其自然之势，期无违于环护之妙而止耳。钳口之浅者可，深者亦可，若明堂散则皆不可；穴场之宽者是，紧者亦是，若一气杂恐非是矣。

旧注曰：此论唇鼻颡耳穴也。或山纯粹，立穴处驳杂则参差。左右宽紧，立穴庶免冲风太急，取其和缓。又得水路真纯，在郭氏则谓之穴山，穴支也。

旧注谬。

弯弯腹上，有垂乳而有横腰；直直头前，何当风而何蓄气？覆釜脐间，后接推车之势；画屏匡上，前凭捍脚之阶。

腹有二义：端坐之腹镇乳房，横卧之腹坐龙头。四镇十二坐曰：慎龙腹，避龙腰，镇龙头，避龙尾。腰畏其虚尾，恶其风也。釜脐是自然之坳。后接推车，是开障中过峡起顶而结自然之坳也。画屏，山之壁立者。

---

① 一作附。
② 一作携。
③ 一作去。

匡上，是壁立中忽生窝窟。但前无捍脚则倾脱不可御，所贵前有其阶，而堂可升、室可入也。二义见《望势寻形第四十七篇》。

峰不贵多，多为立刃；峦不贵独，独为孤印。峰不嫌多，多贵成形；峦不嫌独，独贵捍城。一重峦转，应钳前当时丰足；三级浪平，① 朝案外奕叶声名。

峰言其大者，峦言其小者。峰多而尖削者曰立刃，峦独而孤单者曰孤印。立刃主刑伤，孤印主师巫。峰多而有若踏节龙楼、天马御屏等类，不厌其多也；峦独而能若魏珠照乘、赵璧偿城，不厌其独也。一重案只主一代，案至于三叠之多而又得成形之峰应之于外，其富贵为不可量。

欲识风城，水口认行龙之势；才分气库，腋旁非应穴之峰。三形鼓其六翻，四势应于一堂。四势伏而一洋高，气分已散；一洋②平而四势起，气集而钟。

风城与风门异，风门，风所从入之门；风城，所以防风之入其城，有城则有门，城门即是水口，水口外相对之山即是风城。此行龙之势，是他处所行之龙适当我水口之外，所谓华表、捍门、天马之类是也。师聪《师明篇》曰：气库成形如蛇怒项、如牛壮颏、如木之瘿、如鱼之腮，亨绝动静篇曰：何为气库，江湄有浮鳖之融，皆喻其隆起而不甚高之形。凡应穴之峰，必开面特朝两旁，亦开睁展翅乃为正应。若腋旁之气库，俗谓之仓库，山岂得为穴之应乎？三形由四势而生。四势伏而内阳忽然高起，其水分则气亦因之以散；四势起而内阳窊下有容，其水集则气亦由是而钟。

---

① 一作层。
② 一作顷。

得法取穴第八十四

龙来结咽,未是收成之势;龙当入首,当知停止之形。应龙降势,似行龙贵其趣进;去水款①城,如揖水要得宽平。

《医经》曰:宴水曰咽,候气曰喉。气、水至此而一束龙须,结咽之后,或开睁,或起顶,方是收成停止之地。应龙即朝龙。行龙,开障落脉,应龙亦开障出身,不然无以见趣进之义。款,曲也。揖,拱也。去水曲则回头如拱然非宽平未免倾逝矣。

流船脱水于风城,尸遭格法;半月探头于案外,盗属刑名。

凡船之听其自流者,皆欹斜不正如尸山然。大约流船,暴尸之形也。尸暴而不掩,故遭格。头在案外,有窥觊之意、盗之情也,故遭刑。

银海浪崩,脚前倾斗;伏犀风急,背后无屏。

银海,目也。伏犀,背也。倾斗是无捍脚之阶,无屏是缺乐山之峙。列肆丛丛,乃市郭兴昌之运;疏林索索,正溪山衰败之时。茂柏乔松,禽朋托乳;颓垣蠹宅,鼠辈扬声。

此因物理以征气脉之盛衰。鸟生子曰乳。凡地为众鸟集者,其气旺;为狐貉居者,其气泄。

枝节一寻,取②八尺则侵本干;阴阳五运,穷六气以及黄泉。

四尺谓之仞,倍仞谓之寻。喻枝节上取穴不过在一寻之内,若逾八尺便不在枝节而侵本干,非法也。五运,阴年不及,阳年太过。六气,有司天者,有在泉者,不可因其运之会而不论其气之生与克也。

    子午年,少阴君火司天,阳明燥金在泉。
    卯酉年,阳明燥金司天,少阴君火在泉。
    寅申年,少阳相火司天,厥阴风木在泉。
    巳亥年,厥阴风木司天,少阳相火在泉。
    辰戌年,太阳寒水司天,太阴湿土在泉。

---

① 一作捍。
② 一作过。

丑未年，太阴湿土司天，太阳寒水在泉。

旧注曰：此为隐龙穴也。大率伤龙穴最是横龙易伤。或卧龙伏龙，螃蟹之形，才穿穴深；发其血脉，漏其膏髓，伤其肠胃，赤白水乳，则龙伤坏，不可救药。或势雄壮，骑龙立穴，又与此不同论矣。此论穴之上下未尝论及浅深何以有膏髓肠胃等说。旧注误以一寻穴之深八尺也。①

故曰：一气侵凌，五行灭绝。

此承上文而言穴法。不特过枝节为一气侵凌，即五运、六气司天在泉之气，一有所犯亦为侵凌。其例如庚年葬子山为承金相水，若值辰戌年，② 湿土在泉，亦犯侵凌也。详《天人交际篇》。

火穴何殊于火葬，封尸何异于流尸。

火穴谓之火投穴，俗有暖圹之说。富者以炭，贫者以柴，而不知生气逢火则不至。观藏冰者先以火烧地，使春阳之气不至其地可知也。封尸，是以水银入尸、封其众窍、不使流泄。凡封尸者，其尸不化，生气不入，二者无异于火葬津埋矣。

王伋曰：凡圹圻用砖瓦甃砌，及炭引水者，则火气侵凌，土脉不行，阴阳不通，五行绝灭。且王者祀天于南郊，藏冰于北陆，则先以火烧隔绝地气。使春阳不至，阴气内积而不化，砖瓦，经火炼之物，即同凌室葬之，何殊于掷火也？封尸无异于流尸者，水不开导，封闭之也；汪洋淹浸，亦无异于流之水也。昧者不究此理，以为常式，然斯二者为天下之大患，管氏立此说以开后人也。

王注封尸说谬。

又曰：内藏黄金斗，外掩众人口。四势任君谈，五行心自守。

此言穴内立向之法，重在五行，不重在四势。

王伋曰：或利开钳，不利立向；或利立向，不利开钳。万一钳向皆利，则内外皆一，尤殆。庶几或不得已，内会星宿，外循形势，则无害也。更若不利行水，则又难矣。故曰：四势任君谈，而五行星宿自守于心也。

① 凡司天应上半年，在泉应下半年。
② 秋冬。

据王注谬。既云内会星宿,外循形势,复云不利行水,其内之会星宿者独何为哉?

樗里曰:直圹正钳,山与水纯;正钳横圹,山水之淫。旺相无泄,坼宜下淋。宽紧穴法,三井藏金。

圹属人为,钳系天造。纯者阴阳不杂,淫者山水不正。坼,裂也,坼字疑作谢字,恐鲁鱼亥豕之误。《通世之术篇》曰:钳里破相,抑亦防虞。内水未有不从钳口流出者。直圹正钳,不但阴阳合纯粹,五行合衰旺,而山水之形势亦自正;正钳横圹,虽得阴阳之纯,五行之旺,而山水形势未免偏侧不正,故曰淫也。大约钳口宜于囚谢,下淋横圹非得已。一为旺相破泄,一为阴阳不纯。《拟穴篇》曰:或结于正,或结于辅。形接于目,而宽紧之法已灼于心。宽紧即缓急二字,结于正者宜宽,结于辅者宜紧。谢氏曰:直送直奔,有气要安无气,此穴于宽者也;横担横落,无龙要葬有龙,此穴于紧者也。若直送直奔之龙,到头之气忽然内缩,宽中微欲求急;横担横落之龙,到穴之气稍有直冲,紧中又欲求宽。此穴于宽一法穴,于紧一法穴,于不宽不紧又一法。三井宽紧虽不同,总不外直圹正钳、正钳横圹之藏金。盖正即用宽,横即用紧;正有不宽不紧,横亦有不宽不紧,故曰三井耳。

旧注曰:三井者,金井中三般穴法,或直圹正钳,或正钳横圹,或石圹不用石底,但旺相不可漏泄。又宁更坼下不用石,则自下淋渗水,凡百难得三般穴法之兼全也。

旧注大谬。

四势三形第八十五

　　入穴顾形，出穴顾势。势结三形，形钟四势。来山为势，结穴为形。形真则势住，势住则形成。形成欲应特，应特欲流平。流应相合，形势相登，则为昌炽之佳城。

　　形在内，势在外，其难得在"形成应特"一语。故杨公曰："但将好主对贤宾"，即其义也。凡水上高下低则倾，稍有高低则流，平则停。平流者，是当穴而停蓄，过穴而始流也。流应相合，是流之平与应之特却当一处。相登，对也。此一节合势与形并论。

　　左右前后兮，谓之四势；山水应案兮，谓之三形。

　　此一节指四势、三形之定位。

　　来龙为发迹势，向首为趣集势。左右为拱辅势，明堂为含蓄势。结峰为来①势，入路为行势。盖穴为降势，界水为住势，驼头②牛背③为发将势，蜂腰鹤膝为行龙势，虾钳蟹距为夹室势，连城接垒为辅门势。

　　此一节合言其势之名。顾名思义，自得其意之所在。

　　如乱衣投算，如枯株鸭嘴，为淫蛊势；如鸟喙姜芽，如开骰刑指，为分劈势；如盆倾斗泻，如流槎倒竿，为脱败势；如锋芒匕首，如犁镵枪刃，为刑伤势。④

　　此一节合言其势之凶者，四者，一为乱，一为分，一为直，一为尖。

　　如悬钟覆釜，为端净势；如掌心握口，为融结势；点点如贯珠，节节如磬带，为连续势；翼翼如扈从，锵锵如子弟，为夹从势；内活如窟，外圆如月，为停聚势；登之如堂，望之如轩，为融结势。

　　此一节合言其势之吉者。钟釜顶圆，故端净掌心。握口，其内皆含蓄，故融结。贯珠，与投算异，算不贯而珠贯。磬带，节节有棱相应，故

---

① 一作束。
② 一作项。
③ 一作肩。
④ 嘴当作萦。

连续。翼翼、锵锵则严密而无空缺，故为夹从。内活，言内窟之如钱贯，古人以钱命活，故曰活。内活而外圆，则无不停聚矣。堂，正寝而明显者；轩，在堂之前。登见为堂，望止见轩，内外之异其观也。

发将①欲绵远，行势欲起伏；结势欲深邃，住势欲拱揖；来势欲后顺，应势欲前趋；内势欲停蓄，外势欲环集；来势欲住于内，去势欲住于外；辅势欲住于左；右应势欲住于当前。

此一节合言其势之宜。发而后行，行而后结，结而后皆住矣。非绵远其气易竭，非起伏其气不灵，非深邃其气不藏，非拱揖其气不集。后逆其势不来，前去其势不应。内停外集，其气始归于一。来势欲住于内，然住不易住，非去者住于外。辅者住于左右。应者住于当前，而其内不住也。

宗龙异于冲风，一势也；承龙异于失踪，二势也；骑龙异于露爪，三势也；攀龙异于偏肩，四势也。

此一节言势之同而异。来龙奔赴宗其颛息曰宗龙之咤。咤，喷食也。其喷处在微阳环集之内若冲风者。徒有龙而外无包裹，不可宗也。如《龙经》曰：君如寻得干，龙穷二水交，流穴受风，即是此义。来龙磅礴、承其顾瞬曰承龙之势。顾，顾盼也；瞬，凝止也。其顾盼凝止之处，古所谓"虚檐雨过声犹滴，古鼎烟销气尚浮"，葬脉不如葬气之谓。若至于失踪，真气不及，不可承也。来龙蟠环、骑其源护曰骑龙之涔。处至藏，其去龙每多回顾于内，而即以其去者为案，若天马昂头、凤凰衔印之类。若去龙不能掉转、障蔽于前，谓之露爪，不可骑也。来龙横卧、扳其肩井曰扳龙之胛。胛，肩井也。肩井必有乐有窝，有堂有应，即横龙贴脊之义。若偏肩则无井可安、堂局斜窜，不可攀也。

何四势已具而三形未列，三形既就而四势何别？

此以下言形之异。

故曰：来龙雄壮，应案相登，去水何缓，三形也。

三形：山、水、案也，一言后气充足，一言前气融会，一言外气悠扬。

后如生蛇，前如圭璧，流如之元，三形也。

----

① 当作势。

生蛇言其活，圭璧言其尊，之元言其曲。上文来龙欲其雄壮，而又贵其活动；应案欲其相登，而又贵其尊严；去水欲其和缓，而又贵其屈曲也。

千梢万叶，一形也；几案横张，二形也；巡城堡壁，三形也。

千梢万叶，龙从拥从中出；几案横张，前无宾客之暴；巡城堡壁，水无脱漏之虞。

众中有尊，一形也；特峰端秀，二形也；碧水寒潭，三形也。

众中有尊，张子微谓之定有星辰特地起；特峰端秀，特，朝也，移步便觉其不特；碧水寒潭，至静而不动，澄澈而莹洁也。

纯粹发源，一形也；干维应穴，二形也；六替流长，三形也。

此一节统以水为三形。凡山之来、水之去、案之应谓之三形，此以水之来、水之去、水之应为三形也。

来龙奔赴，一形也；入路盘环，二形也；受穴停蓄，三形也。

此一节统以山为三形。凡龙之来必奔驰远赴，至入路一段，必盘环而作为容与之态。或自左旋右，或自右旋左，然后开窝结穴，始显其停蓄之形。断未有不奔赴而能为盘环，不盘环而能为停蓄者。

朝如潮涨，一形也；行如衡晋，二形也；盘如鞶带，三形也。

此一节统以应为三形。潮涨言其层叠之多。衡，辕端横木衡。晋，如以至平者而进之于前也。鞶带，大带也，命服之饰。朝是当面特来，行是东西横过，盘是两尾相连，三者名不同而应同。

然则四势三形，虽分两途，左右前后，其实一致。远势近形，殆或不齐，反背逆顺，终归一揆。

郭氏曰：千尺为势，百尺为形，而此以远为势、近为形。大约势居于粗，形在乎细；势为形之大者，形为势之小者。然大地无形，融结气概；小地无势，精神聚会；大地非无形，形即在势之内，小地非无势，势即在形之中。若徒于远者、大者而来则失形，若徒于近者、小者而论则失势。惟于大者、远者之中而求其小者、近者，于小者、近者之外而求其远者、大者，则势与形胥得之矣。然势可远观，形须近察；势在中人咸得见之，形非上智未易测识也。

三吉五凶第八十六

体势融结，气概停蓄，精神发秀，三吉也。

体势见之于近，气概见之于远，精神见之于色。

童、断、石、过、独五凶也。

解见《孤奇谲诡篇》。已上二节论山。

宽、平、绕，三吉也。

宽则有容，平则不卸，绕则不背。宽、平在前，绕该左右前后。

瀑，潦、浊、①濑、滩，五凶也。

瀑，飞泉悬水也。潦，路上流水；又潢污行潦之水，言无源而易竭也。浊，不清也。濑，湍也。滩者，水滩多石而浅也。

以上二节言水。

儿利孙名，兄友弟恭，父慈子孝，三吉也。

善于兄弟为友。恭，敬也。孝，子承老也。

疾厄伤痕，生离死别，刑辟患难，夭折鳏寡，暴败猖狂，五凶也。

病急曰疾。厄，困也。伤痕，创之瘢也。生不能会曰生离。死不能送曰死别。刑辟，罪之大者。不尽天年谓之夭。中绝谓之折，年未三十也。又未龀曰凶，未冠曰短，未婚曰折。鳏，无妻。寡，无夫。暴败，忽然破家。狂，心病也。猖狂，狂之极也。

已上二节言人事之三五。

旧注曰：此三吉、五凶论命也。余以为三吉、五凶，虽兆于天，实由于地，不可尽归于命。

生气一白，天医八白，福德六白，三吉也。

即贪、巨、武之吉。

伏吟二黑，游魂四绿，绝体三碧，五鬼五黄，绝命七赤，五凶也。

即文、禄、廉、破之凶。

以九宫之色配八卦，遗九紫入五黄，用阴游年诀。

---

① 一作渴。

旧注曰：此论五行星也。

山泽原隰，以土为壮；平洋濒水，以石为固；市井方镇，以冲要为奇，三吉也。①

高大有石曰山，水钟聚曰泽，高平曰原，下平曰隰；四者皆以土为强。濒水有石，终古不能坏。冲要，为人物车马丛集之地，亦即其气之会处。

堆沙罅石，深谷穷源，高峭险逼，低陷卑塞，脱露凋零，五凶也。

沙，细散石也，堆沙，风所卷成。罅，石裂也。两山中流水曰谷。又有水曰溪，无水曰谷。深谷，是无脉落处。穷源，是水无发源处。山峻曰峭，险岩也。险逼，是与岩山相逼近也。低陷，窊下也。卑塞，不明也，一是凌压，一是幽囚。脱露，不掩也，山不能为之防而水冲直去。凋零，伤碎也。

连城倚郭，傍驿通衢，明林②静坞，三吉也。

连城，如向与城相接。倚郭，是坐与郭相靠，或坐与城相连，或向与郭相对，皆是一义。驿，传舍也，往来不绝之地。衢，四达之境。二者俗谓之人朝，然横过则可，直则牵掣。明林，晓畅而不塞。静坞，无水以喧之，无风以动之也。

山高水倾，山短水直，山逼水割，山乱水分，山露水反，五凶也。

山高而渐平则水不倾。水远到则纡徐不迫，短则促不能转，故直水性漫衍而平。若逼之，则拂其本性，而山为之割矣。山有条理则水合，乱则无所统属，故分。山之藏者，水自然弓抱，露则五气不归，水亦反去不顾。

溪绕江长，塔庙捍门，岩山水口，三吉也。

溪绕者，内堂如束带。江长则外之阳气汪洋。塔，如华表；庙，犹锁钥；以之捍门，非寻常之贵。岩山，如金关石瀹，牢不可破，内气亘古不泄。

池沼无源，田塍短促，坑壕潦涸，滩激喧嘈，洲移渚易，五凶也。

---

① 濒，古滨字。
② 一作村。

穿地停水，圆曰池，曲曰沼。田塍，田中畦圩。坑，堑沟也。壕，城下池也。潦，路水积也。涸，水竭也。以上三者皆人所为，非外气所积。滩，水之浅处，受风激而成声。水中可居者曰洲，小洲曰渚，皆有移易之患。

祖宗一气，[①] 主客同情，明堂不峻，三吉也。

祖，始山也。宗，祖山所出也。一气者，阴阳之不离。主谓元武，客谓朱雀。同情，两意相孚也。峻，急速也。明堂不峻，水和缓而有含蓄也。

阳发阴行，阴来阳住，阳钳阴流，阴流阳坼，阳坼阴没，五凶也。

阳发阴行，阴来阳住，二义谓祖孙非一气。钳必有流，流必有坼，坼必至没。若谷之注于溪、溪之注于川也，皆忌不纯。

朝于大旺，泽于将衰；流于囚谢，三吉也。

生旺每在阴阳后说。若以"天玉经"论，生旺重于阴阳，盖为甲之来即为庚之去也。

水山流坤，火山流艮，木山流乾，金山流巽，土山流壬，五凶也。

水、火、木、金皆言破生，土独言破旺者，举一以概其四也。《洪范》专主山家，故以山言。

夫辨吉凶之由，在乎明心察物，相土度地，则吉凶之由祸福之基了然可判。

善言天者必验于人，善言人者必证于己，故能尽物之性而后得参天地之化育。是明心察物在相土度地之先，而吉凶祸福庶不致于莫可辨耳。

---

① 一作移宫一气。

会宿朝宗第八十七①

周天之分兮，翼宿巳而室宿亥；一局之例兮，毕舍申而寅躔尾。

翼，火蛇居巳；室，火猪居亥；觜，火猴居申；尾，火虎居寅。不曰觜而曰毕者，毕与觜相比，觜止半度，毕当申之位居多也。

躔周天之运兮，水生翼而火生室；一局之例兮，毕生金而尾生木。五土兮，奠位于中央。寄理于水②兮，亦见其数足之不足。

躔，行也。上言周天之分、一定之宫位，此言周天之运、宿度之转移。

四正重光图

```
奎巽巳丙午丁未坤斗        角巽巳丙午丁未坤井
娄辰壁室虚女牛申箕        亢辰轸翼星柳鬼申参
胃乙    危    庚尾        氐乙    张    庚觜
毕昴卯        酉房心        心房卯        酉昴毕
觜甲    星    辛氐        尾甲    虚    辛胃
参寅鬼柳张翼轸戌亢        箕寅牛女危室壁戌娄
井艮丑癸子壬亥乾角        斗艮丑癸子壬亥乾奎

     木土之生气              水土旺相之会属
```

---

① 一作会宿四门。
② 一作寄胎于金水。

管氏地理指蒙

巽巳丙午丁未坤
辰　　　　　申
乙　　　　　庚
卯　　　　　酉
　　　　　　辛
甲　　　　　戌
寅
艮丑癸子壬亥乾

水土库之纯阴

角巽巳丙子丁未坤井
亢辰軫翼星柳鬼申参
氐乙　张　　庚　觜
心房卯　　　酉毕昴
尾甲　虚　　辛胃
箕寅牛女危室壁戌娄
斗艮丑癸子壬亥乾奎

葬金者生气之纯阴

奎巽巳丙午丁未坤斗
娄辰壁室虚女牛申箕
胃乙　危　　庚　尾
　卯　　　　酉房心
毕昴　　　　辛　氐
觜甲　星　　戌
参寅鬼柳张翼軫　亢
井艮丑癸子壬亥乾角

葬奎者旺相纯阳之福

巽巳丙午丁未坤
辰　　胃　　申
乙　　　　　庚
卯　　　　　酉
　　　　　　辛
甲　　　　　戌
翼寅
角艮丑癸子壬亥乾斗

葬金者驳离之墓库

井坤丁未坤申庚酉辛戌乾氐
巽巳丙午丁未坤申庚酉辛戌乾
巽辰乙卯甲寅艮丑癸子壬亥室

葬木者生气之纯阳

巽巳丙午丁未坤申庚酉辛戌
巽辰乙卯甲寅艮丑癸子壬亥乾角

葬火者乾甲丁长生之驳离

丁未坤申庚酉辛戌氐
丙午丁室
巽巳
巽辰乙卯甲寅井艮丑癸子壬亥乾

葬木者艮丙辛旺相纯阴之合

角巽巳丙午丁未坤申庚酉辛觜
巽辰乙卯甲寅女艮丑癸子壬觜

葬火者巽庚癸旺相之冗错

巽	巳	丙	午	丁	未	坤	角
辰						申	
乙	女					庚	
卯						酉	
甲						辛	
寅				觜		戌	
艮	丑	癸	子	壬	亥	乾	

葬火者坤壬乙库墓之纯阳

井	巽	巳	丙	午	丁	未	坤	
	辰						申	
	乙						庚	室
	卯						酉	
	甲						辛	
	寅		氐				戌	
	艮	丑	癸	子	壬	亥	乾	

葬木者巽庚癸藏气之未纯

水土生申，此云生翼；火生寅，此云生室；金生巳，此云生毕；木生亥，此云生尾；皆在合宫，与月将同义。譬正月之地分在寅，太阳则在亥；地不动而天动，天虽转移而无不与地分相合。于此见堪天与舆地之道，不得二视之也。此篇会二十八宿以朝宗，故用天之合宫，不用地之定位。

《饰方售术篇》曰：卜于木者，以奎而起寅；卜于金者，以角而起申；以井而起巳者，卜于元武；以斗而起亥者，卜于朱鹑。是木生亥、奎与乾、亥同宫。以奎而起寅者，尾生木也。他可类推。

数之变兮，不过于十五之纵横；四门躔度兮，吉于会舍而凶于背陆。

数，《洛书》之数。舍，十二辰所次之舍陆路也。

十五纵横之图

洛 书

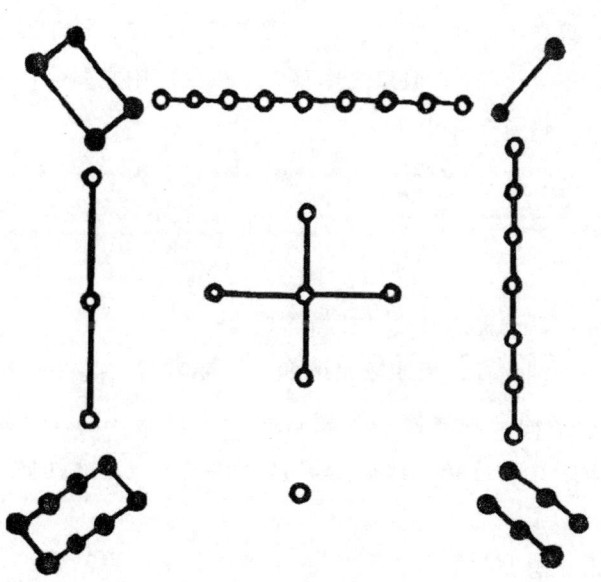

是以五行兮,推生、旺、墓之三宫守宫。朝宗兮,所以分上、中、下之三局。

生为上局,旺为中局,墓为下局。

《饰方雋术篇》曰:各于本山生旺墓,起星处布九宫去。再入中宫出四门,从今飞布步星辰。两局星辰相会宫,五行二气一时通。若得此星应山水,节钺公侯万里封。

巽、庚、癸、奎、柳、尾兮,水土之生气。乾、甲、丁、奎、尾、柳兮,旺相之会属。艮、丙、辛、柳、奎、尾兮,库墓之纯阴。于以见水土之生旺兮,皆驳杂之相。角能以类而推之,则星宿之会兮,亦灿然之在目。

水、土、山合以井起,己、巳、巽同宫,则坤、壬、乙亦当奎、柳、尾三宿。

故葬火者，角、亢、女、毕兮，长生之驳杂；巽、庚、癸兮，旺相之冗错；坤、壬、乙兮，库墓之纯阳。于以见火之精兮，此原其在禄。

火山不用艮、丙、辛，禄火神也。

以斗而起亥者，卜于朱鹑。

火山不用艮、丙、辛，当是角、女、觜三宿，角、亢、女、毕疑误。

葬金者，翼、斗、尾、胃①兮，生气之纯阴；坤、壬、乙②兮，旺相纯阳之福；乾、甲、丁③兮，驳杂之库墓。于以见阴阳之要兮，在择其清浊。

卜于金者，以角而起申。

葬木者，室、井、房④兮，生气之纯阳；艮、丙、辛⑤兮，亦旺相纯阴之合；巽、庚、癸⑥兮，藏气之未纯。于以见择其轻重兮，使二气不淫而不剥。

卜于木者，以奎而起寅，房宿当作氐宿。

故虢公曰：赞化育，用阴阳；辟四门，变五行。此古人教人之法，至今不易之章，唯通捷径之路，则趋吉必由于避凶、每音皆先择其三合。生、旺、库置于无用之场，然后始取其真纯之一气。无淫妒、无战剥者，乃富贵之钟。⑦

水、土山先避坤、壬、乙，火山先避艮、丙、辛，金山先避巽、庚、癸，木山先避乾、甲、丁。

以生我者为生气，以我生者为旺相，以我克者为库墓，惟木以克我为墓库。土与水同局，无土局也。

---

① 艮、丙、辛。
② 斗、翼、胃。
③ 胃、斗、翼。
④ 坤、壬、乙。
⑤ 井、室、房。
⑥ 房、井、室。
⑦ 一作昌。

管氏地理指蒙卷十

荣谢不同第八十八

表里阴阳，经纬天地，气概精神之不同，四势三形之或异。

表者言其外，里者言其内。外即天，内即地也。天以二十八宿为经，日月五星为纬。在地之星有一定方位，《河图》老五行，即时令五行也。《造命诀》云：一要阴阳不驳杂，二要坐向逢三合，三要明星入向来，四要帝星当六甲。即表里、阴阳、经纬、天地之义。其知表而不知里，荣而或见其谢，知经而复知纬，谢或得其为荣。气概在乎势，精神在乎形。其无势者不可以言气概，其无形者不可以论精神也。

又曰：粗拙与雄壮不同，

粗拙，粗大而不灵也；雄壮，威盛而强猛也。

枝节与分蘖不同，

本既伐而生枿曰蘖。枝节自老，分蘖自嫩。

过关与断续不同，

关，大断处也。寻常断续不过龙身，一断即续。若过关者，群龙送至此止，而脉从中过。迎龙亦若送龙之齐集其两边，界水分去，远者数百里，近者或百里，而后始合，譬关塞关津，然非此不能相通也。

已上三不同言来山之异。

拱揖与斗射不同，

拱揖，相让之意。凡左右纽会曰拱揖。其两头相值者曰斗，其相值而尖利者即射也。

转腕与反背不同，

腕，宛也，言可宛曲也。转腕向内，反背向外。

踞脚与走脚不同，

踞，兽直前足而坐，有止之义。走，去也。

已上三不同言左右山之异。

舒阔与散阔不同，

舒阔者，宽而有容；散阔者，无涯际而不可收拾也。

宽衍与宽慢不同，

衍，丰饶也。慢，怠惰也。宽衍则水从中畜，宽慢则散荡无收。

紧凑与紧急不同，

紧凑，局面虽小而辐辏；紧急，气促而不能圆。

已上三不同言穴场之异。

深邃与深沉不同，

深邃，似门户之重重；深沉，惟幽阴之萧索。

横过与横去不同，

脉之横过者，其去必回头；若竟去而无返顾之情，曰横去。

藏风与闭气不同，

藏风，固是罗城严密；若局内窒塞不开，不曰藏风，而曰闭气。

已上三者言内局之异。

平去与倾脱不同，

水之不去者悠扬不迫，前或有大水拦截，或水田荡平不觉其去。若倾脱者，不特明堂泄泻，且无横水之拦。

朝集与冲撞不同，

曲折有情曰朝集，即不能曲折；而洋洋入怀者亦曰朝集。若直来直射，便为冲撞矣。

已上三者言明堂之异。

蟠折与摇雄不同，

大绕一遭曰蟠，屈曲曰折。摇雄，一边臃肿不灵，未免夺本龙之气。金壁元文有左右摇雄之说。

临城与激脚不同，

左右有卫曰城，水临城外，自无冲激之虞。若无城者，水得直掠于外曰激脚。

合派与分剑不同，

两水合归一处曰合派，一水而分为两派曰分剑。

已上三者言外水之异。

提刀与按剑不同，

提刀，尖砂斜插；按剑，过脑横拦。

拜职与拖蓑不同，

前朝俯伏曰拜职。若紊乱琐碎，则为拖蓑矣。

燕尾与枷榫不同，

开叉阔狭之异。

扑钱与夹指不同。

扑钱之指，其指皆向内。夹指，即枝指，类挟私之迹。

已上四者言杂应之异。

然情虽不同，状则必异。夫散乱杂冗者，其地必失势；齐整会集者，其地必成形。观其态度，原其真情，审其巧抽，别其重轻；得之者心必由于至妙，辨之者目必由于至明。

山水之情具于中，其状自不能掩于外。故散乱杂冗者，无势以统之也。则知地之齐整会集，虽曰成形，实由于势有以一之。然非心目之至清，其孰能与于斯？

三家断例第八十九

《易》曰："在天成象，在地成形。"下齐山岳，上应列星。幌幌朗朗，耀耀荧荧。烟霞散聚，日月升沉。推之微眇，审之杳溟。

"齐"与"跻"同，地气上齐眇微也。象者，形之精华；形者，象之体质。山岳是形，列星是象。言天地虽分上下，其实犹干之有枝不相离也。

善言天者必验于人，善言气者必证于物。

上文言天地上下虽殊，其气犹枝干之相附。此言天人气物之合。《内经》曰：立春之节，初五日，东风解冻；次五日，蛰虫始振；后五日，鱼上冰。次雨水气，初五日，獭祭鱼；次五日，鸿雁来；后五日，草木萌动。次仲春惊蛰之节，初五日，小桃花，《月令》作"桃始华"；次五日，仓庚鸣；后五日，鹰化为鸠。次春分气，初五日，元鸟至；次五日，雷乃发声，芍药荣；后五日，始电。次季春清明之节，初五日，桐始华；次五日，田鼠化为鴽，牡丹华；后五日，虹始见。次谷雨，初五日，萍始生；次五日，鸣鸠拂其羽；后五日，戴胜降于桑。立夏之节，初五日，蝼蝈鸣；次五日，蚯蚓出；后五日，赤箭生，《月令》作"王瓜生"。小满气，初五日，吴葵华，《月令》作"苦菜秀"；次五日，靡草死；后五日，小暑至。次仲夏芒种之节，初五日，螳螂生；次五日，鵙始鸣；后五日，反舌无声。次夏至气，初五日，鹿角解；次五日，蜩始鸣；后五日，半夏生，木槿荣。次季夏之节，初五日，温风至；次五日，蟋蟀居壁；后五日，鹰乃学习。次大暑气，初五日，腐草化为萤；次五日，土润溽暑；后五日，大雨时行。立秋之节，初五日，凉风至；次五日，白露降；后五日，寒蝉鸣。次处暑气，初五日，鹰乃祭鸟；次五日，天地始肃；后五日，禾乃登。次仲秋白露之节，初五日，盲风至，鸿雁来；次五日，元鸟归；后五日，群鸟养羞。次秋分气，初五日，雷乃收声；次五日，蛰虫坏户，景天华；后五日，水始涸。次季秋寒露之节，初五日，鸿雁来宾；次五日，雀入大水为蛤；后五日，菊有黄华。次霜降气，初五日，豺乃祭兽；次五日，草木黄落；后五日，蛰虫咸俯。立冬之节，初五日，水始冰；次五日，地始冻；后五日，雉入大水为蜃。次小雪气，初五日，虹藏不见；次五日，天气上腾，地气下降；后五日，闭塞而成冬。次仲冬大雪之节，初五日，冰益壮，地始坼，鹖鸟不鸣；次五日，虎始交；后五日，芸始生，荔挺出。次冬至气，初五日，蚯蚓结；次五日，麋角解；后五日，水泉动。次季冬小寒之节，初五日，雁北乡；次五日，鹊始巢；后五日，雉雊。次大寒气，初五日，鸡乳；次五日，征鸟厉疾；后五日，水泽腹坚。

择祸莫若重，择福莫若轻。

重人事上说。

老氏之所著，《内经》之所称。三者之说，判然而明。故曰：五行虽有先天数，善恶皆由人事成。得其理者必由于至妙，通其数者必由于至精。

此结上三节之义，见三才皆不可缺，独人事有回天之功。人事有两说：其一主者之修身，其一日者之精妙。日者之精妙固难，其人苟非主者积德以俟之，未易遘也，故引老氏之言以深警之。

例曰：艮对坤山推子丑，甲庚寅卯辨阴阳。乙辛要识龙蛇分，乾巽须分马吃羊。壬丙申奇并酉耦，丁癸戌亥例消详。地人二正中居艮，生理从兹有吉昌。故曰：建破平收，可见王城之积秽；除危开定，须知金斗之辉光。闭横簪而锁跨，执圆净以微茫。成毫黄而倒侧，满元室以汪洋。①

  艮山建丑 坤山建未 甲山建寅 庚山建申
  乙山建辰 辛山建戌 巽山建巳 乾山建亥
  丙山建巳 壬山建亥 丁山建未 癸山建丑

地人二正中居艮，则是艮山建艮。艮对坤山，是坐坤向艮；建于未而破于丑，子丑之间属癸，不用地而用天，故曰推子丑也。艮山以癸为闭。甲山建寅，庚山以寅为破。甲阳而艮阴，庚山属阴，当从艮放，故曰辨阴阳也。乙山建辰，辛山以辰为破，不用辰而用巽，巽属龙蛇之分也。

  乾山以丁为成 巽山以丁为满
  壬山以庚为收 丙山以庚为平
  丁山以乾为定 癸山以乾为开
  坤山以癸为执 艮山以癸为闭
  甲山以甲为建 庚山以甲为破
  乙山以巽为除 巽山以巽为危

又例曰：各于本山三合取，清凯凉阊资次去。一二②六宫更叶从，儿孙兖兖出三公。天清地浊虽分遁，灵府心机能变通。不周广漠调明庶，养生变卦异黄钟。

巽曰清风，离曰凯风，坤曰凉风，兑曰阊阖风，乾曰不周风，坎曰广漠风，艮曰调风，震曰明庶风。兖，衣裳。九章：一曰龙，二曰山，三曰华虫，雉也，四曰火，五曰宗彝，虎蜼也，皆绩于衣，六曰藻，七曰粉米，八曰黼，九曰黻。皆绣于裳。天子之龙一升一降，上公但有降龙。以龙首卷然，故谓之兖也。

本山三合，其例如甲山三合则取乾，甲、丁，以乾六白入中宫，七赤

---

① 丁癸当作癸丁。
② 二当作八。

到乾，八白到兑，九紫到艮，一白到离，二黑到坎，三碧到坤，四绿到震，五黄到巽，所谓"一八白官更叶从"也。

养生变卦异黄钟，其例如"乾甲丁山"，用"乾，游、福、天、五、命、体、生"诀。

坎、癸、申、辰属游魂文曲。

艮、丙属福德武曲。

震、庚、亥、未属天乙巨门。

巽、辛属五鬼廉贞。

离、壬、寅、戌属绝命破军。

坤、乙属体绝禄存。

兑、丁、巳、丑属生气贪狼。

巽庚癸山，巽，福、天、游、五、生、命、体。

离属福德武曲。

坤属天乙巨门。

兑属游魂文曲。

乾属五鬼廉贞。

坎属生气贪狼。

艮属绝命破军。

震属体绝禄存。

艮丙辛山，艮，游、命、五、生、体、福、天。☷，八卦中爻还位。

震属游魂文曲☷。四变中爻成游。

巽属绝命破军☷。七变下爻成命。

离属五鬼廉贞☷。五变上爻成五。

坤属生气贪狼☷。一变上爻成生。

兑属体绝禄存☷。三变下爻成体。

乾属福德武曲☰。六变中爻成福。

坎属天乙巨门☷。二变中爻成天。

坤壬乙山，坤，福、体、命、生、五、天、游。

兑属福德武曲。

乾属体绝禄存。

坎属绝命破军。

艮属生气贪狼。

震属五鬼廉贞。

巽属天乙巨门。

离属游魂文曲。

坎申辰三山，坎，天、福、生、体、命、五、游。

艮为天乙巨门。

震为福德武曲。

巽为生气贪狼。

离为体绝禄存。

坤为绝命破军。

兑为五鬼廉贞。

乾为游魂文曲。

震亥未三山，震，体、生、五、命、天、福、游。

巽为体绝禄存。

离为生气贪狼。

坤为五鬼廉贞。

兑为绝命破军。

乾为天乙巨门。

坎为福德武曲。

艮为游魂文曲。

离寅戌三山，离，游、天、命、体、五、生、福。

坤为游魂文曲。

兑为天乙巨门。

乾为绝命破军。

坎为体绝禄存。

艮为五鬼廉贞。

震为生气贪狼。

巽为福德武曲。

酉巳丑三山，兑，生、五、体、命、游、天、福。

乾为生气贪狼。

坎为五鬼廉贞。

艮为体绝禄存。

震为绝命破军。

巽为游魂文曲。

离为天乙巨门。

坤为福德武曲。

《天玉经》云"二十四山起八宫，贪巨武辅雄；四边尽是逃亡穴，下后令人绝"者，即此变卦之说。

又例曰：南北四隅，利见跃渊之瑞；东西二气，勿用亢厉之凶。干维重艮而始，支辰北坎爻同。达天地之阖辟，参人事之否臧。

南北，子、午也。四隅，乾、坤、艮、巽也。东西，震、兑也。上曰亢，三曰厉。震之上爻、三爻，辰、戌也；兑之上爻、三爻，丑、未也。四正，四隅。利见跃渊者，水皆可以由此而出。辰戌丑未犯亢厉之凶，来去皆忌。子、午，卯、酉虽曰支神，但子坎而午离、卯震而酉兑，得占卦气不同于他支。八干四维，独艮为厥阴。风水之始，气若寅申、巳亥，便为老阴、老阳。立向行水，皆所不用也。阖辟，启闭也。否臧，吉凶也。天启吉，地启凶；地闭吉，天闭凶。

回龙顾祖第九十①

或人问曰：回龙顾祖，坐向一气。谀者咸夸其吉地，岂无辰冲破于伏吟，不足疵而不足忌。此言命之谈，而非葬者之事。曰：已知之矣，奚复问焉！抑亦言之而未既？曰："未既"云者，愿闻其义。

回龙顾祖，有远者，有近者。其远者，几经曲折；即近者，亦未有径直而至者，安能一气拘之？

曰：惟甲之甲、巽之巽、乾之乾、壬之壬、癸之癸，息道固当于六替。

---

① 作或人问。

甲水病寅，巽水库辰，乾金病亥，壬火胎子，癸土衰丑，据此六替山向，衰旺一同，以回龙言之也。

彼有丙之丙、丁之丁、坤之坤、庚之庚、辛之辛、艮之艮、乙之乙，碛道破相合思其所避。

丙火旺午，丁金冠未，坤土生申，庚土沐酉，辛水冠戌，艮木官寅，乙火冠辰，皆当六相之位。

金斗不决而不泄，砂城导之玉井潴之，然后择方而择利，心目之妙、工力之备，庶几不见愚而见智。

旧注曰：金斗，圹也。砂城，圹前横沟也。用砂碛填之，暗引两腋之水聚于玉井，然后顺六替决之。玉井，亦圹前泘池之名。

玉井是暗砌水柜上用石梁覆盖，一如平地者，然旧注泘池之名，甚谬。泘池，真穴前容亦有之，但非真应水不可强凿，往往见穴前掘池者祸不旋踵，当以为戒。

又况人之智浅近，天之智远大。明堂临钳，横亘而不吐，是则饰形而致瑞。

总之。水怕直流砂城、玉井。为明堂固净而横者，言若明堂直长，当急用兜堂，砂城、玉井无益也。

彼有伤天龙、夷天造而违不祥焉。嗟乎，凭力而恃势。

上文曰"明堂临钳、横亘而不吐"者，然后饰形而致瑞，此则夷天造而掘龙浚池，大乖自然之势。其意不过欲违不祥，而岂知祥之不可掘凿，而致是徒凭其力而恃其势，山水可为而星躔如故也。

驱五鬼第九十一

圣人筮地，立棺椁以严宅兆之卜，由礼义以审祸福之机。后世相土度地，既流于方伎，弃形势以分贪巨之支，品目谬戾，礼义于是乎无稽。

筮短龟长。《周礼》："凡丧事，其经兆之体皆百有二十，其颂皆千有二百。"礼者，体也。义者，宜也。得势曰体，得形曰义。得势与形谓得其礼义之正。旁出曰支，不由于义礼，故管氏驱之。

旧注曰：上古立棺椁筮地，而葬故合法式。后世相土度地，至公明时筮法渐止，至景纯则又不同。贪、巨星命名，谬戾尤甚。五鬼设此惑人，盲聋之人信之，自取祸耳。

按臂反弓，尚号建①龙之室；钳门倾斗，尤称舞凤之栖。分张左右，为大鹏展翅；镫刺支脚，曰猛虎张威。露石横尸，谓之玉带；崩流臂胖，谓之金钗。以拖蓑为旗纛，以弃遗为侧罍。以挟私为佩印，以覆杓为灵龟。

纛，以犛牛尾为之，大如斗，系于左骖马轭上；又军中大皂旗。臂一反则龙不回，门倾则凤不舞；左右不收，雌雄失散，支脚芒刃，刑杀交横。露石则含暴骨之忧，崩流则寓丧亡之祸。拖蓑为淫乱之具，弃遗为孤独之形。挟私丑类抱头，覆杓凶同肿脚。如是之类，五鬼必文之以名。吉凶颠倒不以为怪，比比然也。

势向前行，背后且贪于距脚；鼻中端的，角旁尤认于斜披。

大势正行，背后之距脚直桡棹耳，否则为仓库之属。鼻以污崦，中正为藏五鬼，以角旁之斜落者捉摸，谬之甚矣。

望隔涉之闲峰，便言气应；见抛踪之诡蹤，乃道龙飞。前不立身伸脚，直夸其气库；傍无拱意多情，何辨于风旗。

凡气应之真者，皆是本身掉转。亦有自隔涉而应者，其情意交孚，断不若闲峰之无故也。诡蹤，空窝赝窟之类，不若飞龙之肩乘势之有力。气库，身耸与伸脚迥异。风旗，一顺内拱；凡支脚或有不顾，非旗也。

开口动谈星宿，星宿何名？出手便调宫分，宫分何觅？

星宿未尝无其名，宫分未尝不可觅，特非五鬼所得知尔。

然先人之荫，或杳或冥；后人之光，可期可瞩。

先人之荫不可见，而见之于后人之光，五鬼能欺人，不过在一时耳。迨期之后人之光不可得见，而始信其说之诬矣。

择术不可不慎，信术不可不笃。

术不择则为术所误，既得吉术而信之不笃，恐不能尽术之精微。

势绝认为形全，形绝认为势足。

势绝者则无形，形绝者为无势。

---

① 当作回。

高牙文笔，不虞其尖锐；单球宝印，不虞其孤独。垂乳不虞其胸阔，蟠腹不虞其背薄。贪后尾之虚钳，受横尸之伸脚。折腕冲风，不虞其刺腋；翻盆散气，不辨其潺湍。①

牙，牙竿也。凡军旅之出，先立牙竿。又将军之旗曰牙旗。大约尖锐之象，较文笔为更峻耳。单球，独印僧道之应，亦为独眠患跟之形。胸阔则乳不真，背薄则腹不实。钳在后者为鬼脚横伸者。非脉臂所以卫腋，折腕则腋受风吹。盆所以盛水，盆翻则水覆而不可御，气亦因之散矣。

故曰：寻常之习虽诡道，而变奇画者谈至理而未安。

至理所在，如偶变奇、奇变偶，非诡道可以蒙混。

纯粹释微第九十二

或曰：一气之轻清者，上而升之为天；一气之重浊者，下而降之为地。天者气之运，地者气之形。形者气之体，运者气之精。

歧伯曰：天气，清净光明者也，藏德不止，故不下也。

注曰：四时成序，七曜周行，天不形言，是藏德也。德隐则应用不屈，故不下以见其气之运处。

袁天纲曰：气之运用，上应天躔，积气于地而成形象也。

李淳风曰：气本于形，而精气为物、游魂为变也。

积气于地，而考形象。②

积气成天，积形成地。气上而形下。在天成象，在地成形。形发而象生，兹云积气于地，是以上取合乎下，而以形匹配乎象者也。

故曰：日月星辰，光芒经纬；而金木水火，精积盘凝。

日月为水火之精，星辰为石土之积气。

李淳风曰：五行精积二气，盘凝昭回相感③也。

天气下降，地气不应则为雺；④地气上腾，天气不应则为雾。天裂，

---

① 湍叶脱入声。
② 一本无此八字。
③ 一作成象。
④ 音蒙。

阳伏而不能降；地震，阴迫而不能升。

阴虚则天不下交，阳盛则地不上应。方《盛衰论》曰："至阴虚，天气绝；至阳盛，地气不足。"《阴阳应象大论》曰："地气上为云，天气下为雨。雨出地气，云出天气。二气交合，乃成雨露。"阴反阳上，见遏于阳；阳伏阴下，见迫为阴。故不能升，以至于震。

男行而女随，阳倡而阴和。刚柔相济，牝牡相承。何独取于①偏正相胜，专权失证？一阖一辟，有亏有盈；一胜一负，有枯有荣；以否以塞，不令不宁。困而未悟，从而未明，愿闻其旨，则其法程。

或人之意，重在合天地之气而一之，故以男女、牝牡为喻。干支夹杂，似乎不妨兼用。偏，干也；正，支也。证，候也。相胜、专权，谓得其干支之正。阖户谓之坤，辟户谓之乾。一阖一辟，乾、坤、艮、巽也。胜者得其气之旺，负者得其气之微。一胜一负，乙、辛、丁、癸也。天地否闭塞，而成冬在壬之中，不得于亥之正，故曰不令不宁，谓壬、丙、甲、庚也。

曰：刚者天之用，天得一以清；柔者地之体，地得一以宁。柔则静而安，刚则动而用。各守其正，不侵不凌。

此答或人之词。天无体，止可以言用。用者刚也、阳也。地有体而不能自为用。用者柔也、阴也。譬以柔之体而加天，天不得清；以刚之用而加地，地不得宁。柔则其至静者，刚则其至动者，故或刚或柔，贵乎纯一，庶无侵凌之咎。

阴穷阳积，阳胎于壬；壬癸甲乙，随阳所称；阳伏阴生，阴胎于丙；丙丁庚辛，傍阴而评。

此释刚柔之用。冬至一阳生，不生于子而生于亥之末，壬之中，为阳之始；气夫而后生阳之癸、阳之甲、阳之乙。夏至一阴生，不生于午而生于巳之末、丙之中，为阴之始；气夫而后生阴之丁、阴之庚、阴之辛。其艮、巽列阳之位而属阴，为伏阴；乾、坤列阴之位而属阳，为愆阳。

二分之气，正候供平；不蛊不蠹，雨露无声；冲阳和阴，百物生成。

---

① 一本无此四字。

二至之气，驳杂交征；有胜有负，雷电寒冰；重阴亢阳，百物凋零。①

二分属阴，得冲和之气；二至属阳，为重亢之时。雨言春气，露言秋气。阴阳以回薄而成雷，以申泄而为电。雷出天气，电出地气。

八干山水，表里相迎；四正坐向，经纬相登。释中之法，昭然其明。

山水，见于外者；坐向，秘于内者。《释中篇》曰：始气胚腪而未成兆，中气著象而有常躔。又云：惟壬与丙阴始终而阳始穷，惟子与午阳始肇而阴始生。是山水止取八干、四维，而坐向则兼取四正。盖子、午为经，卯、酉为纬，然犯中子之杀，不可不辨也。

故曰：驳杂交宫，乃丧家之荒冢；真纯入路，惟昌族之先茔。

曰宫曰路，合龙与水言。

毫厘取穴第九十三

欲认三形，先观四势。认势惟难，观形则易。势如城郭垣墙，形似楼台门第。断而复续，乃闪脉以抛踪，去而复留；欲徘徊而殖殡。② 形全势就，如卒伍之趣从权勋；虎踞龙蟠，如枝梢之荣卫花蒂。前遮后拥以完全，重关集固而相契。单势单形，息道所倚；逆势逆形，漏道之逝。

势立于形之先，形成于势之后。第恐不得其势，形亦不可得；势得而形无不得者也。然形之成必俟其变化，如断续抛闪，皆形之欲成而伸其变化之所。去而复留，是形已成而完其无不备之形。然形成于内，非有势先逆乎外形，断断不可得。故入山先寻水口，为第一吃紧要诀。昔贤谓"关内不知多少地"者，夫亦漏道之得乃逆耳。

旧萧注谬，不录。

又况有势然后有形，有形然后有穴。势背而形不住，形行而穴不结。

背者，形住于后；行者，穴结于前。

立穴之法，毫厘取亲。

以下陈毫厘之辨。毫厘，穴法之微妙。稍有差错，便非其穴矣。

---

① 供通作共。
② 一作顾恋。

如蛇之项，

旧注曰：穴于怒项则气盛。

扦蛇头者伤脑。头乃蛇之高顶，项则气之涌起而当曲会之地。

如龟之肩；

旧注曰：穴于耸肩则有力。

卜氏曰：扦龟肩者恐伤于壳。肩居壳前，肩坳而壳隆也。

如舞鹤翔鸾之翅，

旧注曰：两翅垂拱则翅上有穴。

翅上一穴，当看鹤鸾之喙所顾处。

如狂虾巨蟹之钳：

旧注曰：虾蟹一身之刚在钳。

虾钳一穴，惟平地芦鞭龙似之。古诀曰：扦蟹壳者，伤黄壳饱而钳能容受。

如卧牛之垂乳，

旧注曰：牛卧有穴在乳。

凡牛之卧，其首与足皆环护其腹。腹饱不可穴。腹之见于垂者曰乳，必细腻秀嫩乃可穴也。

如驯象之卷唇；

旧注曰：象卷鼻，气积污中。

驯象言其止，卷唇言其卫。

如鱼之腮鬣，

腮至圆。鱼龙颔旁曰鬣。

如驼之肉鞍；

肉鞍，气所钟处，以前后为左右也。

如弩之机括，

机括，至中、至正之所。弩，其障也。括处微微有窝。

如弹之金丸；

金丸，平中之一突弹，其后托而抱者也。

如波之漩，

波之漩必有涡窟，穴也。

如木之痕；

木伤久而成痕。痕处有容，非若节之隆也。

如钗之股，

言其钳之直。

如帛之纹；

盲其穴影之微，即盏酥之类。

如覆手之虎口，

垂坡窝穴。

如仰手之掌心；

杨公谓平洋穴在水分。水聚之中，即金盆、荷叶一类。

如将军端坐之腹，

穴在脐。

如仙人仰卧之阴；

穴在胯内。

如停珠之腮颔，如卷水之尾节；如奔水之肩坳，如爪脚之拿云；

四者皆在龙之身。腮颔、肩坳在坦窝，尾节、爪脚在鞠抱。

如旗纛之吉字，如虹月之晕轮。

吉字在旗之至中，虹月皆如弓抱。晕轮，谓阳气之结若隐若见者也。

曾公曰：红旗是转皮名字，紫微起半月星辰，即此二义。

欲高而不欲危，欲傍而不欲侧；欲谩而不欲绝，欲藏而不欲蔽；欲低而不欲沉，欲特而不欲孤；欲众而不欲群，欲显而不欲露；欲浅而不欲浮，欲深而不欲伤；欲壮而不欲粗，欲坳而不欲断；欲肩而不欲背，欲鼻而不欲唇。

高者必危，其四山从佐皆高即得安。傍者气每偏注，侧则不可容受。谩者其气悠扬，绝则气赶不到。藏者局展，蔽者局塞。低者藏，沉者脱。特必求辅，众必要尊。显则明快而藏，露则爪牙不蔽。藏于涸燥者宜浅，过浅则似乎浮矣。藏于坦夷者宜深，过深则近乎伤矣。壮者其气厚，粗者其气顽。坳者伏而后起，断者不可复续。肩有凹可安，肯无下手处。鼻有双崦，唇不兜收也。

曰蟠结者，不论其不住；曰夹辅者，不论其过去。曰水城者，不论凋零；曰出洋者，不论其脱露。

龙欲其住不欲其去，若蟠结者，其所去之尾皆掉转回环，故不论其后，龙之不住也。《五气祥诊篇》曰：夹辅龙者，左右深邃，枝繁节衍，扈从环卫，众木之敷荣而依依。左右夹辅既深，穴结于内，其左右去者只只皆回头，以拦截内堂之水，故不论其余者之过去也。涸零者，囚谢之谓。水既环抱如城，外气无有不聚，囚谢非所论矣。出洋者，平中忽起冈阜，如山林之兽、过海之船，非气之旺盛者不能。盖其离障脱卸既遥，本身自生环卫，不得谓其脱然孤露而弃之。

故曰：住不住，看入路；去不去，看四顾；著不著，在转脚；遇不遇，在跬步。

此承上四者而言龙欲其住，不欲其不住；若龙蟠者，唯看其落头之有无，其去者虽重，皆为我身之卫，故惟看其入路也。其夹辅者，只要四顾有情，余气去者，虽长适为内堂之卫，故不论其去与不去也。至于水城之所，一片平洋，或在冈阜，或在田原，穴面既经垦凿，上下左右难以定其毫厘，故穴之著与不著，只看其脚之转处，便为真气所注之所。一举足曰跬，两举足曰步。遇不遇一义虽承出洋龙说，其实统四者而言之。谓取穴既在毫厘，则穴之遇与不遇，只在一步两步之内，而形之必不可易处亦甚微矣。

阖辟循环第九十四

或曰：夫人者托天而生，依地而长。应五星之景躔，随五运之变动。以清以浊，以盛以衰，以智以愚，以怯以勇。还元五土，配祀五神。五墟既正，五福以臻。其理昭著，其说纷纭。奇形怪穴，佳山秀水。亘古及今，不闻有匮。吉凶悔吝，无时而已。

阖辟，变化之谓，循环往来而不穷也。

曰：冈骨既成，源泉混混；土复洲移，天旋堆转。数运穷通，星物移换。洪水崩蚒，① 田塘开垦，蛰蚁穿蚀，木根聚散，风雷震动，岸圮脉断。

---

① 音丹，水冲崖坏。

人事从违，随时隐见。司灾司福，罚恶赏善，巧目旦眹，踌躇顾盼。或奇毛异骨之荫庇孱顽，或丰桧茂松之枝条芟剪。日兹月益，山水变化之不常；否极泰来，人事无时而有尽。

乾坤阖辟之后，天动而地静，数运无有穷时，唯水迁徙不常。或高岸为谷，或深谷为陵，其阖辟在地；或农人蓄水为田，或居民凿池注水，或筑堤防河，或车轮畚锸之转运，其阖辟在人；至于蛟蛇冬蛰、狐貉穴居、蚁聚而土空、木穿而岸坏，其阖辟在物；若风能飞沙聚山，雷能驱电劈石，龙兴而山为之崩，蛟徙而冈为之断，其阖辟在天。则人事之从违，或求之得，或求之不得。冥冥之中，又有司其灾祸者焉。至若巧目明眹，山川无可遁之迹，而不免于遗漏。至今者是奇毛异骨，或隐形孱弱，或寓迹粗顽，或故墓之傍而为松桧所偃息，未常不经人迹往来，而人之所遇，容有不能尽合于天者，则又存其用于既用之后。况日滋月益，山水复有其生生；人事之往来，安有尽乎？

释水势第九十五

先观山形，后观水势。山有行止，水分向背。乘其所来，从其所会。敛其方中，巡其圜外。

山来则水随，山聚则水止。水之向者穴在其中，水之背者气所不附。或乘其所来为张潮之水，或从其所会为积畜之渊。敛其方中形，无他去之意，巡其圜外势，无走窜之情。

险隘之钟，夹室所系；易野之钟，辅门所逊。① 或内直而外辅，或左湾而右擎。②

险隘，重在近关；易野，重在外关。盖山谷不难于关，而平原则外水易散。元辰内直，不妨只要外山兜转。此论险隘也。左水环绕右水曳者，亦有之，此论易野也。

朝似生蛇出穴，蜿蜒而环绕；抱如玉带围腰，悠扬而停憩。

---

① 音列，与遮同。
② 擎，曳也。

水之妙，无过此二者。

交锁翻盆，有兴有废；合宗分派，有祥有沴。

二水相会曰交锁，当面水倾卸曰翻盆。交锁主兴，翻盆主废。《寻龙经序》云：源头分派，黄泉之脉归宗，言合也；水口开岐，苍造之源别谱，言分也。合则气全，故主祥；分则气散，故主沴。

无倾侧潺湲，无云奔砍射。

倾侧者边有边无，潺湲者有声不断。云奔喻流之迅，砍射直削而猛急也。

又况来不欲冲，行不欲脱。去而复留，潞而复泄。如摆练铺帘，如缺环半月。

面无拦则受冲，脚无关则便脱。复留者，其去者之元；复泄者，其留者顿息。摆练则悠扬不迫，铺帘则阔荡洋洋。如环如月，皆取象于围绕，以见其一面之有情也。

横、平、宽、整，欲江涧而无声；抖、直、浏、奔，忌田濠之短折。

横则绕，平则静。宽则其势不猛，整则不偏江涧。言其有源，五者统言其吉。抖则倾，直则不曲。浏，水溜不容也。奔，疾走也。田濠皆乾流易涸，五者统言其凶。

掷面冲心，须经隔涉；内荡无城，明堂被裂。①

凡当面冲来之水，须大水拦截于外，而始不与穴地相冲。盖掷冲之势，至于隔涉则已散矣。凡内堂流出之水，须有案砂拦截于内，而穴内之元气始完；否则明堂直倾，便为不蓄之穴。

忌其溜笕长槽，忌其偏枪斡割，忌其摇旌反弓，忌其崩唇夹胁，忌其二气相交，忌其双宫逾越。

以竹通水曰笕，槽深而笕细。偏枪，水下削也。斡，转旋也。水旋而太逼则割。摇旌，不正之貌。反弓，背也。崩唇者，下无兜收。夹胁者，左右不展。二气交者，阴阳之混杂。双宫越者，偏正之侵凌也。

地浊天清，相朝替没。

朝言来，没言去。

---

① 被，疑作破。

故曰：乾流源竭者，殇残之冢；襟江带湖者，将相之穴。

龙长者水会于江湖，龙短者水会于溪涧。若乾流源竭者，非深山即枝节，由其力量不绵远，不能与大冰相值，故其应亦易歇。若江湖之水，非千里百里之势不能汇聚。以千百里之势为襟带者，其气概自可见矣。然亦有穴结于此而水潴于彼者，穴上虽不见水，暗拱之势为力更大，不可谓非将相之穴也。

李淳风曰：前篇云：水未经于方镇，止高金粟之区；山必界于江湖，斯结王侯之垒。谓乾流之穴虽好亦不能久长也。

阴阳交感第九十六

天无私覆，地无私载，日月无私照，圣人无私畀。

天地覆载，日月照临，人处乎阴阳交感之内，而不知也。《易》曰：天地感而万物化生。圣人感人心，而天下和平，即是无私处。

故万物之生，以乘天地之气。善而有祥，嗔而有沴。纷纷郁郁为祯祥，郁郁葱葱为佳瑞。以濛以泷，为霾为曀。①

纷纷，乱也。郁郁，文盛貌。郁郁葱葱，言气之条畅而佳皆阴阳之和。天气下降、地气不上应则为濛。泷，沾渍也。风而雨土曰霾，阴而风曰曀，皆阴阳之戾。

祥气感于天为庆云、为甘露，降于地为醴泉、为金玉，腾于山冈成奇形、成怪穴，感于人民钟英雄、钟豪杰。

庆云现，贤者得用于世。甘露，王者之瑞应。《鹖冠子》曰：圣人之德，上及太清，下及太宁，中及万灵，则醴泉出。瑞应图曰：王者纯和饮食，不供献，则醴泉出，饮则令人寿。《东观汉记》曰：光武中元元年，醴泉出京师，饮之者痼疾皆愈。许慎曰：五金，黄为之长，生于土，故字左右注象金在土中之义。金屑生益州，有山金、沙金二种。黄金气赤，夜有火光，及白鼠山，有薤下有金银屑生永昌。银之所出处亦与金同，俱是生土中也。闽、浙、荆、湖、饶、信、广、滇、贵州，交趾诸处，山中皆

---

① 音，医去声。

产银。上有铅，下有银；山有葱，下有银。银之气入夜正白，流散在地，其精为白雄鸡。

金生丽水。又蔡州瓜子金、云南颗块金，在山石间采之，黔南遂府吉州。水中并产麸金，五岭山、富州、宾州、澄州、涪县、江汉河皆产金，居人养鹅鸭取屎以淘金，其金夜明。按《太平御览》云：交州出白玉，夫余出赤玉，扶娄出青玉，大秦出蔡玉，西蜀出黑玉，蓝田出美玉。《淮南子》云：钟山之玉，炊以炉炭三日三夜而色不变，得天地之精也。《礼记》曰：石蕴玉则气如白虹，精神见于山川也。《博物志》云：山有谷者生玉。又云：水圆折者生珠，方折者生玉。二月山中，草木生光，下垂者有玉。玉之精如美女。于阗有白玉河、绿玉河，每岁五、六月，大水暴涨，则玉随流而至。七八月水过，乃可取。彼人谓之"捞玉"。观此，则玉有山产、水产二种。中国之玉则在山，于阗之玉则在河也。

沴气升于天为晦冥、为昏塞；入于地为崩洪、为圮缺；流于山冈为柱住、为诡结；感于人民为庸愚、为背悖。

晦冥、昏塞，白昼如夜、日蚀雨土皆是也。崩洪，朋山共水之义。大龙屈伏之所。圮缺，破碎而不成毛骨。柱住，住而非住；诡结，结而非结，皆沴气之为感于人民，则为愚为悖矣。

人感二气而成形，取二气而凝结。死则血肉溃败而陷①其骨，故葬者纳真气于本骸，感祯祥于遗体，安其本而荫其末。富贵贫贱，蠢陋愚哲，清浊寿夭，随气所孽。

郭氏谓凝结者成骨，此云取二气而凝结，是骨者。阴阳交感之气所成。而不化血肉，则阴为野土一体于青山。

陈希夷曰：人之生禀二五之精以为性，而乾之为阳、为神；禀二五之气以为形，而坤之为阴、为骨。胞胎孕养，生气凝结，神从所感而生。及其元气尽阳竭神，无所生而死，死则气脱而骨留、精去而神在。葬山乘气，使二五之气温其骨而藏其神，此感应之机也。

是以圣人智通神明，功夺造化，仰观天象，俯察地形。可以藏往知来，开物成务。致日月之重辉，使阴阳之倡和。启福德之门，阐教化

---

① 一作留。

之路。

此承圣人无私昃句。推而行之谓之通。圣人智通神明以造化之理，达之民用。神以知来，智以藏往。开相度之门，以成天下之业，要其故非合日月阴阳，无以得致感之神。虽曰启福德之门，实所以为仁人孝子之奉其亲也。

故曰：指心义，开心悟。耀一时，垂千古。

义在仰观俯察，上合昭昭，下合冥冥。上见悟则透其理于一心时者，山川之方位与时令同耀一时，便可以垂千古而勿替矣。

五气祥沴第九十七

《易》曰："天垂象，见吉凶。圣人象之。"物有象而后有数，象者数之源；象有数而后有运，运者气之流。

象如河中龙马，洛水神龟；数如《河图》、《洛书》。有龙马神龟，而后有《图》、《书》。此象者，数之源也。有《图》、《书》，而后知甲为一、己为六、乙为二、庚为七、丙为三、辛为八、丁为四、壬为九、戊为五、癸为十。此数者，运之流也。象为山川之形，数为山川之理。数无定在，有数而即有运。运者，岁月之流行也。

阴阳者，清浊之象，五气之体；奇偶者，刚柔之用，二仪之宗。

"立天之道曰阴与阳，立地之道曰柔与刚。"阴阳者，先天之卦位，加以《洛书》畤数之宫，奇属阳而偶属阴也。如乾、坤、坎、离居先天之四正，得戴九履一、左三右七之数，故甲、乙、壬、癸、申、辰、寅、午皆阳也；震、巽、艮、兑居先天之四隅，得二四为肩、六八为足之数，故庚、辛、丙、丁、亥、未、巳、丑皆阴也。此清浊之象。实为五气之体。然阴阳不能自为用。偶为阴数，奇为阳数。刚者言天之用，柔者言地之用，甲奇而庚偶，壬奇而丙偶，乙奇而辛偶，癸奇而丁偶，乾奇而巽偶，坤奇而艮偶。十二支之阴阳皆随纳甲所属，此刚柔之用即二仪之宗也。

又况物之与象，犹元首之于腹心；数之与运，犹股肱之于手足。循环迭运，不可得而偏废也。

象为元首，数为腹心，运为股肱之于手足。得象而不得数，得数而不得运，均谓之一偏。得数与运而不得象者，不得谓之数，亦不得谓之运也。

在《易》，"卦一以象三，揲之以象四"者，水、火、金、木也。中央之土寄胎于申，则五行具矣。

三者，三才也。象者，地之四象也。水、火、金、木见于四方，莫位于中央而四时即寓于方位之内。

曰夹辅者，左石深邃，枝繁节衍，扈从环卫，象本之敷荣而依依；

数、运由象而生，所重者象，故于象着为五形。

曰生龙者，秀峰层集，经历升降，分枝布叶，象火之荧煌而辉辉；

火星要落得远，故言经历升降。

曰睡龙者，悠扬坦荡，夷演雍容，气脉隐伏，象土之宽厚而迟迟；

睡龙气伏于下，潜行地中。土星三年移一宫，故迟。

曰出洋龙者，脱颖特达，出众超群，端崇雄伟，象金之刚毅而巍巍；

平地中忽起为山。曰出洋，非蔓延尖锐、隐伏曲折之比，故取象于金。

曰回龙者，朝宗顾祖，曲折盘旋，首尾相应，象水之悠洋而折折。

回龙非蟠折不能顾，故取象于水。已上言五气之祥。

曰此五正之流形，大块积聚，亦傍理而推。

木正勾芒，少皞氏之子；火正祝融，颛顼氏之子；金正蓐收，金官之臣；水正元冥，水官之臣，土正后土，亦颛顼氏之子。名黎五正，实治五方。曰流形者，形各成其质也。

曰杂冗者，节目无绪，随吹欹斜，支干凋落，散乱交加，反肘背面，擘脉开丫，袅腰突额，屈折槎牙，纵横倒侧，铁屑浮砂，象木疹而疵瑕；

腰贵细而正，袅则其气偏邪。额贵圆而净，突则其气凶暴。铁屑浮砂，言皮毛之皴恶也。

曰浅漏者，枯焦砂碛，石刃流痕，蜂房侪杂，倒栋悬檐，漏囊脱橐，瘦骨藤蟠，尊卑失序，齐首并眉，蓦然间断，杂沓驰奔，象火疹而烟炎；[1]

火有燎原之势，若浅漏者，一如其似明不灭之象。石刃，言石之尖皆

---

[1] 一作浮。

射上。流痕，石上之痕如流水。

曰丑拙者，横腰直胫，突兀挛拳，高而不方，低而不圆，覆箕瓢杓，拖斩流船，伏尸毙豕，坏廪颓垣，镵尖插地，堕卵遗便，①象土浕而罹冤；

纯是一片滞气。横腰最软，直胫最硬。突兀者不安，挛拳者不畅。高而方者正，低而圆者活。覆箕，倾削不兜；瓢杓，孤单寒薄。拖斩则不断牵连，流船则欹斜不正。伏尸、毙豕，死亡之象；坏廪、颓垣，破碎之形。镵尖插地，崩破而犹有其存；堕卵遗便，龙尽而尚留其迹。

曰刑伤者，东西错列，左右交差，镵棱芒刃，挺直横斜，开骸列指，鸟喙姜芽，羊蹄鱼尾，惊燕腾蛇，蛙尸牛肋，走鼠惊蛇，象金浕而咨嗟；

东西为交，邪行为错。凡尖者属火，此以尖利者属金，金主刑，而以尖为受伤之具也。

曰淫泆者，探头闪面，倚附怀私，锁肩穿胯，②直棒横梭，赘瘿抱屿，新月蛾眉，伸肱臂胖，槎牙③乱衣，内外无别，大小相随，象水浕而披离。

凡圆者属金，此以探头闪面、新月蛾眉等属水，圆以形者，此以意言也。形得其粗，意得其细。

锁肩即交肩。穿胯如韩信出于胯下。山在水中曰屿。臂上节曰肱。槎牙，斫木也。

然融结之形，破碎之势，不逃于五视。

夹辅龙、生龙、睡龙、出洋龙、回龙，皆融结之形；杂冗、浅漏、丑拙、刑伤、淫泆，皆破碎之势。

布于天为五星，分于地为五方，行于四时为五德，布于律吕为五声，发于文章为五色，总其精气为五行。人灵于万物，禀秀气而生。《易》曰："天数五，地数五，天地之数五十有五。"故万物皆感五气而成。

木为岁星，于地为东方，于时为春，于德为仁，其音角，其色青；火为荧惑，于地为南，于时为夏，于德为礼，其音徵，其色赤；土为镇星，于地为中央，于时为四季，于德为信，其音宫，其色黄；金为太白，于地

---

① 一作鞭。
② 一作交膝。
③ 本作爪。

为西方，于时为秋，于德为义，其音商，其色白；水为辰星，于地为北方，于时为冬，于德为智，其音羽，其色黑。皆五行之精气为之。天地生万物，人亦万物中一物，特灵于万物者，以禀五行之秀气为然也。天数五者，一、三、五、七、九，皆奇也；地数五者，二、四、六、八、十，皆耦也。五奇之积，得二十有五；五耦之积，得三十。凡天地之数五十有五。《河》、《洛》之数，五位中央。一感五而成六，水也；二感五而成七，火也；三感五而成八，木也；四感五而成九，金也；五感五而成十，土也。

九龙三应第九十八

寻龙先分九势，择向必应三精。龙不真则穴不结，向不等而气难乘。

三精见后之所畏、所爱所类。

回龙形势蟠迎，朝宗顾祖，如舐尾之龙、回头之虎；

第一龙。

出洋龙形势特达，发迹蜿蜒，如出林之兽、过海之船；

出洋气力宏肆，所禀有余，故能奔出平洋，奋然而起。若出林之兽；但见为兽；过海之船，但见为船。其为兽、为船，各有其可穴之地，不得以孤独而弃之。

降龙形势耸秀，峭峻高危，如入朝大座、勒马开旗；

从上而下曰降。经云：势若降龙，水绕云从，爵禄三公。

生龙形势拱辅，支节棱层，如蜈蚣槎爪、玉带瓜藤；

蜈蚣牙爪独多，玉带、瓜藤则全无牙爪。

飞龙形势翔集，奋迅悠扬，如雁腾鹰举、两翼开张，凤舞鸾翔、双翅拱抱；

凡开睁展翅曰飞。

卧龙形势蹲踞，安稳停蓄，如虎屯象驻、牛眠犀伏；

惟冈阜龙为然。

旧注曰：蟠身踞脚。

隐龙形势磅礴，脉理淹延，如浮箨仙掌、展诰铺毡；

隐龙穴俱在水分、水聚之中。

旧注云：䩞，体长系绁。仙掌，仰而盛露。其仰而盛露之内，即是水分、水聚之中，谓之阳会。水非阴流也。

腾龙形势高远，峻岭特宽，如仰天壶井、盛露金盘；

穴结于顶，无异平地，所谓天穴也。

旧注曰：耸秀绝顶停蓄。

领群龙形势依随，稠众环合，如走鹿驱羊、游鱼飞鸽。

一队之中，求其众所趋附之所。

故曰：龙分九势，有真伪之殊；穴辨三停，有轻重之别。

九龙俱根形势，恐学者落于伪也。盖有势则龙自真，有形则穴不假。穴之高下虽不齐，要不能外三停之法以求之。

曰：猛虎出林，形卓枪案；龙马饮泉，形铁索案。曰凤凰仪韶，形张罗案；飞鹤下田，形双箭案。曰苍龙滚浪，形神剑案。是取其形之所畏。

取其所畏者，以示其不动之义。

曰：白象卷湖，形聚草案；灵龟朝斗，形七星案；生蛇上水，形虾蟆案；鸂鶒晒翅，形游鱼案。曰列士入朝，形旌节案。是取其形之所爱。

取其所爱者，以示其意之所存。

曰：仙人对弈，形宾主案。曰将军出阵，形屯军案；严师端坐，形列拜案；群龙聚会，形雄雌案；半月隐山，形照日案。是取其形之所类。

取其所类者，以示其相应之理。引而伸之，触类而长之可也。

故曰：应案端崇龙始住，夹室藏风；朝峰挺特穴方成，明堂养气。

九龙所应者曰畏、曰爱、曰类，然畏不徒畏，爱不徒爱，类不徒类。夹室非应案则龙不住，而风无以藏；明堂非朝峰则穴不成，而气无以养。盖朝峰居应案之外，明堂居应案之内。所畏、所爱、所类虽不同，而其所以藏风，所以养气则兼所用焉。

形穴参差第九十九

或曰：大地无形，观气概；小地无势，看精神。

旧注曰：险隘之地势，以峰峦秀拔为精神。

夷易之地，有形可观。精神易得而气概不易得。

穴于腹者，有肠而有胃；

肠，水谷二道，为大小肠，心肺之府也。又肠，畅也，通畅胃气也。

旧注曰：葬深则伤肠胃。

穴于首者，有鼻而有唇。

旧注曰：鼻则停蓄，唇则不藏。

若无形而无势，则何别以何分。

已上或人之言，据其意谓大地既无形，小地既无势，从何处分别其是非。

曰：冈垄之辨，毫厘取亲。或宽而或紧，以粹而以纯；

穴法之取，俱在毫厘取亲。故特言冈垄且然，其夷易益可见矣。

旧注曰：穴紧取慢，穴正取旁，穴偏取骑。

左崇而右实，右胜而左殷。

左崇其穴在右，右胜其穴在左。

旧注曰：殷，大也。

势缺形孤，可向窊污而卜；东弯西抱，宜于节乳而寻。

既无形势可恃，非窊污绝无收藏之地，此穴于宽者也。东弯西抱，穴必居中。但中无正落，第见为东弯西抱之形。当于其节乳处求之，必有其至中而不可易者。穴法非撞则实粘，须防失气，此穴于紧者也。

穴钗股者，柳梢之不等；

旧注曰：柳梢短长不同，与钗股异。

穴鱼尾者，羊蹄之不禁。①

鱼尾摆开，看后倚前亲之势。羊蹄，瘦小无阳。

---

① 一作伦。

旧注曰：如鱼掉尾，有力处可穴。

如翔鸾舞鹤者，形之结；如惊燕走鼠者，势之莽。

翔舞开翅而悠扬，惊走疾窜而不展。

如禽闪弹者，势必惊飞；如蟹伏鳌者，形必顾身。

禽之闪弹，必斜撇而直迅；蟹之伏鳌，必端拱以护身。

如拜恩谢职者，形之拱；如拖蓑负斩者，势之屯；

一为端正俯伏，一为突兀落头。

旧注曰：一头朝拱而面谦恭，一头向外而尾垂流。

如瓣钱席帽者，形之聚；

旧注曰：身积聚而脚带乘踞。

如蛾眉新月者，势之淫；

旧注曰：头浅露而势不堂堂。

如灵龟覆釜者，形之积；

灵龟覆釜，其体圆净。不言势者，势大而形小，若以为势，不得谓之龟与釜矣。

旧注曰：龟体介而首尾分明，釜体负而踞脚不走。负疑员字。

如瓠瓜瓢杓者，势之峻；

瓠瓜，瓢杓之类，貌总壅滞，较之龟釜，其相颇长。

旧注曰：杓高大而尾小，出孤寡之人。

如方屏栏槛者，形之特；①

轩窗之下为梡曰栏，以版曰槛。栏、槛较方屏似阔。

旧注曰：栏槛一作端笥。笥耸高。端方而气清，屏方而高峙。

如舆梿旛带者，②几势之淹；

有梿之体，则有旛带之用。

旧注曰：淹，没也。敧斜则气绝。

如鼓角楼台者，形之耸；如烟包火焰者，势之磷。

磷，死于兵者之鬼火也。又牛马之血为磷。

---

① 一作峙。
② 一作横。

旧注曰：磷，萤也。赤色霞光，石头尖利。

然则四势之于气概，三形之于精神，一经一纬，相济而相因；千态万状，一伪而一真，依稀仿佛，相类而相甡。①

或人谓大地无形，有气概可观；小地无势；有精神可见。至若无形无势，便茫无着手，区处而不知。势者形之积，形者势之生。无形则必有势，以具于外而不见为势者；以水为势者也；无势则必有形，以积于中而不见为形者，以水为形者也。故势曰经，形曰纬。形非势不生，势非形不结。然千态万状，以言乎势则为伪、以言乎形则为真者何也？盖冈垄之辨，在乎毫厘。若徒恃其势，不究其形，则八尺之地，安所从而得其故哉。故大地无形，非无形也，形在乎几微之内，非若精神之发见乎外者。苟能于无势无形之内而索之，则地理之能事思过半矣。

望气寻龙第一百

谨按《周礼》：眡祲氏掌十煇之法。②

眡，视也。眡从氏者，氐，东方之四宿，眡祲氏所以占日，以日从东升，故从氐。祲者，阴阳气相浸，渐以成灾祥也。

郑司农曰，煇，谓日光气也。

一曰祲，二曰象，三曰镌，四曰监，五曰闇，六曰瞢，七曰弥，八曰叙，九曰隮，十曰想。察盛衰以辨清浊，观妖祥以辨吉凶。③

郑司农曰：祲，阴阳气相侵也。象者，如赤乌也。镌，谓日旁气四画反乡如煇状也。监，云气临日也。闇，日月蚀也。瞢，日月瞢瞢无光也。弥者，白虹弥天也。叙者，云有次序，如山在日上也。隮者，升气也。想者，煇光也。一谓镌，读如童子佩镌之镌，谓日旁气刺日也。监，冠珥也。弥，气贯日也。隮，虹也。《鄘风》云："朝隮于西。"想杂气有似乎形可想也。弥，虹气贯，日为是。弥，弛弓也。虹似弓，故虹气贯日曰

---

① 甡，众生并立貌。
② 煇音运。
③ 弥作迷，隮作赍。

弥。阍，暗也，又晦也。屈原《天问》曰："冥昭瞢闇"，合是无光之象。谓日月蚀者，非盖日月薄蚀有保。章氏掌天星，以志星辰日月之变动，以观天下之迁，辨其吉凶，当不在十煇之例。瞢即眩字，从旬。旬始妖气，状如雄鸡。

望气之法，眩目萦心。上自天子，下及庶人，有权有变，有仪有伦；昏晨晦暝，雾霭氛氲，有庆有景，有妖有屯；平视桑榆，初出森森，若烟非烟，若云非云。名为喜气，太平之因。

仪，义也。伦，理也。晦暝，雾暗不明也。平视，平明而视。桑榆，晚也。

如彗如星，如狗如龙，首尾穹窿，虹霓日旁。一为乱君，二为兵丧。圣人崛起，人主受终。

《春秋传》曰：分至启闭，必书云物。郑司农曰：以二至二分之日，观之日旁云气之象。青为虫，白为丧，赤为兵荒，黑为水，黄为丰。

以日旁之气占之，止可以占天，不能占地。

彗，扫竹也。晏子曰：天之有彗，以除秽也。文颖曰：彗、孛、长三星，其占异同。孛，光芒短，其光四出，蓬蓬勃勃；彗，光芒长，参参如扫帚；长星，光芒有一直指或竟天，或十丈、三丈、二丈。大法：孛、彗多为除旧布新、火灾，长星多为兵革。又《纬书》曰：彗形长丈。色青苍，侯王破；赤，强国恣；白，兵大作。星为阳之精，日之所分也。

如彗如星等，非谓有其彗，亦非谓有其星，总谓其气之有似耳。

天子之气，内赤外黄。或恒或杀，发于四方。葱葱而起，郁郁而冲。如城门之廓雾下，如华盖之起云中，如青衣而无手，象龙马之有容。名为旺气，此地兴王。

恒，常久也。杀，衰小也。葱葱、郁郁，佳气也。如城门、如华盖、如青衣、龙马，以表其成形之特异。

宰相之气，赤光闪起。如星月而弯趋，如长虹而斜倚。或内白而外黄，或前青而后紫；或郁郁而光照穹庐，或纷纷而晕如两珥。青如牛头，黄如虎尾。

穹庐，在野之圆庐也。珥，瑱也，所以塞耳。穹庐言其气之高罩于上，两珥言其气之映见于左右。青言牛，黄言虎，其色最正。

猛将之气，如门户异。如光芒而应弓，如流星而烛地。初若云烟，终如鼎沸；如竹木而本卑，如尘埃而头利。内白而外赤，中青而下黑。坠如摇旌，踏节而五色皆全；如弯弓，长弩而爪牙俱备。①

其气之所成，有一段不可犯之意。

福喜之气，上黄下白。如牛头之触人，如羊群之相迫；如人持斧以腾身，如将举首而向敌；或如堤坂，或如木植。

其气凝聚有力。堤坂，系横亘者；木植，系森列者。

暴败之气，下连上擘，聚而复兴，微而复赫。如卷石扬灰，如乱穰坏帛；如惊蛇飞鸟，如偃鱼巨舶。

其气零散不凝。鱼偃仆者，不能踊跃。舶，海中大船，形体横卧，殊无振兴之象。

故曰：太阳出没，盛衰有别。见其中断，见其横截。黄富而青贫，赤衰而白绝。唯五色之氤氲，乃绵绵而后杰。寻龙至此而能事已毕。爰银海之明，欲灵犀之活。

太阳出没，其占或旦或暮，即前文之平视桑榆也。大低山川之气，非太阳照耀无以显明。但日中则其气潜伏，无可觇验，故必俟其日之未升而阳气始兴，或候其日之既没而阴气始萌。盖日未出地二刻半已明，既入地二刻半始昏。望气寻龙，只在此五刻之内。故《周礼》眡祲氏十煇之法，不能外日旁之气以别验其妖祥，则望气寻龙，求之太阳出没之时，亦即以日旁之气占之意也。第恐心目之未清者，既无银海之明，又乏灵犀之活，即旦暮而求之，终而益耳。

---

① 踏节当作达节。

周易书斋精品书目

书　　名	作　者	定　价	版别
影印涵芬楼本正统道藏 [典藏宣纸版；全512函1120册]	[明]张宇初编	480000.00	九州
影印涵芬楼本正统道藏 [再造善本；全512函1120册]	[明]张宇初编	280000.00	九州
重刊术藏[全6箱，精装100册]	谢路军郑同主编	68000.00	九州
续修术藏[全6箱，精装100册]	谢路军郑同主编	68000.00	九州
易藏[全6箱，精装60册]	谢路军郑同主编	48000.00	九州
道藏[全6箱，精装60册]	谢路军郑同主编	48000.00	九州
焦循文集[全精装18册]	[清]焦循撰	9800.00	九州
邵子全书[全精装15册]	[宋]邵雍撰	9600.00	九州
子部珍本备要(以下为分函购买价格)		178000.00	九州
001 峾嵝神书	宣纸线装1函1册	280.00	九州
002 地理啖蔗録	宣纸线装1函4册	880.00	九州
003 地理玄珠精选	宣纸线装1函4册	880.00	九州
004 地理琢玉斧峦头歌括	宣纸线装1函4册	880.00	九州
005 金氏地学粹编	宣纸线装3函8册	1840.00	九州
006 风水一书	宣纸线装1函4册	880.00	九州
007 风水二书	宣纸线装1函4册	880.00	九州
008 增注周易神应六亲百章海底眼	宣纸线装1函1册	280.00	九州
009 卜易指南	宣纸线装1函1册	280.00	九州
010 大六壬占验	宣纸线装1函1册	280.00	九州
011 真本六壬神课金口诀	宣纸线装1函3册	680.00	九州
012 太乙指津	宣纸线装1函2册	480.00	九州
013 太乙金钥匙 太乙金钥匙续集	宣纸线装1函1册	280.00	九州
014 奇门遁甲占验天时	宣纸线装1函2册	480.00	九州
015 南阳掌珍遁甲	宣纸线装1函1册	280.00	九州
016 达摩易筋经 易筋经外经图说 八段锦	宣纸线装1函1册	280.00	九州
017 钦天监彩绘真本推背图	宣纸线装1函2册	680.00	九州
018 清抄全本玉函通秘	宣纸线装1函3册	680.00	九州
019 灵棋经	宣纸线装1函1册	280.00	九州
020 道藏灵符秘法	宣纸线装4函9册	2100.00	九州
021 地理青囊玉尺度金针集	宣纸线装1函6册	1280.00	九州
022 奇门秘传九宫纂要	宣纸线装1函1册	280.00	九州

书　　名	作　者	定价	版别
023 影印清抄耕寸集－真本子平真诠	宣纸线装1函2册	480.00	九州
024 新刊合并官板音义评注渊海子平	宣纸线装1函2册	480.00	九州
025 影抄宋本五行精纪	宣纸线装1函6册	1080.00	九州
026 影印明刻阴阳五要奇书1－郭氏阴阳元经	宣纸线装1函2册	480.00	九州
027 影印明刻阴阳五要奇书2－克择璇玑括要	宣纸线装1函1册	280.00	九州
028 影印明刻阴阳五要奇书3－阳明按索图	宣纸线装1函2册	480.00	九州
029 影印明刻阴阳五要奇书4－佐玄直指	宣纸线装1函2册	480.00	九州
030 影印明刻阴阳五要奇书5－三白宝海钩玄	宣纸线装1函1册	280.00	九州
031 相命图诀许负相法十六篇合刊	宣纸线装1函1册	280.00	九州
032 玉掌神相神相铁关刀合刊	宣纸线装1函1册	280.00	九州
033 古本太乙淘金歌	宣纸线装1函1册	280.00	九州
034 重刊地理葬埋黑通书	宣纸线装1函2册	480.00	九州
035 壬归	宣纸线装1函2册	480.00	九州
036 大六壬苗公鬼撮脚二种合刊	宣纸线装1函1册	280.00	九州
037 大六壬鬼撮脚射覆	宣纸线装1函2册	480.00	九州
038 大六壬金柜经	宣纸线装1函1册	280.00	九州
039 纪氏奇门秘书仕学备余	宣纸线装1函1册	280.00	九州
040 八门九星阴阳二遁全本奇门断	宣纸线装2函18册	3680.00	九州
041 李卫公奇门心法	宣纸线装1函1册	280.00	九州
042 武侯行兵遁甲金函玉镜海底眼	宣纸线装1函1册	280.00	九州
043 诸葛武侯奇门千金诀	宣纸线装1函1册	280.00	九州
044 隔夜神算	宣纸线装1函1册	280.00	九州
045 地理五种秘笈合刊	宣纸线装1函1册	280.00	九州
046 地理雪心赋句解	宣纸线装1函2册	480.00	九州
047 九天玄女青囊经	宣纸线装1函1册	280.00	九州
048 考定撼龙经	宣纸线装1函1册	280.00	九州
049 刘江东家藏善本葬书	宣纸线装1函1册	280.00	九州
050 杨公六段玄机赋杨筠松安门楼玉辇经合刊	宣纸线装1函1册	280.00	九州
051 风水金鉴	宣纸线装1函1册	280.00	九州
052 新镌碎玉剖秘地理不求人	宣纸线装1函2册	480.00	九州
053 阳宅八门金光斗临经	宣纸线装1函1册	280.00	九州
054 新镌徐氏家藏罗经顶门针	宣纸线装1函2册	480.00	九州
055 影印乾隆丙午刻本地理五诀	宣纸线装1函4册	880.00	九州
056 地理诀要雪心赋	宣纸线装1函2册	480.00	九州
057 蒋氏平阶家藏善本插泥剑	宣纸线装1函1册	280.00	九州

书　　名	作　者	定　价	版别
058 蒋大鸿家传地理归厚录	宣纸线装1函1册	280.00	九州
059 蒋大鸿家传三元地理秘书	宣纸线装1函1册	280.00	九州
060 蒋大鸿家传天星选择秘旨	宣纸线装1函1册	280.00	九州
061 撼龙经批注校补	宣纸线装1函4册	880.00	九州
062 疑龙经批注校补一全	宣纸线装1函1册	280.00	九州
063 种筠书屋较订山法诸书	宣纸线装1函2册	480.00	九州
064 堪舆倒杖诀 拨砂经遗篇 合刊	宣纸线装1函1册	280.00	九州
065 认龙天宝经	宣纸线装1函1册	280.00	九州
066 天机望龙经刘氏心法 杨公骑龙穴诗合刊	宣纸线装1函1册	280.00	九州
067 风水一夜仙秘传三种合刊	宣纸线装1函1册	280.00	九州
068 新镌地理八窍	宣纸线装1函2册	480.00	九州
069 地理解醒	宣纸线装1函1册	280.00	九州
070 峦头指迷	宣纸线装1函3册	680.00	九州
071 茅山上清灵符	宣纸线装1函2册	480.00	九州
072 茅山上清镇禳摄制秘法	宣纸线装1函1册	280.00	九州
073 天医祝由科秘抄	宣纸线装1函2册	480.00	九州
074 千镇百镇桃花镇	宣纸线装1函2册	480.00	九州
075 轩辕碑记医学祝由十三科治病奇书合刊	宣纸线装1函1册	280.00	九州
076 清抄真本祝由科秘诀全书	宣纸线装1函3册	680.00	九州
077 增补秘传万法归宗	宣纸线装1函2册	480.00	九州
078 祝由科诸符秘卷祝由科诸符秘旨合刊	宣纸线装1函1册	280.00	九州
079 辰州符咒大全	宣纸线装1函4册	880.00	九州
080 万历初刻三命通会	宣纸线装2函12册	2480.00	九州
081 新编三车一览子平渊源注解	宣纸线装1函3册	680.00	九州
082 命理用神精华	宣纸线装1函3册	680.00	九州
083 命学探骊集	宣纸线装1函1册	280.00	九州
084 相诀摘要	宣纸线装1函2册	480.00	九州
085 相法秘传	宣纸线装1函1册	280.00	九州
086 新编相法五总龟	宣纸线装1函1册	280.00	九州
087 相学统宗心易秘传	宣纸线装1函2册	480.00	九州
088 秘本大清相法	宣纸线装1函2册	480.00	九州
089 相法易知	宣纸线装1函1册	280.00	九州
090 星命风水秘传	宣纸线装1函1册	280.00	九州
091 大六壬隔山照	宣纸线装1函2册	480.00	九州
092 大六壬考正	宣纸线装1函1册	280.00	九州

书　名	作　者	定　价	版别
093 大六壬类阐	宣纸线装1函2册	480.00	九州
094 六壬心镜集注	宣纸线装1函1册	280.00	九州
095 遁甲吾学编	宣纸线装1函2册	480.00	九州
096 刘明江家藏善本奇门衍象	宣纸线装1函1册	280.00	九州
097 遁甲天书秘文	宣纸线装1函2册	480.00	九州
098 金枢符应秘文	宣纸线装1函2册	480.00	九州
099 秘传金函奇门隐遁丁甲法书	宣纸线装1函2册	480.00	九州
100 六壬行军指南	宣纸线装2函10册	2080.00	九州
101 家藏阴阳二宅秘诀线法	宣纸线装1函2册	480.00	九州
102 阳宅一书阴宅一书合刊	宣纸线装1函1册	280.00	九州
103 地理法门全书	宣纸线装1函1册	280.00	九州
104 四真全书玉钥匙	宣纸线装1函1册	280.00	九州
105 重刊官板玉髓真经	宣纸线装1函4册	880.00	九州
106 明刊阳宅真诀	宣纸线装1函2册	480.00	九州
107 阳宅指南	宣纸线装1函1册	280.00	九州
108 阳宅秘传三书	宣纸线装1函1册	280.00	九州
109 阳宅都天滚盘珠	宣纸线装1函1册	280.00	九州
110 纪氏地理水法要诀	宣纸线装1函1册	280.00	九州
111 李默斋先生地理辟径集	宣纸线装1函2册	480.00	九州
112 李默斋先生辟径集续篇 地理秘缺	宣纸线装1函2册	480.00	九州
113 地理辨正自解	宣纸线装1函1册	280.00	九州
114 形家五要全编	宣纸线装1函4册	880.00	九州
115 地理辨正抉要	宣纸线装1函1册	280.00	九州
116 地理辨正揭隐	宣纸线装1函1册	280.00	九州
117 地学铁骨秘	宣纸线装1函1册	280.00	九州
118 地理辨正发秘初稿	宣纸线装1函1册	280.00	九州
119 三元宅墓图	宣纸线装1函1册	280.00	九州
120 参赞玄机地理仙婆集	宣纸线装2函8册	1680.00	九州
121 幕讲禅师玄空秘旨浅注外七种	宣纸线装1函1册	280.00	九州
122 玄空挨星图诀	宣纸线装1函1册	280.00	九州
123 影印稿本玄空地理筌蹄	宣纸线装1函1册	280.00	九州
124 玄空古义四种通释	宣纸线装1函2册	480.00	九州
125 地理疑义答问	宣纸线装1函1册	280.00	九州
126 王元极地理辨正冒禁录	宣纸线装1函1册	280.00	九州
127 王元极校补天元选择辨正	宣纸线装1函3册	680.00	九州

书　名	作　者	定　价	版别
128 王元极选择辨真全书	宣纸线装1函1册	280.00	九州
129 王元极增批地理冰海原本地理冰海合刊	宣纸线装1函1册	280.00	九州
130 王元极三元阳宅萃篇	宣纸线装1函2册	480.00	九州
131 尹一勺先生地理精语	宣纸线装1函1册	280.00	九州
132 古本地理元真	宣纸线装1函2册	480.00	九州
133 杨公秘本搜地灵	宣纸线装1函1册	280.00	九州
134 秘藏千里眼	宣纸线装1函1册	280.00	九州
135 道光刊本地理或问	宣纸线装1函1册	280.00	九州
136 影印稿本地理秘诀	宣纸线装1函2册	480.00	九州
137 地理秘诀隔山照 地理括要 合刊	宣纸线装1函1册	280.00	九州
138 地理前后五十段	宣纸线装1函2册	480.00	九州
139 心耕书屋藏本地经图说	宣纸线装1函1册	280.00	九州
140 地理古本道法双谭	宣纸线装1函1册	280.00	九州
141 奇门遁甲元灵经	宣纸线装1函1册	280.00	九州
142 黄帝遁甲归藏大意 白猿真经 合刊	宣纸线装1函1册	280.00	九州
143 遁甲符应经	宣纸线装1函2册	480.00	九州
144 遁甲通明钤	宣纸线装1函1册	280.00	九州
145 景祐奇门秘纂	宣纸线装1函2册	480.00	九州
146 奇门先天要论	宣纸线装1函2册	480.00	九州
147 御定奇门古本	宣纸线装1函2册	480.00	九州
148 奇门吉凶格解	宣纸线装1函1册	280.00	九州
149 御定奇门宝鉴	宣纸线装1函3册	680.00	九州
150 奇门阐易	宣纸线装1函2册	480.00	九州
151 六壬总论	宣纸线装1函1册	280.00	九州
152 稿抄本大六壬翠羽歌	宣纸线装1函1册	280.00	九州
153 都天六壬神课	宣纸线装1函1册	280.00	九州
154 大六壬易简	宣纸线装1函2册	480.00	九州
155 太上六壬明鉴符阴经	宣纸线装1函1册	280.00	九州
156 增补关煞袖里金百中经	宣纸线装1函1册	280.00	九州
157 演禽三世相法	宣纸线装1函2册	480.00	九州
158 合婚便览 和合婚姻咒 合刊	宣纸线装1函1册	280.00	九州
159 神数十种	宣纸线装1函1册	280.00	九州
160 神机灵数一掌经金钱课合刊	宣纸线装1函1册	280.00	九州
161 阴阳二宅易知录	宣纸线装1函2册	480.00	九州
162 阴宅镜	宣纸线装1函2册	480.00	九州
163 阳宅镜	宣纸线装1函1册	280.00	九州

书　名	作　者	定　价	版别
164 清精抄本六圃地学	宣纸线装1函1册	280.00	九州
165 形峦神断书	宣纸线装1函1册	280.00	九州
166 堪舆三昧	宣纸线装1函1册	280.00	九州
167 遁甲奇门捷要	宣纸线装1函1册	280.00	九州
168 奇门遁甲备览	宣纸线装1函1册	280.00	九州
169 原传真本石室藏本圆光真传秘诀合刊	宣纸线装1函1册	280.00	九州
170 明抄全本壬归	宣纸线装1函4册	880.00	九州
171 董德彰水法秘诀水法断诀合刊	宣纸线装1函1册	280.00	九州
172 董德彰先生水法图说	宣纸线装1函1册	280.00	九州
173 董德彰先生泄天机纂要	宣纸线装1函2册	480.00	九州
174 李默斋先生地理秘传	宣纸线装1函2册	480.00	九州
175 新锓希夷陈先生紫微斗数全书	宣纸线装1函3册	680.00	九州
176 海源阁藏明刊麻衣相法全编	宣纸线装1函2册	480.00	九州
177 袁忠彻先生相法秘传	宣纸线装1函3册	680.00	九州
178 火珠林要旨 筮杙	宣纸线装1函2册	480.00	九州
179 火珠林占法秘传 续筮杙	宣纸线装1函1册	280.00	九州
180 六壬类聚	宣纸线装1函4册	880.00	九州
181 新刻麻衣相神异赋	宣纸线装1函1册	280.00	九州
182 诸葛武侯奇门遁甲全书	宣纸线装1函2册	480.00	九州
183 张九仪传地理偶摘	宣纸线装1函1册	280.00	九州
184 张九仪传地理偶注	宣纸线装1函1册	280.00	九州
185 阳宅玄珠	宣纸线装1函1册	280.00	九州
186 阴宅总论	宣纸线装1函1册	280.00	九州
187 新刻杨救贫秘传阴阳二宅便用统宗	宣纸线装1函1册	280.00	九州
188 增补理气图说	宣纸线装1函2册	480.00	九州
189 增补罗经图说	宣纸线装1函1册	280.00	九州
190 重镌官板阳宅大全	宣纸线装1函4册	880.00	九州
191 景祐太乙福应经	宣纸线装1函1册	280.00	九州
192 景祐遁甲符应经	宣纸线装1函1册	280.00	九州
193 景祐六壬神定经	宣纸线装1函1册	280.00	九州
194 御制禽遁符应经	宣纸线装1函2册	480.00	九州
195 秘传匠家鲁班经符法	宣纸线装1函3册	680.00	九州
196 哈佛藏本太史黄际飞注天玉经	宣纸线装1函1册	280.00	九州
197 李三素先生红囊经解	宣纸线装1函1册	280.00	九州
198 杨曾青囊天玉通义	宣纸线装1函1册	280.00	九州
199 重编大清钦天监焦秉贞彩绘历代推背图解	宣纸线装1函2册	680.00	九州

书　名	作　者	定　价	版别
200 道光初刻相理衡真	宣纸线装1函4册	880.00	九州
201 新刻袁柳庄先生秘传相法	宣纸线装1函3册	680.00	九州
202 袁忠彻相法古今识鉴	宣纸线装1函2册	480.00	九州
203 袁天纲五星三命指南	宣纸线装1函2册	480.00	九州
204 新刻五星玉镜	宣纸线装1函3册	680.00	九州
205 游艺录:筮遁壬行年斗数相宅	宣纸线装1函1册	280.00	九州
206 新订王氏罗经透解	宣纸线装1函2册	480.00	九州
207 堪舆真诠	宣纸线装1函3册	680.00	九州
208 青囊天机奥旨二种	宣纸线装1函1册	280.00	九州
209 张九仪传地理偶录	宣纸线装1函1册	280.00	九州
210 地学形势集	宣纸线装1函8册	1680.00	九州
重刻故宫藏百二汉镜斋秘书四种(一):火珠林	宣纸线装1函1册	300.00	华龄
重刻故宫藏百二汉镜斋秘书四种(二):灵棋经	宣纸线装1函1册	300.00	华龄
重刻故宫藏百二汉镜斋秘书四种(三):滴天髓	宣纸线装1函1册	3000.00	华龄
重刻故宫藏百二汉镜斋秘书四种(四):测字秘牒	宣纸线装1函1册	300.00	华龄
中外戏法图说:鹅幻汇编鹅幻余编合刊	宣纸线装1函3册	780.00	华龄
连山[宣纸线装一函一册]	[清]马国翰辑	280.00	华龄
归藏[宣纸线装一函一册]	[清]马国翰辑	280.00	华龄
周易虞氏义笺订[宣纸线装一函六册]	[清]李翊灼订	1180.00	华龄
周易参同契通真义	宣纸线装1函2册	480.00	华龄
御制周易[宣纸线装一函三册]	武英殿影宋本	680.00	华龄
宋刻周易本义[宣纸线装一函四册]	[宋]朱熹撰	980.00	华龄
易学启蒙[宣纸线装一函二册]	[宋]朱熹撰	480.00	华龄
易余[宣纸线装一函二册]	[明]方以智撰	480.00	九州
奇门鸣法[宣纸线装一函二册]	[清]龙伏山人撰	680.00	华龄
奇门衍象[宣纸线装一函二册]	[清]龙伏山人撰	480.00	华龄
奇门枢要[宣纸线装一函二册]	[清]龙伏山人撰	480.00	华龄
奇门仙机[宣纸线装一函三册]	王力军校订	298.00	华龄
奇门心法秘纂[宣纸线装一函三册]	王力军校订	298.00	华龄
御定奇门秘诀[宣纸线装一函三册]	[清]湖海居士辑	680.00	华龄
宫藏奇门大全[线装五函二十五册]	[清]湖海居士辑	6800.00	影印
遁甲奇门秘传要旨大全[线装二函十册]	[清]范阳耐寒子辑	6200.00	影印
增广神相全编[线装一函四册]	[明]袁珙订正	980.00	影印
龙伏山人存世文稿[宣纸线装五函十册]	[清]矫子阳撰	2800.00	九州
奇门遁甲鸣法[宣纸线装一函二册]	[清]矫子阳撰	680.00	九州
奇门遁甲衍象[宣纸线装一函二册]	[清]矫子阳撰	480.00	九州

书　　名	作　者	定　价	版别
奇门遁甲枢要[宣纸线装一函二册]	[清]矫子阳撰	480.00	九州
遁甲括囊集[宣纸线装一函三册]	[清]矫子阳撰	980.00	九州
增注蒋公古镜歌[宣纸线装一函一册]	[清]矫子阳撰	180.00	九州
明抄真本梅花易数[宣纸线装一函三册]	[宋]邵雍撰	480.00	九州
古本皇极经世书[宣纸线装一函三册]	[宋]邵雍撰	980.00	九州
订正六壬金口诀[宣纸线装一函六册]	[清]巫国匡辑	1280.00	华龄
六壬神课金口诀[宣纸线装一函三册]	[明]适适子撰	298.00	华龄
改良三命通会[宣纸线装一函四册,第二版]	[明]万民英撰	980.00	华龄
增补选择通书玉匣记[宣纸线装一函二册]	[晋]许逊撰	480.00	华龄
阳宅三要	宣纸线装1函3册	298.00	华龄
绘图全本鲁班经匠家镜	宣纸线装1函4册	680.00	华龄
青囊海角经	宣纸线装1函4册	680.00	华龄
菊逸山房天函:地理点穴撼龙经	宣纸线装1函3册	680.00	华龄
菊逸山房地函:秘藏疑龙经大全	宣纸线装1函1册	280.00	华龄
菊逸山房人函:杨公秘本山法备收	宣纸线装1函1册	280.00	华龄
珍本1:校正全本地学答问	宣纸线装1函3册	680.00	华龄
珍本2:赖仙原本催官经	宣纸线装1函1册	280.00	华龄
珍本3:赖仙催官篇注	宣纸线装1函1册	280.00	华龄
珍本4:尹注赖仙催官篇	宣纸线装1函1册	280.00	华龄
珍本5:赖仙心印	宣纸线装1函1册	280.00	华龄
珍本6:新刻赖太素天星催官解	宣纸线装1函2册	480.00	华龄
珍本7:天机秘传青囊内传	宣纸线装1函1册	280.00	华龄
珍本8:阳宅斗首连篇秘授	宣纸线装1函1册	280.00	华龄
珍本9:精刻编集阳宅真传秘诀	宣纸线装1函2册	480.00	华龄
珍本10:秘传全本六壬玉连环	宣纸线装1函2册	480.00	华龄
珍本11:秘传仙授奇门	宣纸线装1函2册	480.00	华龄
珍本12:祝由科诸符秘卷祝由科诸符秘旨合刊	宣纸线装1函2册	480.00	华龄
珍本13:校正古本入地眼图说	宣纸线装1函2册	480.00	华龄
珍本14:校正全本钻地眼图说	宣纸线装1函2册	480.00	华龄
珍本15:赖公七十二葬法	宣纸线装1函2册	480.00	华龄
珍本16:新刻杨筠松秘传开门放水阴阳捷径	宣纸线装1函2册	480.00	华龄
珍本17:校正古本地理五诀	宣纸线装1函2册	480.00	华龄
珍本18:重校古本地理雪心赋	宣纸线装1函2册	480.00	华龄
珍本19:宋国师吴景鸾先天后天理气心印补注	宣纸线装1函1册	280.00	华龄
珍本20:新刊宋国师吴景鸾秘传夹竹梅花院纂	宣纸线装1函2册	480.00	华龄
珍本21:影印原本任铁樵注滴天髓阐微	宣纸线装1函4册	980.00	华龄

书　名	作　者	定　价	版别
增补四库青乌辑要[宣纸线装全18函59册]	郑同校	11680.00	九州
第1种:宅经[宣纸线装1册]	[署]黄帝撰	180.00	九州
第2种:葬书[宣纸线装1册]	[晋]郭璞撰	220.00	九州
第3种:青囊序青囊奥语天玉经[宣纸线装1册]	[唐]杨筠松撰	220.00	九州
第4种:黄囊经[宣纸线装1册]	[唐]杨筠松撰	220.00	九州
第5种:黑囊经[宣纸线装2册]	[唐]杨筠松撰	380.00	九州
第6种:锦囊经[宣纸线装1册]	[晋]郭璞撰	200.00	九州
第7种:天机贯旨红囊经[宣纸线装2册]	[清]李三素撰	380.00	九州
第8种:玉函天机素书/至宝经[宣纸线装1册]	[明]董德彰撰	200.00	九州
第9种:天机一贯[宣纸线装2册]	[清]李三素撰辑	380.00	九州
第10种:撼龙经[宣纸线装1册]	[唐]杨筠松撰	200.00	九州
第11种:疑龙经葬法倒杖[宣纸线装1册]	[唐]杨筠松撰	220.00	九州
第12种:疑龙经辨正[宣纸线装1册]	[唐]杨筠松撰	200.00	九州
第13种:寻龙记太华经[宣纸线装1册]	[唐]曾文辿撰	220.00	九州
第14种:宅谱要典[宣纸线装2册]	[清]铣溪野人校	380.00	九州
第15种:阳宅必用[宣纸线装2册]	心灯大师校订	380.00	九州
第16种:阳宅撮要[宣纸线装2册]	[清]吴鼒撰	380.00	九州
第17种:阳宅正宗[宣纸线装1册]	[清]姚承舆撰	200.00	九州
第18种:阳宅指掌[宣纸线装2册]	[清]黄海山人撰	380.00	九州
第19种:相宅新编[宣纸线装1册]	[清]焦循校刊	240.00	九州
第20种:阳宅井明[宣纸线装2册]	[清]邓颖出撰	380.00	九州
第21种:阴宅井明[宣纸线装1册]	[清]邓颖出撰	220.00	九州
第22种:灵城精义[宣纸线装2册]	[南唐]何溥撰	380.00	九州
第23种:龙穴砂水说[宣纸线装1册]	清抄秘本	180.00	九州
第24种:三元水法秘诀[宣纸线装2册]	清抄秘本	380.00	九州
第25种:罗经秘传[宣纸线装2册]	[清]傅禹辑	380.00	九州
第26种:穿山透地真传[宣纸线装2册]	[清]张九仪撰	380.00	九州
第27种:催官篇发微论[宣纸线装2册]	[宋]赖文俊撰	380.00	九州
第28种:入地眼神断要诀[宣纸线装2册]	清抄秘本	380.00	九州
第29种:玄空大卦秘断[宣纸线装1册]	清抄秘本	200.00	九州
第30种:玄空大五行真传口诀[宣纸线装1册]	[明]蒋大鸿等撰	220.00	九州
第31种:杨曾九宫颠倒打劫图说[宣纸线装1册]	[唐]杨筠松撰	200.00	九州
第32种:乌兔经奇验经[宣纸线装1册]	[唐]杨筠松撰	180.00	九州
第33种:挨星考注[宣纸线装1册]	[清]汪董缘订定	260.00	九州
第34种:地理挨星说汇要[宣纸线装1册]	[明]蒋大鸿撰辑	220.00	九州
第35种:地理捷诀[宣纸线装1册]	[清]傅禹辑	200.00	九州

书　　名	作　者	定　价	版别
第36种:地理三仙秘旨[宣纸线装1册]	清抄秘本	200.00	九州
第37种:地理三字经[宣纸线装3册]	[清]程思乐撰	580.00	九州
第38种:地理雪心赋注解[宣纸线装2册]	[唐]卜则崴撰	380.00	九州
第39种:蒋公天元余义[宣纸线装1册]	[明]蒋大鸿等撰	220.00	九州
第40种:地理真传秘旨[宣纸线装3册]	[唐]杨筠松撰	580.00	九州
增补四库未收方术汇刊第一辑(全28函)	线装影印本	11800.00	九州
第一辑01函:火珠林·卜筮正宗	[宋]麻衣道者著	340.00	九州
第一辑02函:全本增删卜易·增删卜易真诠	[清]野鹤老人撰	720.00	九州
第一辑03函:渊海子平音义评注·子平真诠·命理易知	[明]杨淙增校	360.00	九州
第一辑04函:滴天髓:附滴天秘诀·穷通宝鉴:附月谈赋	[宋]京图撰	360.00	九州
第一辑05函:参星秘要諏吉便览·玉函斗首三台通书·精校三元总录	[清]俞荣宽撰	460.00	九州
第一辑06函:陈子性藏书	[清]陈应选撰	580.00	九州
第一辑07函:崇正辟谬永吉通书·选择求真	[清]李奉来辑	500.00	九州
第一辑08函:增补选择通书玉匣记·永宁通书	[晋]许逊撰	400.00	九州
第一辑09函:新增阳宅爱众篇	[清]张觉正撰	480.00	九州
第一辑10函:地理四弹子·地理铅弹子砂水要诀	[清]张九仪注	320.00	九州
第一辑11函:地理五诀	[清]赵九峰著	200.00	九州
第一辑12函:地理直指原真	[清]释如玉撰	280.00	九州
第一辑13函:宫藏真本入地眼全书	[宋]释静道著	680.00	九州
第一辑14函:罗经顶门针·罗经解定·罗经透解	[明]徐之镆撰	360.00	九州
第一辑15函:校正详图青囊经·平砂玉尺经·地理辨正疏	[清]王宗臣著	300.00	九州
第一辑16函:一贯堪舆	[明]唐世友辑	240.00	九州
第一辑17函:阳宅大全·阳宅十书	[明]一壑居士集	600.00	九州
第一辑18函:阳宅大成五种	[清]魏青江撰	600.00	九州
第一辑19函:奇门五总龟·奇门遁甲统宗大全·奇门遁甲元灵经	[明]池纪撰	500.00	九州
第一辑20函:奇门遁甲秘笈全书	[明]刘伯温辑	280.00	九州
第一辑21函:奇门庐中阐秘	[汉]诸葛武侯撰	600.00	九州
第一辑22函:奇门遁甲元机·太乙秘书·六壬大占	[宋]岳珂纂辑	360.00	九州
第一辑23函:性命圭旨	[明]尹真人撰	480.00	九州
第一辑24函:紫微斗数全书	[宋]陈抟撰	200.00	九州
第一辑25函:千镇百镇桃花镇	[清]云石道人校	220.00	九州
第一辑26函:清抄真本祝由科秘诀全书·轩辕碑记医学祝由十三科	[上古]黄帝传	800.00	九州
第一辑27函:增补秘传万法归宗	[唐]李淳风撰	160.00	九州

书 名	作 者	定 价	版别
第一辑28函:神机灵数一掌经金钱课·牙牌神数七种·珍本演禽三世相法	[清]诚文信校	440.00	九州
增补四库未收方术汇刊第二辑(全36函)	线装影印本	13800.00	九州
第二辑第1函:六爻断易一撮金·卜易秘诀海底眼	[宋]邵雍撰	200.00	九州
第二辑第2函:秘传子平渊源	燕山郑同校辑	280.00	九州
第二辑第3函:命理探原	[清]袁树珊撰	280.00	九州
第二辑第4函:命理正宗	[明]张楠撰集	180.00	九州
第二辑第5函:造化玄钥	庄圆校补	220.00	九州
第二辑第6函:命理寻源·子平管见	[清]徐乐吾撰	280.00	九州
第二辑第7函:京本风鉴相法	[明]回阳子校辑	380.00	九州
第二辑第8—9函:钦定协纪辨方书8册	[清]允禄编	780.00	九州
第二辑第10—11函:鳌头通书10册	[明]熊宗立撰辑	880.00	九州
第二辑第12—13函:象吉通书	[清]魏明远撰辑	1080.00	九州
第二辑第14函:选择宗镜·选择纪要	[朝鲜]南秉吉撰	360.00	九州
第二辑第15函:选择正宗	[清]顾宗秀撰辑	480.00	九州
第二辑第16函:仪度六壬选日要诀	[清]张九仪撰	680.00	九州
第二辑第17函:葬事择日法	郑同校辑	280.00	九州
第二辑第18函:地理不求人	[清]吴明初撰辑	240.00	九州
第二辑第19函:地理大成一:山法全书	[清]叶九升撰	680.00	九州
第二辑第20函:地理大成二:平阳全书	[清]叶九升撰	360.00	九州
第二辑第21函:地理大成三:地理六经注·地理大成四·罗经指南拔雾集·地理大成五:理气四诀	[清]叶九升撰	300.00	九州
第二辑第22函:地理录要	[明]蒋大鸿撰	480.00	九州
第二辑第23函:地理人子须知	[明]徐善继撰	480.00	九州
第二辑第24函:地理四秘全书	[清]尹一勺撰	380.00	九州
第二辑第25—26函:地理天机会元	[明]顾陵冈辑	1080.00	九州
第二辑第27函:地理正宗	[清]蒋宗城校订	280.00	九州
第二辑第28函:全图鲁班经	[明]午荣编	280.00	九州
第二辑第29函:秘传水龙经	[明]蒋大鸿撰	480.00	九州
第二辑第30函:阳宅集成	[清]姚廷銮纂	480.00	九州
第二辑第31函:阴宅集要	[清]姚廷銮纂	240.00	九州
第二辑第32函:辰州符咒大全	[清]觉玄子辑	480.00	九州
第二辑第33函:三元镇宅灵符秘箓·太上洞玄祛病灵符全书	[明]张宇初编	240.00	九州
第二辑第34函:太上混元祈福解灾三部神符	[明]张宇初编	360.00	九州
第二辑第35函:测字秘牒·先天易数·冲天易数/马前课	[清]程省撰	360.00	九州
第二辑第36函:秘传紫微	古朝鲜抄本	240.00	九州

书名	作者	定价	版别
子平遗书第1辑（甲子至戊辰，全三册）	精装古本影印	980.00	华龄
子平遗书第2辑（庚午至甲戌，全三册）	精装古本影印	980.00	华龄
子平遗书第3辑（乙亥至戊子，全三册）	精装古本影印	980.00	华龄
子平遗书第4辑（庚寅至庚子，全三册）	精装古本影印	980.00	华龄
子平遗书第5辑（辛丑至癸丑，全三册）	精装古本影印	980.00	华龄
子平遗书第6辑（甲寅至辛酉，全三册）	精装古本影印	980.00	华龄
子部善本1：新刊地理玄珠	精装古本影印	380.00	华龄
子部善本2：参赞玄机地理仙婆集	精装古本影印	380.00	华龄
子部善本3：章仲山地理九种（上下）	精装古本影印	760.00	华龄
子部善本4：八门九星阴阳二遁全本奇门断	精装古本影印	760.00	华龄
子部善本5：六壬统宗大全	精装古本影印	380.00	华龄
子部善本6：太乙统宗宝鉴	精装古本影印	380.00	华龄
子部善本7：重刊星海词林（全五册）	精装古本影印	1900.00	华龄
子部善本8：万历初刻三命通会（上下）	精装古本影印	760.00	华龄
子部善本9：增广沈氏玄空学（上下）	精装古本影印	760.00	华龄
子部善本10：江公择日秘稿	精装古本影印	380.00	华龄
子部善本11：刘氏家藏阐微通书（上下）	精装古本影印	760.00	华龄
子部善本12：影印增补高岛易断（上下）	精装古本影印	760.00	华龄
子部善本13：清刻足本铁板神数	精装古本影印	380.00	华龄
子部善本14：增订天官五星集腋（上下）	精装古本影印	760.00	华龄
子部善本15：太乙奇门六壬兵备统宗（上中下）	精装古本影印	1140.00	华龄
子部善本16：御定景祐奇门大全（上下）	精装古本影印	760.00	华龄
子部善本17：地理四秘全书十二种	精装古本影印	380.00	华龄
子部善本18：全本地理统一全书	精装古本影印	380.00	华龄
风水择吉第一书：辨方（精装）	李明清著	168.00	华龄
珞琭子三命消息赋古注通疏（精装上下）	一明注疏	188.00	华龄
增补高岛易断（简体横排精装上下）	（清）王治本编译	198.00	华龄
飞盘奇门：鸣法体系校释（精装上下）	刘金亮撰	198.00	九州
白话高岛易断（上下）	孙正治孙奥麟译	128.00	九州
润德堂丛书全编1：述卜筮星相学	袁树珊著	38.00	华龄
润德堂丛书全编2：命理探原	袁树珊著	38.00	华龄
润德堂丛书全编3：命谱	袁树珊著	68.00	华龄
润德堂丛书全编4：大六壬探原 养生三要	袁树珊著	38.00	华龄
润德堂丛书全编5：中西相人探原	袁树珊著	38.00	华龄
润德堂丛书全编6：选吉探原 八字万年历	袁树珊著	38.00	华龄
润德堂丛书全编7：中国历代卜人传（上中下）	袁树珊著	168.00	华龄

书　　名	作　者	定　价	版别
三式汇刊1:大六壬口诀纂	[明]林昌长辑	68.00	华龄
三式汇刊2:大六壬集应钤	[明]黄宾廷撰	198.00	华龄
三式汇刊3:奇门大全秘纂	[清]湖海居士撰	68.00	华龄
三式汇刊4:大六壬总归	[宋]郭子晟撰	58.00	华龄
青囊汇刊1:青囊秘要	[晋]郭璞等撰	48.00	华龄
青囊汇刊2:青囊海角经	[晋]郭璞等撰	48.00	华龄
青囊汇刊3:阳宅十书	[明]王君荣撰	48.00	华龄
青囊汇刊4:秘传水龙经	[明]蒋大鸿撰	68.00	华龄
青囊汇刊5:管氏地理指蒙	[三国]管辂撰	48.00	华龄
青囊汇刊6:地理山洋指迷	[明]周景一撰	32.00	华龄
青囊汇刊7:地学答问	[清]魏清江撰	58.00	华龄
青囊汇刊8:地理铅弹子砂水要诀	[清]张九仪撰	68.00	华龄
子平汇刊1:渊海子平大全	[宋]徐子平撰	48.00	华龄
子平汇刊2:秘本子平真诠	[清]沈孝瞻撰	38.00	华龄
子平汇刊3:命理金鉴	[清]志于道撰	38.00	华龄
子平汇刊4:秘授滴天髓阐微	[清]任铁樵注	48.00	华龄
子平汇刊5:穷通宝鉴评注	[清]徐乐吾注	48.00	华龄
子平汇刊6:神峰通考命理正宗	[明]张楠撰	38.00	华龄
子平汇刊7:新校命理探原	[清]袁树珊撰	48.00	华龄
子平汇刊8:重校绘图袁氏命谱	[清]袁树珊撰	68.00	华龄
子平汇刊9:增广汇校三命通会(全三册)	[明]万民英撰	168.00	华龄
纳甲汇刊1:校正全本增删卜易	郑同点校	68.00	华龄
纳甲汇刊2:校正全本卜筮正宗	郑同点校	48.00	华龄
纳甲汇刊3:校正全本易隐	郑同点校	48.00	华龄
纳甲汇刊4:校正全本易冒	郑同点校	48.00	华龄
纳甲汇刊5:校正全本易林补遗	郑同点校	38.00	华龄
纳甲汇刊6:校正全本卜筮全书	郑同点校	68.00	华龄
古今图书集成术数丛刊:卜筮(全二册)	[清]陈梦雷辑	80.00	华龄
古今图书集成术数丛刊:堪舆(全二册)	[清]陈梦雷辑	120.00	华龄
古今图书集成术数丛刊:相术(全一册)	[清]陈梦雷辑	60.00	华龄
古今图书集成术数丛刊:选择(全一册)	[清]陈梦雷辑	50.00	华龄
古今图书集成术数丛刊:星命(全三册)	[清]陈梦雷辑	180.00	华龄
古今图书集成术数丛刊:术数(全三册)	[清]陈梦雷辑	200.00	华龄
四库全书术数初集(全四册)	郑同点校	200.00	华龄
四库全书术数二集(全三册)	郑同点校	150.00	华龄
四库全书术数三集:钦定协纪辨方书(全二册)	郑同点校	98.00	华龄

书　名	作　者	定　价	版别
增补鳌头通书大全(全三册)	[明]熊宗立撰辑	180.00	华龄
增补象吉备要通书大全(全三册)	[清]魏明远撰辑	180.00	华龄
增广沈氏玄空学	郑同点校	68.00	华龄
地理点穴撼龙经	郑同点校	32.00	华龄
绘图地理人子须知(上下)	郑同点校	78.00	华龄
玉函通秘	郑同点校	48.00	华龄
绘图入地眼全书	郑同点校	28.00	华龄
绘图地理五诀	郑同点校	48.00	华龄
一本书弄懂风水	郑同著	48.00	华龄
风水罗盘全解	傅洪光著	58.00	华龄
堪舆精论	胡一鸣著	29.80	华龄
堪舆的秘密	宝通著	36.00	华龄
中国风水学初探	曾涌哲	58.00	华龄
全息太乙(修订版)	李德润著	68.00	华龄
时空太乙(修订版)	李德润著	68.00	华龄
故宫珍本六壬三书(上下)	张越点校	128.00	华龄
大六壬通解(全三册)	叶飘然著	168.00	华龄
壬占汇选(精抄历代六壬占验汇选)	肖岱宗点校	48.00	华龄
大六壬指南	郑同点校	28.00	华龄
六壬金口诀指玄	郑同点校	28.00	华龄
大六壬寻源编[全三册]	[清]周螭辑录	180.00	华龄
六壬辨疑　毕法案录	郑同点校	32.00	华龄
时空太乙(修订版)	李德润著	68.00	华龄
全息太乙(修订版)	李德润著	68.00	华龄
大六壬断案疏证	刘科乐著	58.00	华龄
六壬时空	刘科乐著	68.00	华龄
御定奇门宝鉴	郑同点校	58.00	华龄
御定奇门阳遁九局	郑同点校	78.00	华龄
御定奇门阴遁九局	郑同点校	78.00	华龄
奇门秘占合编:奇门庐中阐秘·四季开门	[汉]诸葛亮撰	68.00	华龄
奇门探索录	郑同编订	38.00	华龄
奇门遁甲秘笈大全	郑同点校	48.00	华龄
奇门旨归	郑同点校	48.00	华龄
奇门法窍	[清]锡孟樨撰	48.00	华龄
奇门精粹——奇门遁甲典籍大全	郑同点校	68.00	华龄
御定子平	郑同点校	48.00	华龄

书　名	作　者	定　价	版别
增补星平会海全书	郑同点校	68.00	华龄
五行精纪：命理通考五行渊微	郑同点校	38.00	华龄
绘图三元总录	郑同编校	48.00	华龄
绘图全本玉匣记	郑同编校	32.00	华龄
周易初步：易学基础知识36讲	张绍金著	32.00	华龄
周易与中医养生：医易心法	成铁智著	32.00	华龄
梅花心易阐微	［清］杨体仁撰	48.00	华龄
梅花易数讲义	郑同著	58.00	华龄
白话梅花易数	郑同编著	30.00	华龄
梅花周易数全集	郑同点校	58.00	华龄
一本书读懂易经	郑同著	38.00	华龄
白话易经	郑同编著	38.00	华龄
知易术数学：开启术数之门	赵知易著	48.00	华龄
术数入门——奇门遁甲与京氏易学	王居恭著	48.00	华龄
周易虞氏义笺订（上下）	［清］李翊灼校订	78.00	九州
阴阳五要奇书	［晋］郭璞撰	88.00	九州
壬奇要略（全5册：大六壬集应钤3册，大六壬口诀纂1册，御定奇门秘纂1册）	肖岱宗郑同点校	300.00	九州
周易明义	邸勇强著	73.00	九州
论语明义	邸勇强著	37.00	九州
中国风水史	傅洪光撰	32.00	九州
古本催官篇集注	李佳明校注	48.00	九州
鲁班经讲义	傅洪光著	48.00	九州
天星姓名学	侯景波著	38.00	燕山
解梦书	郑同、傅洪光著	58.00	燕山

　　周易书斋是国内最大的易学术数类图书邮购服务的专业书店，成立于2001年，现有易学及术数类图书现货6000余种，在海内外易学研究者中有着巨大的影响力。通讯地址：北京市102488信箱58分箱　邮编：102488　王兰梅收。

1、学易斋官方旗舰店网址：xyz888.jd.com　微信号：xyz15652026606
2、联系人：王兰梅　电话：13716780854,15652026606,(010)89360046
3、邮购费用固定，不论册数多少，每次收费7元。
4、银行汇款：户名：**王兰梅**。
　　邮政：6010063592001 09796　农行：6228480010308994218
　　工行：0200299001020728724　建行：1100579980130074603
　　交行：6222600910053875983　支付宝：13716780854
5、QQ：(周易书斋2)2839202242；QQ群：(周易书斋书友会)140125362。

北京周易书斋敬启